그렇게 나는 스스로 기업이 되었다

그렇게 나는 스스로 기업이 되었다

어느 1인 기업가 이야기

최윤섭 지음

자신만의 길을 가는 모든 이들에게

> 나는 내 말들을 마구간에서 끌어내 오라고 명했다. 하인은 내 말을 알아듣지 못했다. 나는 몸소 마구간으로 들어가 말에 안장을 얹고 올라탔다. 먼 곳에서 트럼펫 소리가 들려오기에 하인에게 무슨 일이냐고 물었다. 그는 영문을 몰랐다. 그는 그 소리조차 듣지 못했던 것이다. 대문에서 그는 나를 가로막으며 물었다. "어딜 가십니까, 주인어른." "모른다." 내가 대답했다. "그냥 여기를 떠난다. 그냥 여기를 떠난다. 그냥 여기를 떠나 내처 간다. 그래야 나의 목표에 다다를 수 있느니라."

"그렇다면 나리는 목표를 알고 계시는 것이지요?" 그가 물었다. "그렇다." 내가 대답했다. "내가 여기를 떠난다고 하지 않았느냐? 떠남이 나의 목표이니라." "주인어른께서는 양식도 준비하지 않으셨는데요." 그가 말했다. "나에게는 그따위 것은 필요 없다." 내가 말했다. "여행이 워낙 길 터이니 도중에 무얼 얻지 못하면 나는 결국 굶어 죽고 말 것이다. 양식을 마련해 가봐야 양식이 이 몸을 구하지는 못하지. 실로 다행스러운 것은 이야말로 다시없는 정말 굉장한 여행이라는 것이다."

- 프란츠 카프카, 「돌연한 출발」 전문

들어가는 말

긴 여정을 시작하며

나는 '최윤섭 디지털 헬스케어 연구소'의 소장 최윤섭이다. 우리 연구소에서는 디지털 기술 혁신이 헬스케어 및 의료 분야와 융합되며 태동한 분야인 '디지털 헬스케어'라는 분야를 연구하고 있다. 지금은 여러 대학에도 관련 학과가 생겼지만, 국내에서는 단연 이 분야를 본격적으로 연구하기 시작한 최초의 연구소이다.

우리 연구소의 구성원들은 모두 무척 활발하게 연구하고 활동한다. 대학, 병원, 기업, 학회 등에서 강의하고, 관련 기업에 투자하며, 자문을 제공한다. 논문, 학회지, 블로그와 SNS에 연구 결과를 발표한다. 또 이를 책으로 출판해서 베스트셀러가 되기도 했다. 주요 일간지 등 여러 매체에 정기적 혹은 비정기적으로 칼럼을 연재하며 팟캐스트와 방송에 나가기도 한다. 이쯤 되면 눈치챘을지 모르겠지만, 이 일들은 모두 나 혼자서 하는 일들이다. 우리 연구소는 다름 아닌 '1인 연구소'이기 때문이다. 연구, 집필, 강의, 자문, 기획, 마케팅을 모두 나 혼자 맡아서 하고 있다.

우리 연구소의 위치는 일정하지 않다. 대부분은 우리 집구석의 작은 서재이지만 때로는 달리는 버스 안, 해외로 가는 비행기 안, 집 근처의 커피숍, 가끔은 피트니스 센터에 위치하기도 한다. 내가 머릿속에서 일 생각을 하고 논문을 읽고 글을 쓰고 토론한다면 그곳이 바로 우리 연구소가 위치한 곳이다(반대로 내가 서재에 앉아 있더라도 한 눈 팔고 놀고 있다면 그 순간 지구상 어디에도 우리 연구소는 존재하지 않는 것이 된다).

나는 몇 년 전 마지막으로 전통적인 조직을 박차고 나와서 그렇게 스스로 기업이 되었다. 그리고 결코 다시는 조직 속으로 되돌아가지 않겠다고 다짐했다. 나는 과거 국내 최고의 대학과 세계 최고의 대학에서 연구했고, 국내 유수의 대기업에서 최연소 팀장을 맡았으며, 국내 최고의 대학 병원의 교수이기도 했다. 세계 최고의 과학 저널에 논문을 내기도 했다.

하지만 나는 결국 모든 조직을 나와서 스스로 독립하기로 했다. 기존 조직의 불합리성, 비효율성, 경직성 때문이었다. 또 지도 밖의 길을 걸으며 대안적인 삶과 커리어의 가능성을 모색해보고 싶다는 오랜 소망 때문이었다. 용기가 필요한 일이었고 너무도 두려운 일이었다. 어떤 사람은 응원을 보냈고, 어떤 사람은 만류했으며, 어떤 사람은 비웃었다.

몇 년이 지난 지금 나는 어느 때보다 자유롭고 어느 때보다 행복하며 어느 때보다 금전적으로도 여유롭다. 적어도 아직은 말이다. 나는 어느 때보다 열심히 일하며 어느 때보다 열심히 논다. 아니, 나는 항상 일하고 있으며 또한 항상 놀고 있다. 일이 곧 나의 놀이이며 세상이 나의 일터다.

조직을 나온 후 마침내 하루 스물네 시간은 온전히 나의 것이 되었다. 내가 어디에서 무엇을 하고 누구를 만나서 어떤 일을 할지 그 모든 것을 내가 컨트롤한다. 그 누구도 나에게 명령하거나 강요하지 않는다. 나는 그 누구의 눈치도 보지 않는다. 9시에서 6시까지 일할 필요도 없다. 출퇴근도 없다. 이제 나는 일요일이 지나 월요일이 오는 것이 두렵지 않다. 그렇게 비로소 내 인생은 온전히 나의 것이 되었다.

……하지만 두렵고 불안하다.

나는 내가 선택한 삶을 사랑하지만 과연 10년, 20년 뒤에도 내가 이렇게 웃을 수 있을까? 과연 내가 좋아하고 즐기는 일을 택해서 혼자 독립한 것이 올바른 결정이었을까. 일은 원래 고통스러운 것이며, 월급은 내가 하기 싫은 일을 하면서 나의 시간을 판 대가로 받는 것이 아니던가. 정말 좋아하는 일은 직업으로 택하지 않고 취미로 남겨두었다가 퇴근 후, 혹은 주말에 해야 하는 것이 아니었던가(야근하거나 주말에도 출근하지 않아도 된다면 말이다).

나는 조직을 나와서 독립을 하고 스스로 기업이 되기로 결정하면서 많은 고민을 했다. 아니, 그 결정은 한순간이 아니라 아주 오래전부터 조금씩 축적돼 온 것이었다. 1인 기업은 단순히 일하는 방식에 그치는 것이 아니다. 이는 내가 내 삶의 온전한 주인이라는 선언이다. 또 기존의 조직 구조에 얽매이지 않고 자유롭게 살아가겠다는 철학이자 삶을 살아가는 방식 그 자체이다. 이 자주적인 선언, 큰 외침, 대안적인 철학과 삶의 방식에 대해 어떤 사람은 격렬히 반대할 것이고, 어떤 사람은 너무 이상적이라고 생각할 것이다. 어떤 사람은 겉으로는 부러워하면서도 정작 속으로는 반신반의할 것이다. 그러한 사람들에 둘러싸여 나는 지금까지 왔다.

그런 나의 생각을 조금씩 기록해보고 싶다. 일차적으로는 나의 결정에 대해서 묻는 사람들이나 나의 등을 보고 따라올 사람들 때문이기도 하다. 하지만 무엇보다 미래의 내가 초심을 잃었을 때를 위함이기도 하다. 내가 마지막으로 대학병원의 내 오피스에서 커다란 박스에 짐을 싸고, 내 이름이 쓰인 명패를 떼어내고, 전등 스위치를 끄고, 문을 잠그고 나올 때의 그 심정을 잊어버렸을 때의 나를 위해서 말이다.

나는 뼛속 깊은 곳까지 생명과학을 전공한 과학도이다. 과학자는 문제를 해결하기 위해서 가설을 세우고 실험을 한다. 그러한 가설, 실험 과정, 실험 결과를 연구 노트에 꼼꼼하게 기록하고 이후 세미나 혹은 논문 등의 형태로 대중에게 발표한다.

그렇다. 나는 내 인생을 걸고 실험을 하기로 했다. 비록 예전처럼 실험실에서 피펫pipette을 잡고 세포를 배양하고 단백질을 정제하는 것은 아니지만, 여태껏 내가 해본 것 중에 가장 중요하고 가장 큰 규모의 가장 장기적인 실험이다. 내가 오랜 기간 생각해온 삶의 새로운 모델의 가능성에 대한 가설을 검증하기 위한 실험. 내가 존재하는 곳이 바로 그 실험실이며 하루하루 매 순간 그 실험은 진행되고 있다. 아마도 내가 죽기 전에 그 실험은 끝나지 않을 것이다.

이 글은 그 실험의 매 순간을 기록한 연구 노트와 같다. 내가 실험을 계획했을 때 세운 가설과 실험 과정 및 중간 결과들을 기록한 것이다. 나의 인생을 건 이 실험이 결국 성공할지 실패할지는 누구도 알 수 없다. 나는 다만 한 사람의 과학자로서 내가 세운 가설이 옳다는 가정하에 그 가설을 검증하기 위해 매 순간 최선을 다할 뿐이다.

내 삶의 방식, 내 철학, 나의 생각은 결코 절대적으로 옳다고는 할 수 없다. 진리는 때로 상대적이니까. 하지만 지금 내가 살아가려고 하는 독립적인 삶이 (바라건대 미래의 나를 포함해) 누군가에게 도움이 될 수도 있지 않을까. 앞서 간 사람의 성공한 사례이든 혹은 실패 사례로든 말이다.

그리하여 삶은 또한 여정이다. 나는 내가 조직을 박차고 나온 후에야 비로소 내 삶이라는 험난한 항해의 키를 내 작은 두 손으로 움켜쥐었다. 나는 어디로든 갈 수 있고, 언제든 갈 수 있으며, 누구와도 갈 수 있다. 다만 그 여정에서 필연적으로 만나게 될 폭풍우를 이겨내는 것 또한 나 스스로의 몫으로 남을 것이다.

자, 그럼 조금씩 시작해 보겠다. 나의 실험과 여정에 대해서.

차례 Contents

들어가는 말 긴 여정을 시작하며   09

1장 마침내 홀로 광야에   19

• 나는 왜 조직을 나왔는가   21

당연한 것을 의심할 수 있다면 • 22 | 본질이란 무엇인가 • 24 | 거대 범선 속의 선원 하나 • 27 | 이상 징후 • 30

• 조직을 나오기 위해 필요한 것들   32

비본질을 본질로 돌린다면 • 32 | 나를 스스로 컨트롤할 수 있는가 • 34 | 일과 개인적인 삶의 경계 • 36 | 생활의 리듬 유지하기 • 39 | '그대 스스로를 고용하라' • 41 | 조직 속의 1인 기업으로 • 43 | 최앤컴퍼니Choi & Company의 추억 • 44

• 언제 조직을 나와야 하는가   46

조직 속의 나 vs 조직 밖의 나 • 47 | 전문성, 전문성, 전문성! • 49 | 자신의 전문성을 널리 알려라 • 50 | 자신만의 네트워크를 구축하라 • 51 | 소셜 네트워크를 통한 네트워킹 • 53 | 홀로 서기 위한 개인 브랜드 • 55 | 수입 모델: 가장 현실적인 지표 • 57 | 얼마를 벌어야 할 것인가 • 60 | 리스크를 줄인 후 시작하기 • 62

2장 홀로 일한다는 것   63

• 1인 기업으로서 나의 방향성   65

나에게 프리롤을 허하라 • 67 | 규정되지 않은 역할을 맡는다는 것 • 70 | 여러 개의 낚싯대를 드리우기 • 71 | 새로운 시대의 전문가로 살아남기 • 73 | 스페셜 제너럴리스트 • 77 | 헬스케어 분야의 홈스 되기 • 79

- **자신만의 길을 선택한 사람에게 필요한 두 가지 자세** 82

  첫 번째 조언: 불확실성에 익숙해져라 • 85 ǀ 확실한 삶 vs. 불확실한 삶 • 87 ǀ 불확실한 세상은 우리의 전장이다 • 91 ǀ 두 번째 조언: 남과 비교하지 마라 • 93 ǀ 남들이 가지 않은 길 • 98 ǀ 다른 방향으로 간다는 것의 즐거움 • 99

- **1인 기업은 어디에서 일하는가** 103

  모든 곳에서 일하고 모든 곳에서 놀기 • 104 ǀ 집에서 일하는 것의 장점 • 106 ǀ 길에서 버리는 시간 최소화하기 • 108 ǀ 회의실이 필요할 때면 • 109 ǀ 집에서 일하는 것의 단점 • 111 ǀ 사무실이 꼭 필요한 경우 • 113

- **1인 기업가의 고독** 115

  비본질의 중요한 역할 • 116 ǀ 조직에서의 유대감 • 118 ǀ 고독이라는 괴물 • 120

3장 1인 기업의 영업 기밀 123

- **1인 기업가의 블로그 활용법** 125

  나를 대신해서 일해주는 시스템 • 126 ǀ 무엇을 쓸 것인가 • 129 ǀ 어떻게 쓸 것인가: 빈도와 길이 • 130 ǀ 자주 쓰는 것보다 꾸준함이 중요하다. • 131 ǀ 너무 짧은 글보다는 차라리 너무 긴 글이 낫다 • 132 ǀ 공부해서 써라: 속도보다 깊이 • 133 ǀ 항상 레이더를 켜라 • 135 ǀ 시간과 노력을 투자하라 • 137 ǀ 소재를 찾고 정리하는 루틴을 만들어라 • 140 ǀ 항상 출판을 염두에 둬라 • 142

- **1인 기업가의 블로그 활용법: 실용적인 팁들** 147

  검색이 잘 되는 플랫폼을 이용하자 • 147 ǀ 방문자 분석이 중요할까 • 148 ǀ 블로그 방문은 롱테일이다 • 150 ǀ 블로그에 자기 이름을 넣어라 • 154 ǀ 프로필 사진을 통일해라 • 157 ǀ 블로그로 쓰고 SNS로 전파하라 • 158 ǀ 디자인도 중요하다 • 161 ǀ 사실 꼭 블로그가 아니어도 된다 • 162

- **1인 기업가의 SNS 활용법**   **164**

    1인 기업의 홍보실 • 165 | 전문성을 전파하기 위한 SNS • 166 | SNS 친구는 많을수록 좋을까 • 169 | 슈퍼 커넥터 • 170 | 약한 연결을 유지하는 비결 • 172 | 담배 브레이크 대신 SNS • 175 | 양날의 검 • 176 | 실제 나와 SNS에서의 나 • 178 | 페북의 알고리즘을 이해하라 • 180 | 결국 중요한 것은 본질 • 185

- **대중 강연을 잘하는 법**   **186**

    강의료로 살아가기 • 187 | 1인 기업에게 강의란 • 189 | 명강사는 타고나는가 • 191 | 강의를 잘하려면: 내적인 역량과 외적인 역량 • 192 | 연습, 연습, 연습 • 194 | 초반 3분이 중요하다 • 196 | 당신의 청중을 알라 • 199 | 강의장에 미리 도착하라 • 201 | 콘텐츠는 계속 발전해야 한다 • 203 | 솔직한 피드백을 받아라 • 205 | 슬라이드를 어떻게 만들 것인가 • 207 | 좋은 강사가 되는 법 • 211

4장 계속 가야 할 길   **213**

- **지속가능한 1인 기업 만들기**   **215**

    성공적인 1인 기업의 함정 • 216 | 나의 실수담 • 218 | 지속 가능한 모델이 필요하다 • 220 | 시간을 나에게 재투자하기 • 221 | 근본적인 역량 발전시키기 • 223 | 1인 기업 패러독스 • 224 | 자신만의 원칙을 가지자 • 226 | 나의 원칙 • 227 | 생각 주간 • 230 | 창업에서 수성까지 • 231

- **1인 기업은 어떻게 돈을 버는가**   **233**

    나는 어떠한 활동을 하는가 • 234 | 나는 어떻게 돈을 버는가 • 236 | 수입을 다변화하라 • 238 | 정기적인 수입원의 중요성 • 241 | 질적으로 높은 돈 • 242 | 수입의 극대화 그 이상의 가치 • 244

- **1인 기업의 종착지**   **246**

    우리는 어디를 향해 가는가 • 247 | 정답은 없다 • 250 | 1인 기업의 한계, 조직의 한계

• 252 | 디지털 헬스케어 파트너스 • 254 | 전문가들의 느슨한 연대 • 256 | 따로 또 같이 • 257 | 나의 새로운 실험 • 259

5장 1인 기업을 위한 추천도서   263

• 홀로서기 위한 마음가짐을 위해   266

그대, 스스로를 고용하라 • 267 | 마흔세 살에 다시 시작하다 • 270 | 내리막 세상에서 일하는 노마드를 위한 안내서 • 273 | 승려와 수수께끼 • 276

• 독립을 위한 구체적이고 실용적인 조언들   279

4시간 • 280 | 나는 직장에 다니면서 12개의 사업을 시작했다 • 284 | 어떻게 나를 최고로 만드는가 • 287

• 네트워킹과 인간관계 경영을 위해   292

카네기 인간관계론 • 293 | 혼자 밥 먹지 마라 • 297 | 낯선 사람 효과 • 300 | 기브 앤 테이크 • 304

에필로그 삶이라는 여정을 위해   309
참고 문헌   316

> 나는 온전히 나로서 살고 싶었다.
> 나는 내 인생의 주인공이고 싶었다.

1장
마침내 홀로 광야에

나는 왜 조직을 나왔는가

먼저 내가 조직을 나와서 독립하기로 한 이유에 관해서 이야기해보려 한다. 지금은 내가 조직 밖에서 독립적으로 일하고 나의 시간과 노력을 스스로 배분하는 것이 무척이나 자연스럽게 느껴진다. 마치 오래전부터 이렇게 일해왔던 것처럼 말이다. 하지만 그러한 결정을 내리기까지는 역시 많은 고민과 갈등이 있었다.

나는 여러 가지 이유로 조직에서 나오기로 결심했다. 그중에서도 가장 큰 이유는 '본질'에 집중하고 싶었기 때문이다. 다시 말해 내가 궁극적으로 하고자 하는 일과 관련 없는 비본질적인 일을 하면서 단 한 번뿐인 내 인생을 낭비하고 싶지 않았기 때문이다. 조직 속에서 일해본 사람들은 누구나 동의하겠지만, 대기업이든 대학병원이든 상관없이 큰 조직 속에서는 비본질적인 일이 필연적으로 발생할 수밖에 없다. 근본적으로 조직이라는 것은 한 명의 개인 혼자서는 할 수 없는 일을 사람들이 힘을 합쳐서 이뤄내기 위해서 존재한다. 사람들이 모이면 자연스럽게 역할을 나누고 팀을 형성하며 그 속에서는 위계 서열이 정해진다. 그래야만 효율적으로 일할 수 있기 때문이다.

이런 조직에서 일하는 것은 여러모로 장점이 많다. 조직 구조, 대부분의 경우 관료적인 조직의 상하구조에 순응할 수만 있다면 그 자체로 안정감을 준다. 윗사람과 아랫사람이 명확하다. 윗사람은 지시하며, 아랫사람은 지시사항을 받들어 실행에 옮긴다. 윗사람은 생각하고 결정하며, 아랫사람은 그 결정에 토를 달지 않고 의심 없이 행동한다. 이런 상명하복은 어떻게 보면 매우 편리하고 효율적이다. 서로 지시하고 지시받는 역할을 인정하고 받아들이기만 한다면 말이다. 누군가는 생각하고 누군가는 생각할 필요가 없다. 누군가는 지시만 하며 누군가는 그 지시에 순종한다. 이런 역할에 적당히 충실하다면 정해진 월급은 통장에 꼬박꼬박 찍힌다.

● 당연한 것을 의심할 수 있다면

문제는 조직을 유지하고 굴러가게 하려면 조직을 처음 만들었을 때의 본질적인 목표와 상관없는 비본질적인 일이 늘어난다는 것이다. 결국에는 그런 비본질이 본질을 압도하기에 이른다. 중요하지 않거나 형식적인 일을 처리하는데 들어가는 시간과 노력 때문에 정작 중요한 일을 하지 못하는 것이다. 조직에서 매일 같이 하는 그 많은 보고, 회의, 문서 작성은 과연 누구를 위한 것인지, 허례허식과 구색 맞추기에 그만큼의 시간과 노력을 들일만큼 가치가 있는 것인지에 대한 의구심을 서서히 갖게 된다.

나는 조직에서 본질적인 일을 하기 위해서 먼저 너무도 많은 비본질적인 일들을 처리해야만 했다. 20의 중요한 일을 하기 위해서 80의 비본질적인 일을 완수해야 했다. 운이 나쁜 날은 비본질적인 일만으로도 100이 넘어갈 때도 있었다. 비본질에 종일 내 모든 시간과 노력을 바치고서 퇴근을 하는 날이면 정말 기분이 말할 수 없이 더러웠다.

이는 그동안 내가 피와 살을 깎으면서 쌓아왔던 나의 전문성을 필요로 하는 일이 아니었다. 내가 아니라도 누구든 할 수 있는 일이었다. 나는 그런 일을 하기 위해서 조직에 들어간 것이 아니었다. 전통적인 조직에서 근무할수록 조직이라는 허상을 위해서 중요하지도 않은 일을 하면서 내 인생을 낭비하는 느낌이 들었다.

나는 내가 아니면 할 수 없는 유니크한 일을 하고 싶었다. 내 전문성을 필요로 하는 본질적인 일을 하면서 매일 내 역량을 더욱 갈고 닦으며 사회를 더 좋은 곳으로 만들고 싶었다. 하지만 조직 속에서 맞이하는 매일매일은 결코 그렇지 못했다.

아침 일찍 피곤한 몸을 이끌고 교통 체증에 시달리며 꾸역꾸역 출근해서 종일 쉬지 않고 열심히 일했는데도 퇴근 시간이 가까워져 올수록 "오늘도 정말 중요한 일은 정작 시작도 못 했구나.' 하고 초조해지는 날이 많다. 혹은 "원래 업무 시간에는 회의하고 잡무 처리하고 진짜 일은 야근하면서 하는 거지." 혹은 "연구는 밤이나 주말에 하는 거지." 등의 자조적인, 진담이 섞인 농담은 그렇게 나오게 된다.

사실 이는 어느 조직에 있든 누구나 겪는 당연한 일이다. 당연히 잡무는 조직을 위해서 누군가는 할 수밖에 없는 일이다. 일은 당연히 하기 싫은 것이고 출근은 당연히 고통스러운 것이다. 의사결정은 당연히 임원과 높은 교수님들이 하시고 당연히 우리는 그 결정에 군소리 없이 따라야만 한다. 그러한 의사결정에 따라 하루아침에 소속 팀이 바뀔 수도 있다. 혹은 보직이 없어지거나, 해외나 지방으로 발령을 받거나, 퇴직을 권고받을 수도 있다. 당연하다. 하지만 당연한 것이라고 해서 결코 옳은 것은 아니다. 당연한 것을 의심하지 않고 그냥 받아들이고 안주하면 어쩌면 평범하고 편리하게 살 수도 있다.

그러나 누구나 당연하다고 여기는 것을 의심할 수 있다면, 그리고 다른 선택지도 얼마든지 가능하다는 것을 깨닫게 된다면, 비로소 우리는 더 자유롭고 행복해질 수 있는 첫걸음을 내디딜 수 있다.

● 본질이란 무엇인가

그렇다면 본질이란 무엇인가. 본질은 그 사람이 해야 하는 일 중에 가장 중요한 일이다. 가장 중요한 일을 적합한 사람이 적합한 방식으로 적절한 자원을 투입해 수행하는 것이 결국 본질에 집중하는 것이다. 더 나아가서는 나만이 할 수 있는 일, 내가 잘하는 일, 내가 원하는 일에 집중하는 것이다. 그 외의 것들은 모두 비본질적이다.

사실 본질적인 일은 그 사람이 누구이고 무슨 일을 하며 무슨 목적을 가지고 있느냐에 따라 달라진다. 본질은 우리가 궁극적으로 가고자 하는 방향과 얻고자 하는 것에 따라서 다를 수 있기 때문이다. 그러므로 본질에 집중하기 위한 첫 번째 단계는 자신에게 무엇이 본질이며, 무엇이 본질이 아닌지를 정의하는 일이다. 이것이 불분명하면 본질에 집중하는 것 자체가 불가능해진다.

예를 들어, 나는 연구를 하는 사람이다. 새로운 것을 끊임없이 배우고 읽고 듣고 공부하고 연구하며, 그 결과를 글이나 강의를 통해 공유한다. 그 결과 전문성은 더욱 높아지고 더 좋은 사회를 만들 수 있는 바탕이 된다. 그 외의 것들은 모두 비본질적인 일이다.

미팅을 위한 미팅하기, 보고를 위한 보고 하기, 상사의 눈치를 보면서 기분을 파악하기, 비전문가의 의사결정을 의심 없이 그대로 수행하기, 출퇴근 교통지옥에 시달리며 시간 낭비하기, 가기 싫은 회식에 참석하기, 부서 간 파워 게임하기, 파벌 싸움으로 편 가르기, 서로 뒷담화하기, 고과 평가를 잘 받기 위해 보여주기식 일 하기, 상사에게 보여주기 위한 일 하기, 타의로 주말 출근하기, 매출을 늘리기 위한 꼼수 부리기 등등.

모두 본질과 거리가 먼 일들이다. 하지만 조직에서는 너무도 일상화되어 모두가 당연히 하는 일들이다. 예를 들어, 대기업에는 'CEO 지시사항'이라는 것이 있다. 대기업과 같은 관료제 조직에서 CEO는 내가 결코 만날 수 없는 신적인 존재다. 'CEO 지시사항'은 그분께서 (우리가 결코 가본 적 없고 앞으로도 가볼 일이 없을) 임원 회의 등에서 지시하신 말씀으로 보통 서너 문장으로 요약돼 직원들에게 전달된다. 당연히 이 짧은 문장에는 전후 맥락과 배경 설명은 없다.

이런 지시사항을 받아보면 '위대한 영도자 수령 동지의 말씀'이 결코 멀리 있는 것이 아님을 알게 된다. 실무자들은 이 지시사항을 받은 순간부터 이 진리의 문장을 해석 및 해독해 그 속에 담긴 의도, 정치적 배경, 각 단어와 행간에 담긴 심오하고도 오묘한 함축적 의미, 숨겨진 통찰력을 파악하기 위해서 갖은 노력을 한다. 토씨 하나, 관사 하나, 쉼표, 띄어쓰기, 접속사의 유무 등 글자 하나하나를 분석하느라 서로 갑론을박하며 시간을 보낸다. 과연 이것이 본질적인 것일까?

조직 내부의 전문가 의견은 윗선에서 잘 받아들여지지 않는다. 내부 전문가들이 회의에 올린 "이러한 신규 사업이 필요합니다." 하는 의견은 임원들의 갖은 공격과 비판을 받으며 깨지게 마련이다. 어떤 경우에는 얼마 후 그렇게 그 의견을 비판했던 사람들에 의해 그 아이템을 재검토해보라는 지시가 내려온다. 대개 경쟁사에서 그 아이템을 먼저 내놓았으니 우리도 '대응'해야 하기 때문이거나 값비싼 돈을 주고 외국계 컨설팅 회사에서 그런 자문을 들었기 때문이다. 사실 그런 컨설턴트들은 전문적인 의견을 구하기 위해 결국 지금의 나와 같은 외부 전문가에게 다시 자문을 구한다.

나는 조직을 나온 다음에 맥킨지, 베인, 보스턴 컨설팅 그룹 등의 글로벌 펌의 의뢰를 받고 전문가로서 의견을 준 적이 여러 번 있다.

조직 내부에 있을 때는 층층이 쌓인 구조 밑바닥에서 위로 전달되지도 않던 하찮은 내 의견을, 이제는 비싼 자문료를 내고 컨설팅 회사를 통해서 전해 듣는 것이다.

● 거대 범선 속의 선원 하나

조직은 하나의 거대한 범선과 같다. 한 명의 선장이 있고 갑판장 등등을 거쳐 그 아래에는 창문도 없는 컴컴한 지하실에서 십장의 구령에 맞춰 열심히 노를 젓는 일개 선원들이 있다.

그 선원들은 시키는 대로 열심히 노를 젓는다. 배가 어디로 향하는지는 모른다. 그것은 알 필요도 없고 알아도 바뀌는 것은 없다. 사실 배가 가는 방향을 잘 알지 못하는 것은 그 선원의 무리를 이끄는 십장도 마찬가지다.

하지만 아이러니하게도 직접 노를 잡고 물결을 느끼는 일개 선원이 바다의 상태에 대해 더 잘 아는 경우들이 많다. 사실 그 '일개' 선원 중에는 박사를 취득한 사람도 있고 오히려 조직 밖에서 더 인정받는 전문가들도 있다. 하지만 선장과 갑판장은 그런 전문적 선원의 존재도 알지 못할뿐더러 알더라도 그리 높게 평가하지 않는다.

일반적으로 조직에서는 위로 올라갈수록 전문성이 떨어진다. 특히 신기술 분야에서는 더욱 그러하다. 조직의 윗자리에 있는 사람들도 처음에는 전문가였겠지만 시간이 갈수록 그들은 현장에서 손을 떼

영화 「벤허」(1959)의 한 장면

고 점차 관리자가 돼 간다. 계층을 거쳐 위로 올라갈수록 필터링된 제한적인 정보만이 전달된다. 그 결과 비전문가들이 제한적인 데이터를 바탕으로 의사결정을 내리는 것이다. 결국에는 그렇게 내린 의사결정을 현장의 전문가들이 일방적으로 수행해야 하는 희극적이고도 비극적인 상황이 발생한다.

예를 들어 새로운 사업에 대한 승인을 받기 위해서는 CEO 보고 자료를 만들어야 한다. 여러 부서의 전문가들이 TF를 구성하고 몇 달

동안 골방에 틀어박혀 머리를 쥐어짜며 슬라이드를 만든다. 이를 담당 임원에게 보고하고 깨지고 수정한 뒤 다시 보고하고 깨지고를 수없이 반복한다. 자료를 수정하며 수십 번째 버전의 파일이 만들어진다. 이를 통해 만들어진 보고자료에는 정작 전문가들이 원래 하고 싶었던 이야기들은 결국 사라지고 중간 임원의 구미에 맞는 보고서만 남을 뿐이다. 그렇게 자료가 완성되면 비전문가인 담당 임원이, 더욱 비전문가인 CEO에게 보고하고 의사결정을 받는다.

그러면 그 전문성을 가진 선원은 결국 어떻게 될까. 처음 몇 번은 "이 방향이 아닙니다!" 하고 외치겠지만, 그 의견은 번번이 조직 구조에 막혀 반영되지 않는다. 좌절을 거듭하며 자신의 무기력함을 깨달은 이 선원은 결국 목소리를 내는 것을 그만두고 그저 시키는 대로 생각 없이 열심히 노를 젓는 역할에만 안주하게 된다.

외부의 상황은 급변하며 새로운 경쟁자가 대두하고 세상은 뒤집히는 중이지만 까짓것 상관없다. 어차피 아무리 외쳐도 내 목소리는 반영되지 않으니까. 어차피 '생각'을 하는 것은 내 역할이 아닌, 윗사람들이 하는 역할이니까. 시간이 지나 결국 그가 한때 가졌던 전문성도 점차 빛을 잃고 무늬만 전문가로 남아 마약같이 매달 꼬박꼬박 나오는 월급날만 바라보게 된다. 한때 전문가였던 그는 그렇게 또 한 명의 평범한 관리자가 되어간다.

그렇다. 이것이 바로 내가 두려워한 시나리오였다.

● 이상 징후

하지만 내가 더 두려워했던 것은 따로 있다. 바로 내가 그 불합리한 상황과 조직 구조에 적응하고 동화되어 간다는 것이었다. 나는 언제나 스스로 내가 큰 능력과 잠재력이 있다고 믿고 있었다. 나는 내가 세상을 바꿀 수 있는 큰일을 할 수 있다고 믿었다. 남들과는 차별화된 가치를 만들고 내 전문성을 활용해서 유니크한 일을 할 수 있다고 믿어왔다. 하지만 매일 반복되는 업무와 조직 속의 한계 때문에 나조차도 그런 가능성과 잠재력을 서서히 망각해가고 있었던 것이다. 남들이 당연하다고 여기는 것을 나도 모르게 서서히 당연하게 받아들이고 있었다.

어항의 크기 만큼만 자라는 물고기가 있다. 그 물고기도 처음에는 큰 포부를 갖고 '나는 얼마든지 크게 자랄 수 있어.'라고 생각했을 수 있다. 하지만 결국 언젠가부터는 자신의 가능성을 망각하고 어항만큼만 자라고 만다. 우리가 해야 할 일은 나의 잠재력과 가능성을 믿고 더 넓은 바다의 기회를 찾아서 어항 밖으로 과감히 뛰쳐나가는 것일지도 모른다. 주어진 환경을 당연히 여기고 거기에 적응해나가는 것이 아니라는 말이다.

서서히 나는 일을 일처럼 느끼고 있었다. 이것은 또 다른 위험 징후였다. 원래 내게는 일이 내 일상 속에 녹아들어 있는 아주 당연한 것이었다. 새롭게 배우고 연구하는 일이 곧 내 삶이었기 때문이다. 일은 새로운 것을 배우고 문제를 해결해나감으로써 보람과 희열을 주는 그 무엇인가였다. 일을 통해 나는 성장했으며 더 나은 사람이 될 수 있었다. 일은 내게 곧 놀이였고 놀이는 곧 일이었다. 놀면서도 머릿속으로는 일을 생각하고 놀듯이 일을 했다. 하지만 그것이 절대 고통스럽지 않았다. 그것이 내 삶 자체였으니까.

하지만 본질보다는 비본질이 커지고 무의미한 허례허식과 조직 논리, 관례, 경직된 인간관계와 위계서열이 관여할수록 일은 정말로 일이 된다. 이 일은 머릿속에 잠시라도 떠올리기 싫은 일이다. 주말이 되면 완전히 잊고 싶은 일이다. 저녁에 퇴근할 때 사무실에 놓아두고 다음 날 아침에 사무실 책상에 앉을 때까지 잠시라도 생각하고 싶지 않은 무엇이다. 무의미한 일로 채워져 있을 메일함도 이제는 열어보기 싫었다. 전화기가 울렸을 때 상사의 이름이 뜨면 가슴이 내려앉았다. 매일 아침 눈을 뜨기가 싫어졌다. 일요일이 지나고 월요일이 오는 것이 두려웠다.

나는 점차 내게 주어진 일을 어떻게 책임지고 완수할 것인지가 아니라, 어떻게 하면 이 무의미한 일을 덜 맡아서 면피할 수 있을지를 고민하게 되었다. 이것이 바로 내가 느끼던 이상 징후다. 이는 나에게 스스로가 보내는 위험 신호였다. 이러한 삶은 내가 결코 원하던 것이 아니었다. 그 속에서 나는 행복하지 않았다. 그래서 나는 오래전부터 꿈꾸어오던 조직 밖의 삶에 대해서 점차 진지하게 고민해보기 시작했다.

혹시 이 글을 읽는 당신도 이런 징후를 느끼고 있지는 않은가?

조직을 나오기 위해 필요한 것들

 그렇게 나는 본질에 집중하기 위해서 조직을 나오기로 했다. 그렇다면 왜 조직을 벗어난다는 것이 본질에 집중할 수 있는 방법이라는 가설을 세웠는지, 또한 이 가설이 성립하려면 어떠한 조건을 갖추어야 하는지에 대해서 이야기해보려고 한다.

● 비본질을 본질로 돌린다면

 조직을 나와서 독립적으로 일한다는 것이 왜 본질에 집중할 수 있는 좋은 방법일까. 비본질적인 일을 처리하기 위해 소모하던 내 시간

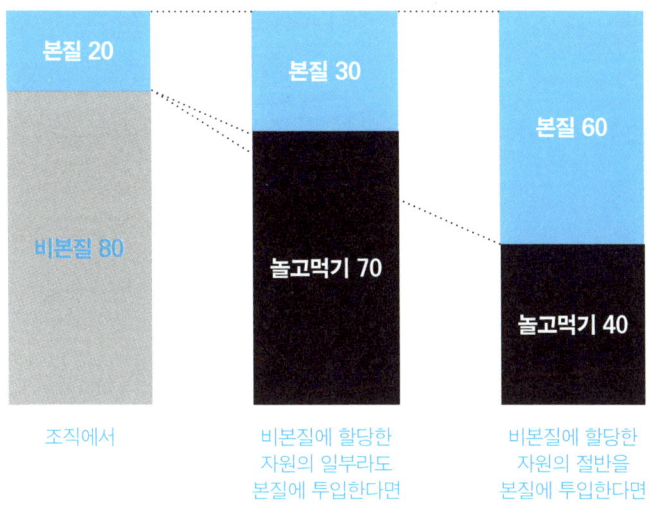

과 노력을 본질적인 일에 투입할 수 있다면, 더 자유롭게 일하면서도 오히려 업무 효율과 생산성을 높일 수 있다고 생각했기 때문이다.

이에 관해서 내가 세웠던 첫 번째 가설은 이렇다. 내가 기존 조직 속에서 100의 일을 해야 했으며 그중 본질적인 일은 20, 비본질적인 일은 80이라고 하자. 만약 조직에서 스스로 독립해 시간과 자원을 자유롭게 배분하는 경우, 내가 30을 본질에 사용할 수 있다면 나머지 70은 그냥 놀고먹더라도 조직 속에 있을 때보다 더 효과적으로 일하게 되는 것이 아닌가 하는 생각이었다.

더 나아가 조직 속에서 내가 비본질에 쏟던 자원(80)의 절반이라도 본질적인 일을 위해 재분배할 수 있다면, 나는 내 자원 중 무려 60이나 본질에 사용하게 된다(기존의 20 + 새로운 40). 이렇게만 하더라도 조직 속에 있을 때보다 세 배나 더 많은 본질적인 일을 할 수 있게 되는 것이다. 그것도 놀고먹는 40의 시간을 확보하면서.

이것이 내가 우선적으로 떠올렸던 가설이다. 산술적인 수치는 이해를 돕기 위해서 넣은 것이지만, 내가 경험적으로 조직 속에서 느꼈던 본질과 비본질의 비율은 대략 그러했다. 이 가설이 옳다면 내가 조직을 나가서 스스로 일하는 것이 정말로 본질에 집중할 수 있는 효과적인 방법이 될 것이었다. 하지만 이 가설이 참으로 증명되기 위해서는 먼저 충족시켜야 할 몇 가지 조건들이 있다.

● 나를 스스로 컨트롤할 수 있는가

1인 기업가에게 가장 중요한 자질은 무엇일까? 사람마다 답은 다르겠지만, 나는 그것이 자기 통제self-control 혹은 자기 규율self-discipline이라고 생각한다. 엄격한 규율하에 자신을 스스로 절제하고 통제할 수 없는 사람은 결코 1인 기업가로서 성공할 수 없다.

조직을 나오게 되면 자신을 구속하는 것이 아무것도 없어진다. 이는 실로 근본적인 변화다. 회사에 다닐 때야 나인투식스9 to 6라는 근무시간이 정해져 있다. 출근 시간에 지각하거나, 퇴근 시간보다 먼저 자리를 뜨거나, 근무 시간에 자리를 비우면 눈치가 보이거나 질책을 받는다. 더 심각하게는 출퇴근 시간이 기록에 남게 돼 고과에 반영될 수도 있다. 또한 주변 시선이 있으므로 업무 시간에 딴짓하기도 어렵다. 월차나 반 차를 쓸 수 있는 횟수도 정해져 있다. 그 외에도 여러 명시적 혹은 암묵적인 규율이 있기 때문에 조직생활을 하려면 자의든 타의든 이를 지켜야 한다.

하지만 1인 기업은 완전히 다르다. 내가 몇 시에 잠을 자고 몇 시에 일어나든, 내가 종일 어디에서 누구와 무엇을 하든 아무런 제약을 받지 않는다. 회사에 다닐 때처럼 나인투식스9 to 6로 일을 할 수도 있지만, 오전엔 놀다가 오후부터 일을 시작할 수도 있고 새벽 5시부터 일찌감치 일을 시작할 수도 있다. 낮술을 먹든, 조조영화를 보든, 해외여행을 가든 누구도 나를 구속하지 않는다. 그야말로 모든 것이 자유다. 직장인들이 그렇게 얻고 싶어하는 자유!

얼핏 보면 좋게만 보일 수도 있다. 내가 자율적으로 시간과 노력을 배분하고 자신에게 맞는 방식으로 일할 수 있기 때문이다. 하지만 잘 생각해보면 무제한의 자유 속에 홀로 던져지는 것만큼 무서운 것이 없다. 자기 스스로 자신을 엄격하게 통제하고 자신과의 약속을 지키지 못하면 처음 맞는 무한대의 자유 속에서 무절제하고 방탕하게 시간을 보낼지도 모른다. 이렇게 되면 본질에 집중하는 것은 고사하고 혼자서 시간을 낭비하며 시장에서 소리소문없이 도태되어 사라져버릴 수도 있다. 1인 기업은 업계에서 잊히면 그냥 그것으로 끝이다.

하지만 한국에서 초-중-고-대학교를 거치며 정규 교육을 받고 자라난 사람이라면 대부분 이렇게 무제한의 자유 속에서 스스로를 시험해볼 기회가 없었을 것이다. 1인 기업이 되기 위해서는 과연 내가 이런 막막한 자유 속에서 스스로를 경영할 자신이 있는지를 끊임없이 되새겨 보아야 한다. 나의 경우에는 조직을 나오기 전 고민을 거듭한 결과 어느 정도는 스스로 절제할 자신이 있다는 결론을 내렸다. 기본적으로 나는 일하는 것을 좋아하며 시간을 무의미하게 보내는 것을 좋아하지 않는다. 버스를 타든, 화장실에 앉아 있든, 밥을 먹든 깨어 있는 시간은 항상 의미 있게 보내려고 노력한다. 만약 더 큰 자유가 주어진다고 하더라도, 지금까지 그래 왔던 것처럼 시간을 최대한 의미 있게 활용하려고 할 것이라는 생각이 들었다. 그 이상은 이제 실전에서 부딪히며 스스로 검증해야 할 것이었다.

● 일과 개인적인 삶의 경계

그렇다면 일을 조직에 있을 때 못지않게, 혹은 더 열심히 할 수 있다면 그것만으로 좋은 것일까. 절대 그렇지 않다. 우리가 경계해야 할 또 다른 위험은 반대편의 극단에 있다. 바로 일 중독이다.

1인 기업으로 독립하게 되면 가장 먼저 느끼게 되는 문제 중의 하나는 업무와 개인적인 삶의 경계가 무척 모호해진다는 것이다. 기존에는 직장에서는 일하고 집에서는 쉬면 되는 간단한 구조다. 하지만 이제는 스스로가 기업이기 때문에 언제 일을 하고 쉬어야 하는지가 모호해진다.

특히 나처럼 집에서 일하는 사람이라면 내가 지금 일을 하는 것인지 쉬고 있는 것인지가 헷갈릴 때가 있다. 이런 경우 스스로 즐기면서

일과 삶의 균형, 그 줄타기

일을 하듯 놀고, 놀듯이 일을 할 수 있다면 가장 좋다. 하지만 반대로 일을 해도 일을 하는 것 같지 않고, 놀아도 노는 것 같지 않다고 느끼게 되면 문제가 된다.

이제는 앞날이 불확실하고 고정적인 수입도 없다. 나를 지켜주던 조직의 최소한의 방어막도 없으므로, 불안감에 스스로도 마음이 조급해진다. 그러다 보면 내가 달릴 수 있는 적정 속도보다 자신도 모르게 더 빨리 달리며 무리하다가 지쳐 나가떨어질지도 모른다.

지나치게 오버 워크 하지 않고 내 페이스대로 꾸준하고 지속 가능하게 달리기 위해서도 철저한 자기 규율과 자제력이 필요하다. 지속 가능성, 그것이 1인 기업에는 가장 중요한 목표 중의 하나이다.

다행인지 불행인지 모르겠지만, 나는 예전부터 일과 생활의 경계가 모호했다. 아마 나뿐만 아니라 대학원을 거쳐 과학기술 연구 분야에 종사하고 있는 많은 사람이 그러할 것으로 생각한다. 연구자들은 연구실에서 물리적으로 벗어나더라도 실험하고 있는 것, 해결하고자 하는 문제를 일상생활 속에서도 항상 지니고 살아가는 경우가 많다. 불가의 승려들이 화두를 항상 품고 살아가는 것처럼.

재미있는 문제를 해결하기 위해서는 밤을 새우거나 주말에도 일한다. 스스로 그 과정이 고통스럽거나 타의에 의해서 강요된 것이 아니라면, 이때의 일은 일이라기보다는 지적 탐구 놀이에 가까울지도 모르겠다. 이런 사람이라면 일과 생활의 경계가 모호한 삶에 다소간의 면역이 되어 있다.

하지만 모든 사람이 이런 방식의 삶에 익숙하지도 않을 뿐더러 이런 삶에 만족하는 것은 결코 아닐 것이다. 특히 만약 일반적인 조직에 근무하며 직장에서는 일하고 퇴근하고 집에서는 개인 시간을 보내던 사람일수록 1인 기업으로 독립한다면 느끼게 되는 혼란은 더 클 것이다. 이에 대한 대비도 필요하다.

● 생활의 리듬 유지하기

혼자 일하면서 자기 통제가 되지 않는다면 곧잘 생활의 리듬을 잃어버리기 쉽다. 생활의 리듬을 잃어버리면 일의 효율이 오르지 않을 뿐만 아니라, 생활도 무절제해지고 건강도 잃기 쉽다. 이렇게 되면 역시 본질에 집중하기는커녕 일을 진척시키기도 어려워진다. 특히 1인 기업으로 건강을 잃는 것은 실로 치명적이다. 모든 직원이 병상에 누워 있는 기업을 상상해보라. 당신이 병상에 있으면 당신이란 기업의 전 직원이 일을 쉬고 있는 것이 된다. 조직 속에서 병가를 내고 쉰다면 월급 일부라도 나올 수 있지만 1인 기업은 그런 것도 없다.

실제로 내가 1인 연구소를 설립하면서 독립한 후에 가장 놀랐던 변화 중의 하나는 요일 감각이 금방 없어진다는 것이다. 업무적으로는 지금도 나에게 요일이란 없다. 다만 강의, 회의, 컨설팅, 인터뷰 등 외부 일정이 있는 날과 외부 일정이 없는 날이 있을 뿐이다. 또한 스스로 연구하며, 논문을 읽고, 책을 보고, 글을 쓰는 것은 요일에 상관없이 기본적으로 매일 하는 것이다. 그러다 보면 부지불식간에 점차 요일을 잊어버리게 된다. 그래서 문득 오늘이 월요일인가? 하고 달력을 보면 수요일인 경우가 있고, 오늘이 금요일이던가? 하고 생각해보면 월요일인 경우도 있다.

몇 번 이렇게 혼란을 겪고 나니 생활 리듬을 지키고 유지하기가 얼마나 어렵고도 중요한지 깨닫게 되었다. 생활의 리듬을 유지하기 위해서는 자신만의 기준을 세워서라도 요일 감각을 유지하는 것이 도움

되는 것 같다. 우리도 지금까지 수십 년간 그렇게 살아왔고 주변의 다른 사람들도 그 요일에 맞춰서 살아가고 있으므로 나도 발맞추는 것이 여러모로 편리하다.

생활의 리듬을 유지하기 위해 다행인 점은 내가 미련해서인지 몰라도 생활 패턴의 변화가 적다는 점이다. 나는 결코 아침형 인간은 아니지만 (아침 일찍 일어나는 것은 내 평생의 숙제이다……) 정해진 시간이면 별다른 고민 없이 일어나고 일하고 밥 먹고 운동한다. 술을 좋아하지 않아서 술 때문에 생활 패턴이 흐트러질 일도 별로 없다. 내 생활을 며칠만 유심히 지켜본다면 아마 특정 시간에 내가 어디에서 무엇을 하고 있는지를 쉽게 맞출 수 있을 것이다.

독일의 위대한 철학자 칸트는 40년 가까이 매일 3시 30분이면 어김없이 산책했기 때문에 주변 사람들은 칸트를 보고 시계를 맞췄다고 한다. 물론 그 정도까지는 아니지만 나도 비슷한 유형의 사람이다. 정해진 노선을 벗어나는 것을 별로 좋아하지 않는다. 한번 시작하면 꾸준히 하고 몇 번 해보고 꾸준히 하기 어려운 일이라면 더 이상 하지 않는다. 이는 취미도 마찬가지라 테니스는 대학 입학 이후 10년을 쳤고 헬스는 15년 차이고 주짓수는 이제 8년 차에 접어든다.

사실 이는 결코 장점이라고만 할 수는 없다. 특히 새로운 것을 생각하고 혁신적인 아이디어를 얻기 위해서는 새로운 경험을 하고 신선한 자극에 자주 노출되는 것이 필요하다. 항상 정해진 쳇바퀴만 반복하는 것은 혁신가가 되기 위한 자질이라고 보기는 어려울 것이다. 하지만 큰 노력 없이 생활의 리듬과 균형을 유지할 수 있다는 것은 아무도 대신 감시해주지 않는 1인 기업가로 사는 삶을 지속하기 위해서는 도움이 되는 것 같다.

◆ '그대 스스로를 고용하라'

앞서 이야기한 부분은 1인 기업으로 살아가기 위해 갖춰야 할 매우 기본적인 자질 중의 일부라고 생각한다. 하지만 정말 자신이 1인 기업으로 살아가는 것이 적성에 맞을지 알 방법은 없을까? 이론과 실제 혹은 내가 생각했던 나 자신과 실제의 나 자신은 다르기 마련이기 때문이다.

가장 좋은 방법은 역시 직접 1인 기업으로 살아보는 것이다. 그러면 당장 조직을 나와서 혼자 시작해야 한다는 말일까. 그렇지 않다. 희소식은 우리가 조직에 머물러 있으면서도 마치 혼자 독립을 한 것처럼 1인 기업으로 살아가는 시뮬레이션을 해볼 수 있다는 것이다.

내가 '1인 기업'이라는 용어를 처음 들었던 것은 지금은 작고하신 구본형 변화경영연구소 소장님의 명저 『그대 스스로를 고용하라』를 읽고 나서였다. 이제는 '1인 기업'이라는 개념을 접하기가 그리 어려운 일은 아니지만, 2000년대 초반 출간 당시 구본형 소장님께서 주창한 이 개념은 가히 혁명적이었다. 이 책은 IMF 이후 평생 고용을 보장하는 시대가 종말을 고함에 따라 직장인들은 더 이상 회사에 고용된 수동적인 존재가 아니라 스스로를 하나의 기업처럼 경영하며 전문성

인문학과 경영학을 접목시켜 새로운 경영비전과 삶의 모델을 제시하는 변화경영사상가 구

구본형 소장님께서는 젊은 나이에 폐암으로 2013년 작고하셨다. 생전에 직접 찾아뵙고 가르침을 받지 못한 것이 개인적으로 너무나도 아쉽다. 기회가 없던 것은 아니었지만 내가 그렇게 하지 못했다. 내 이름이 들어가는 '최윤섭 디지털 헬스케어 연구소'의 명칭도 '구본형 변화경영연구소'를 따른 것이다. 가끔 지금도 마음이 복잡하면 소장님의 책과 인터뷰를 읽는다. 소장님께서 하늘에서 편히 쉬시길 빈다.

과 자신만의 브랜드를 가진 1인 기업으로 재탄생해야 한다는 것을 선언한 기념비적인 저서였다.

그는 본인 스스로 20여 년간의 대기업 생활을 뒤로하고 '구본형 변화경영연구소'라는 1인 연구소를 설립했고 우리가 1인 기업으로 독립할 수 있는 여러 가지 방안을 제시하셨다. 그런데 소장님이 주창하신 1인 기업은 물리적으로 조직 밖으로 뛰쳐나와 독립적인 조직을 시작하는 것만을 의미하지는 않는다. 우리는 기존의 조직 속에서 근무하면서도 충분히 스스로를 기업처럼 여기면서 일할 수 있다는 것이다.

조직 속의 1인 기업으로

조직 속에서 수동적으로 시키는 일을 하고 매달 나오는 월급을 받아가면 그냥 평범한 직장인에 불과하다. 하지만 스스로를 기업으로 여기는 사람은 조직에서 시키는 일은 자신이라는 기업에 주문한 프로젝트로 여긴다. 그리고 내가 작성한 보고서는 '나'라는 기업이 수행한 프로젝트의 결과물로 생각하며, 내가 맡은 일에 대해서는 끝까지 책임을 진다. 월급은 자신이라는 기업이 일을 수행하며 올린 매출로 간주한다.

수동적인 직장인이라면 일을 더 많이 맡는 것을 꺼릴 것이다. 하지만 자신이 기업이라면 고객이 일을 주문하는 것을 마다할 리 없다. 일반 직장인이라면 퇴근한 이후에는 그저 쉬고 싶을 것이다. 하지만 자신이 기업이라면 장기적인 성장을 위해 시간과 돈을 재투자해 연구개발, 즉 자기계발을 수행할 수 있는 여건을 만들 것이다. 기업이 마케팅과 브랜드를 내세우듯 스스로 기업으로서 자기 PR과 독자적인 브랜드를 만들어가려는 노력도 하게 된다. 이러한 모든 노력은 결국 나중에 조직을 나와서 1인 기업으로 독립하기 위한 사전 연습이 된다.

1인 기업은 단순히 일하는 방식이 아니라 삶을 살아가는 자세이며 일종의 철학이고 마인드셋이다. 지금은 비록 조직 속에서 평범하게 다른 직장인들과 똑같이 일하고 있다고 할지라도 본인 스스로 마음먹기에 따라서 충분히 1인 기업으로서 일할 수 있다.

조직이라는 안전망 속에서도 독자적인 브랜드를 갖고 전문성을 인

정받으며 독립적으로 일하지 못했던 사람이, 단순히 조직을 뛰쳐나온다고 해서 갑자기 성공적인 1인 기업이 되기란 불가능하다. 조직 속에서 자기 절제력과 원칙을 가지고 책임감 있게 일하지 못한 사람이, 조직 밖에서 스스로 엄격한 규율을 지키며 1인 기업을 성공적으로 경영할 수는 없을 것이다. 안에서 새던 바가지는 밖에서도 새는 법이다.

● 최앤컴퍼니Choi & Company의 추억

존경하는 구본형 소장님의 『그대 스스로를 고용하라』는 그야말로 내 인생을 바꾸었다. 당시 대학생이었던 나는 이 책을 읽고서 1인 기업이라는 처음 보는 개념에 완전히 매료되었다. 이후 나는 대학원생, 연구원, 직장인, 교수가 되더라도 스스로를 하나의 기업으로 여기며, 독립적이고 능동적이며 주도적으로 살아가겠다고 결심했다.

이미 대학원생 때부터 나는 연구실에서 스스로를 1인 기업으로 여기며 일했다. 전통적인 실험 생물학 연구를 하는 연구실에서 나는 컴퓨터를 사용해서 데이터를 분석하는 생물정보학bioinformatics 분야를 연구하는 몇 안 되는 대학원생이었다. 따라서 나는 실험하는 선후배들에게 전산학적인 방법에 기반을 둬서 '컨설팅'해주는 1인 기업으로 스스로 여길 수 있었다. 지금 생각하면 정말 손발이 오그라드는 부끄러운 기억이지만, 그때는 책상에 A4 용지에 '최앤컴퍼니Choi & Company'를 출력한 간판도 달아 놓았고(맥킨지앤컴퍼니에서 따온 이름이었다), 이것을 이메일 시그너처와 랩미팅 슬라이드에도 삽입했다.

물론 최앤컴퍼니Choi & Company의 실적은 변변치 못했지만, 아무튼 중요한 것은 그때부터 나는 조직 속에 있더라도 1인 기업의 마인드를 갖고 일했다는 것이다. 이후에 외국의 대학에서든, 대기업에서든, 대학병원에서든 그러했다. 10년이 지나서 내가 마침내 1인 기업을 설립하면서 독립했을 때, 새로운 방식의 생활에 비교적 어려움 없이 적응할 수 있었던 것은 내가 적지 않은 세월 동안 이미 그러한 마인드를 갖고 살아왔기 때문인지도 모르겠다.

자신이 1인 기업으로 성공할 수 있을지 알아보는 가장 확실한 방법은 직접 1인 기업으로서 살아보는 것이다. 그리고 당신이 조직 속에 있더라도 마음먹기에 따라 충분히 그러한 방식으로 살아볼 수 있다. 1인 기업은 결코 모든 사람에게 적합한 삶의 방식이 아니다. 만약 1인 기업으로 행복하지 않거나 성공할 가능성이 높지 않다면, 그대로 조직 속에서 일하는 것을 절대 나쁘다고 할 수 없다. 하지만 만약 조직 속에서 1인 기업의 자세로 전문성을 키워나가고 독자적인 브랜드를 만들며 자신만의 네트워크를 쌓아나갈 수 있다면, 이제 당신은 조직 밖에서도 홀로서기를 할 수 있는 준비를 마친 것이다.

언제 조직을 나올 것인가

　1인 기업에 관심을 둔 사람들이 고민하는 부분 중의 하나는 '언제' 조직에서 나와 독립할 것인지 그 타이밍에 관한 것이다. 기존에 다니던 직장을 그만둔다는 것은 되돌리기 어려운 큰 결정이다. 반면 차일피일 독립을 미루면서 마약같이 매달 꼬박꼬박 나오는 월급에 익숙해지면 언제까지고 조직 속에 파묻힌 채 평생을 보낼지도 모르는 일이다.

　주변의 1인 기업가들을 보면 언제 조직을 나와서 독립했는지는 천차만별이고 이 부분에 대한 의견도 다양하다. 이번에는 나의 개인적인 경험에 비춰 나는 '왜 하필 그때' 조직을 나오기로 했는지 설명해보려고 한다.

조직 속의 나 vs 조직 밖의 나

내가 생각하는 기본적인 원칙은 이것이다. 기존에 일하던 조직 속에서 1인 기업으로 홀로 설 수 있는 최대한의 준비를 마친 후에 시작해야 한다. '배수의 진'을 친답시고 별다른 준비 없이 일단 무작정 퇴사하고 준비를 시작해서는 안 된다. 자기가 하려고 하는 일에 대한 확신이나 수익에 대한 보장이 불확실한 상황에서 독립하는 것도 권하고 싶지 않다.

독립을 해보면 알겠지만, 바깥에 나와보면 그동안 자신이 조직이라는 울타리 속에서 얼마나 보호받고 있었는지를 깨닫게 된다. 그것이 매달 나오는 월급이든, 직원 복지이든, 정신적인 소속감이든, 물리적인 공간이든 말이다. 황야에 홀로 서는 것은 예상보다 훨씬 외롭고 힘든 일이다. 준비를 많이 하고 나오더라도 피할 수 없는 어려움이 곳곳에 도사리고 있다. 이런 이유로 나는 사회 초년생이 조직 생활을 경험하지 않고서 곧바로 1인 기업이나 프리랜서를 시작하는 것은 결코 권할 만한 일이 아니라고 생각한다. 역설적이지만 조직 속의 경험을 해봐야 조직 밖에서 홀로 서는 법도 알 수 있는 법이다.

그렇다면 '이제는 홀로 설 수 있는 준비가 됐다'는 타이밍은 어떻게 알 수 있을까? 1인 기업을 준비하다 보면 자연스럽게 그 시기가 가까이 왔다는 것을 알 수 있다. 노력을 계속하다 보면 '조직 밖의 나'가 점점 성장하고 발전하게 되는데, 언젠가는 그 존재감과 가치가 오히려 '조직 속의 나'보다 더 커지는 때가 오기 때문이다. 이렇게 되면 독립하고 싶지 않아도 도저히 독립하지 않고서는 못 배기게 된다. 그러한 때가 온 후에야 비로소 독립하는 것이 가장 좋다고 생각한다.

현실적으로 1인 기업을 하기 위해서는 다음과 같은 네 가지 요소가 필요하다. 이 요소 중 하나라도 부족하면 1인 기업으로서 살아남기가 쉽지 않을 것이다.

- ◆ 전문성
- ◆ 네트워크
- ◆ 브랜드
- ◆ 수익모델

준비를 계속하다 보면 이러한 네 부분의 측면이 조직 내부보다 조직 밖에서 커지는 때가 온다. 나의 전문성을 필요로 하는 정도이든, 나의 브랜드이든, 얻게 되는 수입의 규모이든 말이다. 이런 시기가 왔을 때 시작하는 것이 가장 리스크가 적고 자연스러운 시나리오가 아닐까 한다.

반대로 말하면 만약 그때가 아직 오지 않았다는 것은 당신이 독립하는 것은 여전히 시기상조라고도 볼 수 있다는 것이다. 그 전에 독립하는 것이 잘못됐다고 일률적으로 말하기는 어렵겠지만, 준비가 충분하지 않은 상태로 더 큰 불확실성과 리스크를 안은 채 전장으로 향할 수밖에 없을 것이다.

● 전문성, 전문성, 전문성!

만약 1인 기업으로서 가장 중요한 단 한 가지를 꼽아야 한다면 나는 조금도 주저하지 않고 바로 전문성을 꼽겠다. 자신이 하려고 하는 일의 종류에 따라서 조금씩 차이가 있겠지만, 일반적으로 1인 기업은 남들이 따라 할 수 없는 독보적인 전문성을 갖춰야 살아남을 수 있다. 더 나아가서 단순히 '지금' 최고의 전문성을 갖추고 있다는 것만으로는 부족하다. 앞으로 그런 전문성을 유지할 수 있는, 스스로 지속적으로 성장할 수 있는 역량과 자세, 여건을 갖춰야 한다. 이 부분이 갖춰지지 않는다면 1인 기업이 장기간 지속 가능하기 어려울 것이다.

전문가로서의 역량을 갈고 닦는 것은 주로 조직 속에서 실무를 하면서 얻어지는 경우가 많다. 또한 외부로는 잘 드러나지 않는 그 바닥의 논리나 일이 돌아가는 방식, 특유의 역학관계는 기존의 조직에서 구르면서 몸으로 배울 수밖에 없다. 이런 과정을 생략하게 되면 겉으로는 번지르르 하지만, 정작 실무에 대한 디테일은 없는 반쪽짜리 전문가가 될 수밖에 없다.

다만 1인 기업가들에게 부담을 다소 덜어줄 수 있는 한 가지 사실은 전문가로 인정받는 사람 중에 조직 밖에서 독립적으로 자유롭게 활동하는 사람은 많지 않다는 것이다. 이 때문에 1인 기업가의 경우 전문가로서 인정받을 방법이나 활동의 폭에 제약이 적다는 경쟁 우위가 생긴다.

예를 들어 대기업에 소속된 전문가의 경우, 자신의 지식과 경험을 활용해 책을 한 권 출판하려 해도 여러 제약을 받는 경우가 많다. 출판을 위해서는 책 내용 중에 근무하는 기업과 관련한 민감한 내용이 포함돼 있지 않은지, 회사 측의 검토를 받아야 하기 때문이다. 외부 강의를 하거나, 자문을 맡는 것도 매우 제한적이다. 물리적으로도 정해진 시간에 정해진 자리에 있어야 한다. 하지만 1인 기업은 이런 제약이 전혀 없다.

● 자신의 전문성을 널리 알려라

1인 기업의 전문성 측면에서 중요한 또 다른 한 가지는 '자신의 전문성을 외부에 증명하고 널리 알려야 한다'는 것이다. 이는 조직 내부의 전문가로 성장하며 경력을 쌓는 것과 비교했을 때 크게 다른 점이다. 조직 속에 계속 남아 있으려고 한다면 같은 팀이나 연관 부서 등 사내에서 인정받는 것으로 충분할 수도 있다. 하지만 1인 기업으로 독립을 원한다면 그것만으로는 부족하다.

즉 내가 이러저러한 전문성을 가지고 있다는 것을 계속해서 외부에 지속적으로 표출하는 것이 필요하다. 이런 과정은 그 자체로 시간이 걸리는 일이며 적지 않은 노력이 들어가는 부분이기도 하다. 내가 최고의 전문성을 갖추고 있더라도, 업계에서 나를 아는 사람이 없다면 1인 기업으로 살아남기가 쉽지 않을 것이다. 사실 낭중지추처럼 최고의 전문성을 가지고 있다면 언젠가는 업계에서 당연히 알아주게 돼 있기는 하다. 하지만 1인 기업에는 그때까지 버티고 있을 자원이 충분할지 알 수 없다.

그뿐만 아니라 과거와는 달리 이제는 일개 개인도 적극적이고 능동적으로 시장에 자신의 전문성을 증명할 수 있는 수단이 풍부해졌다. 내 경우에는 블로그, 페이스북 등의 소셜 네트워크의 활용과 무엇보다도 책을 출판한 것이 전문성을 강조할 수 있는 결정적인 계기가 되었다. 블로그와 소셜 네트워크의 활용은 워낙 중요하고 방대한 부분이라 3장에서 따로 자세히 이야기해보겠다.

● 자신만의 네트워크를 구축하라

자신의 전문성을 알려야 한다는 것과 연관되는 부분이기도 하지만, 1인 기업은 결코 혼자서만 일할 수 없다. 자신을 알아주고 찾아주는 고객들이 있어야만 어떻게든 수입이 발생하고 지속 가능하다. 결국 자신만의 네트워크를 구축하는 것이 필요하다.

조직에 있을 때는 굳이 내가 홍보하거나 이름을 알리거나 일거리를 찾지 않아도 된다. '조직에게 맡겨지는 일'이 여러 단계를 거쳐 나에게 할당되면 그것을 성실히 완수하는 것으로도 족하기 때문이다. 조직에서 내 역할이 홍보나 영업이나 신사업 발굴 등이 아니라면 굳이 홍보하고 새 일감을 발굴하려고 노력하지 않아도 상관없다. 하지만 1인 기업은 이 모든 것을 나 스스로 해결해야 한다. 대기업에 마케팅

부서, 홍보실, 대외협력실 등이 있듯이 1인 기업도 당연히 이런 기능이 필요하다. 나 자신이 그 모든 역할을 혼자서 해야 한다는 차이점이 있지만 말이다.

인맥이나 네트워크는 조직 속에서 실무를 경험하면서 서서히 쌓여 가게 된다. 자신만의 네트워크를 구축한다는 것은 결국 이 바닥이 어떻게 돌아가는지 알며, 이 분야에서 결코 빼놓을 수 없는 핵심 인물 key person이 누구인지를 안다는 점이다. 내가 그 핵심 인물이 될 수 있다면 더할 나위 없이 좋겠지만, 현실적으로 모두가 그 핵심 인물이 되기란 쉽지 않다.

네트워크 측면에서 1인 기업이 갖춰야 할 것은 내가 그 핵심 인물이 되지는 못한다고 하더라도, 최소한 그 사람과 연결돼 있어야 한다는 것이다. 내가 그 인물을 알 뿐만 아니라 그 인물도 나를 알아야 한다. 그 인물은 단순히 나라는 사람이 존재한다는 것 정도가 아니라 내가 어떤 전문성과 역량을 가지고 있는지, 더 나아가 내게 어떤 일을 맡기거나 어떤 사람을 소개해주면 좋을지를 알고 있을 정도가 돼야 한다.

눈치챘겠지만 이 부분 역시 전문성을 갖추는 것이 선행돼야 한다. 업계의 모든 사람은 네트워크의 핵심인 그 주요 인물과 가깝게 지내고 싶어 하며, 한 번이라도 더 얼굴을 비추고 싶어 한다. 하지만 명심할 것은 그에 앞서 그 중요 인물과 강하게 연결되기 위해서는 먼저 나 자신이 그 정도로 가치 있는 사람이 돼야 한다는 점이다. 그 주요 인물은 항상 바쁘며, 아무에게나 자신의 시간과 관심을 내어주지는 않는다.

그 핵심 인물도 당신이라는 사람과 연결되고 싶어하는가? 이 질문에 '예스'라고 답할 수 있는 것이 중요하다. 아직은 그렇지 않다면, 그렇게 되기 위해서 무엇을 어떻게 더 바꾸고 발전시켜야 할지에 대해서 고민해봐야 한다.

소셜 네트워크를 통한 네트워킹

오늘날 네트워킹에서 페이스북 등의 소셜 네트워크는 결코 빼놓을 수 없고 빼놓아서도 안 되는 요소가 되었다. 나는 지금도 각 분야의 전문가들과 함께 페이스북 등의 소셜 네트워크에서 활동하면서 활발히 의견을 주고받고, 우리 분야의 주요 트렌드를 파악한다. 직접 만나지 않고서도 함께 의견을 나누고 토론할 수 있으며 최신 정보를 공유해주는 사람이 있다는 것은 1인 기업으로써 더할 나위 없는 자산이다.

SNS의 효용성에 대해서는 사실 여러 의견이 있다. 프리미어 리그의 맨체스터 유나이티드의 퍼거슨 감독은 'SNS는 인생의 낭비'라고 했다고 한다. 하지만 나는 이 말에 절대 동의하지 않는다. 적어도 1인 기업의 입장에서는 말이다. 이 이야기를 했던 퍼거슨 감독은 소셜 네트워크가 어떠한 위력을 가지는지 미처 알지 못했을 것으로 생각한다(그리고 퍼거슨 감독은 네트워킹이나 자신의 전문성을 알릴 필요 없는 사람이었다. 축구계에서 퍼거슨 감독을 모르는 사람은 없으니까).

소셜 네트워크를 통하면 과거에는 도저히 만나지 못했을 사람들과도 적극 교류할 수 있다. '세상의 모든 것을 연결한다'는 페이스북의 모토를 굳이 언급하지 않더라도, 소셜 네트워크를 통해서 우리 같은 일반 개인들도 무지막지한 규모의 대중과 '연결'될 수 있는 시대에 살고 있다. 불과 10년 전만 하더라도 개인이 이 정도의 막대한 연결성을 가지는 것은 상상하기 어려운 일이었다. 나도 이렇게 대중에게 내 목소리를 전달하고 나를 알릴 수 있는 수단이 없었으면 1인 기업으로 독립할 엄두를 내지 못했을 것이다. 반대로 이런 좋은 수단이 있음에도 충분히 활용하지 않는다면 1인 기업으로서는 큰 기회를 놓치는 것이 된다.

지금 쓰고 있는 이 글도 마찬가지다. 나는 블로그나 브런치에 글을 쓰고서 페이스북과 트위터 등으로 내 친구들과 팔로어들에게 글을 공유한다. 현재 내 페이스북 친구는 3,200명, 팔로어는 7,200명 정도이며 트위터 팔로어는 4,400명 정도이다. 각 그룹에 겹치는 사람이 없다고 가정하면, 내가 페이스북과 트위터에 전체 공개로 글을 쓰면 약 1만 5,000명 정도의 사람에게 한 번에 내 생각을 전달할 수 있는 셈이다. 1만 5,000명.

그리고 그 사람들이 2차, 3차적으로 내 글을 공유하게 되면 기하급수적으로 더 많은 사람에게 추가로 전달할 수 있다. 정말 어마어마한 위력이지 않은가. SNS라는 도구를 통해 노력하기만 한다면 이제는 누구나 이러한 연결성과 영향력을 발휘할 수 있다. 이렇게 소셜 네트워크를 활용하는 것도 시간과 노력이 필요하다. 독립한 후에 본격적으로 시작하는 것이 아니라, 훨씬 이전부터 꾸준히 활동하면서 신뢰와 평판을 쌓아 놓아야 한다.

나중에 또 강조하겠지만, 특히 소셜 네트워크를 잘 활용하는 전문가 네트워크에서는 서로가 가진 것을 '공유'하는 것이 주요한 원동력임을 숙지해두자. 이 생태계는 자신의 의견이나 전문성, 최신 소식 등을 서로가 공유하면서 이뤄진다. 얻어가기만 해서는 이런 생태계의 일원이 됐다고 보기 어렵다. 전문가들의 기본 원칙은 역시 기브 앤 테이크다. 예를 들어 페이스북에서 누군가가 최신 기사나 논문의 링크를 걸고 관련된 요약과 설명을 곁들인다고 해보자. 여기에는 몇 가지 의미가 있다.

첫째, 내가 알고 있는 소식을 다른 사람에게 공유해줌으로써 다른 사람은 최신 동향을 파악하거나 자신의 전문성을 높이기 위해 활용할 수 있다. 둘째, 이렇게 자신의 생각을 공유한다는 것은 결국 내가 이런 전문성을 가지고 있으며, 업계의 동향을 자세히 파악하고 있다는 무언의 메시지도 된다. 내가 알고 있는 것을 공유함으로써 오히려 내가 가진 전문성이 강조되는 것이다.

● 홀로 서기 위한 개인 브랜드

소셜 네트워크를 포함한 여러 활동을 꾸준하게 하다 보면 결국 나 스스로에 대한 브랜드가 쌓이게 된다. 브랜드는 결국 키 메시지 혹은 키워드라고 할 수 있다. 키워드란 1인 기업으로서의 나를 단 한 마디로 표현하면 무엇이 되는지에 관한 것이다. 1인 기업으로서 브랜드를 쌓아가는 과정은 그 키워드를 뽑고 사람들에게 그 키워드와 나를 동일시하도록 인식시켜 나가는 과정이라고 할 수 있다.

내가 전문성을 쌓아가고 네트워킹을 하며 SNS에 글을 쓰고 기사를 공유하는 것도 결국 그 명료한 키워드에 집중돼야 한다. 자신을 한마디로 설명할 수 없다면 결국 브랜드가 없는 것과 마찬가지다. 내가 줄 수 있는 메시지가 명확하지 않다는 것이다. 내가 그 키워드가 돼야 하고 그 키워드가 내가 돼야 한다.

조직 속에서 일하면서 1인 기업으로서 독립할 준비를 하게 되면 시장에 이름이 서서히 알려지고 자신의 브랜드가 커지기 시작한다. 처음에는 그 사람이 속한 조직의 브랜드로 대표될 수밖에 없다. "S전자 OO 부장"과 같은 식으로 말이다. 보통의 직장인들은 명함에 적힌 자신의 조직명과 직함을 떼어내고 나면, 자신을 설명할 수 있는 것이 없는 경우가 많다. 하지만 노력을 계속하다 보면 전문가로서 그 사람 자체의 브랜드가 조직과 직함을 넘어설 때가 온다.

물론 조직의 브랜드 가치보다 개인 브랜드의 가치가 커지기는 어렵다. 하지만 1인 기업이 되려면 단순히 그 조직에 속한다는 것만으로 인정을 받는 것이 아니라, 그 특정한 개인 자체의 실력과 브랜드 때문에 시장의 인정을 받을 정도가 돼야 한다. 그때가 되면 조직의 브랜드와는 상관없이 자신이 스스로 브랜드를 가지고 홀로 설 수 있는 준비가 돼가는 것이다. 조직의 브랜드를 빌려서 생존하는 개인이라면 결코 성공적인 1인 기업이 될 수 없다.

한 번 냉정하게 생각해보자. 시장에서 나를 찾고 나에게 일을 맡기는 것이 내가 이 조직에 있다는 것, 혹은 이 조직에서의 직책이나, 직급 때문인가. 아니면 '나'라는 사람이 가진 전문성과 브랜드가 필요해서 찾는 것인가. 내가 만약에 이 조직에 더 이상 속하지 않는다고 했을 때 시장에서 기존의 '조직'을 찾을 것인지, 아니면 여전히 '나'라는 전문가를 찾을 것인지를 고민해봐야 한다. 내가 이직을 하거나, 혼자서 독립해도 이 고객이 여전히 나를 믿고 따라올 것인가? 만약 조직이 아닌 나를 필요로 한다는 확신이 있으면 독립할 준비가 된 것이다.

나 역시 이러한 부분을 진지하게 고민했다. 최윤섭이라는 사람을 찾는 것이 서울대병원에 있기 때문인가 혹은 소속 조직과는 상관없이 최윤섭이라는 전문가의 역량을 필요로 하기 때문인가? 즉 '서울대병원 최윤섭 교수'에서 '서울대병원'과 '교수'를 떼어내도 여전히 시장에서 나를 찾고 고객들이 내게 일을 맡길까? 나는 결국 그럴 것이라는 결론을 내렸으며 그 결론은 (다행히도) 크게 틀리지는 않은 것으로 드러났다.

수입 모델: 가장 현실적인 지표

IBM이라는 글로벌 대기업을 다니다가 DCG(드림챌린지그룹)이라는 1인 기업으로 먼저 독립한 내 친구 안영일 대표가 당시 여전히 조직에서 일하고 있던 나에게 해주었던 말이 있다.

"언젠가는 네가 조직에서 받는 월급보다 강의, 자문이나 인세 등으로 외부에서 벌어들이는 수입이 더 많아지는 순간이 반드시 온다. 그때 너는 독립할지 말지를 분명히 고민하게 될 거야."

나는 그 말을 듣고 반신반의했지만, 불과 몇 년 지나지 않아서 그 말은 정말로 현실이 되었다. 자신이 전문성을 가지고 있고 세상에 자신을 알리며 자신만의 브랜드를 만들기로 한 독자들이라면 역시 이 말이 적용될 것으로 생각한다.

1인 기업으로 홀로서기를 할 때가 언제인지를 가장 확실하게 알 수 있는 현실적인 지표 중의 하나가 바로 수입에 관한 것이다. 기본적인 원칙은 어떤 형태든지 간에 자신만의 수익 모델을 통해서, 예를 들어 자문료, 강의료, 인세 등의 수입을 벌어들일 수 있는 구조를 만들고 테스트해야 한다는 것이다.

앞서 언급한 자신의 전문성이 외부에 알려지고, 네트워크와 브랜드가 점차 쌓이게 되면 시장의 필요가 생겨날 것이다. 이러한 경우 주말이든, 월차를 쓰든 일종의 과외 시간에 투잡 형태로 벌어들이는 수입이 생겨나기 시작할 것이다. 이러한 과정을 통해 자신이 1인 기업으로서 실제로 수입을 올릴 수 있는지를 테스트해야 한다. 그리고 이를 통해 내가 독립했을 경우의 수입 규모도 대략 짐작해볼 수 있다.

참고로 대기업 등 많은 조직의 경우, 직원이 투잡을 갖는 것을 금지하기도 한다. 최근 일본 정부는 정규직 사원도 부업이나 겸업을 하기 쉽도록, 후생노동성의 '모델취업규칙'에 있는 부업, 겸업 금지 규정을 없애기로 했다.[1] 일손이 부족한 시대를 맞아서 성장 산업 분야로 인력 이동이 쉽게 하기 위해서다. 한국도 장기적으로 이런 모델을 따라갈 것으로 보이지만 아직은 제약이 존재하는 것이 현실이다.

하지만 이러한 경우라도 해볼 수 있는 일들은 있다. 주말에 지식기부 강의를 하거나 저서 집필과 출판을 통해서 시도해볼 수 있다(대기업 직원이라면 책을 내는 것도 내부 검토를 받아야 해서 어렵기는 하지만 불가능한 것은 아니다). 퇴근 후 남는 시간에 팟캐스트나 유튜브 콘텐츠를 만들어서 전파할 수도 있다. 이도 저도 안 된다면 익명의 블로그 운영을 통해서라도 간접적으로라도 자신의 모델을 시험해볼 수 있을 것이다.

앞서 조직 밖의 내가 조직 속의 나보다 더 커져서 '도저히 조직을 나오지 않고서는 배기지 못할 때' 독립을 해야 한다고 이야기한 바 있다. 이 원칙은 수입 측면에서 가장 쉽게 적용 가능하다. 조직에서 받는 월급과 내가 투잡의 형태로 테스트하고 있는 1인 기업 모델에서 발생하는 수입을 비교해볼 수 있기 때문이다.

만약 내가 가정하고 있는 1인 기업 모델에서 최소한 내가 생활 가능할 정도의 수입이 발생하고 있으며, 그것이 앞으로 2~3년간은 지속 가능하다고 생각되면 조직을 뛰쳐나오는 데 무리가 없다. 반면 아직 아무런 수입이 발생하지 않고 검증된 것이 없는데도 불구하고 자신이 생각하는 '가설적인' 사업 모델만을 가지고 조직을 나오는 것은 리스크를 크게 짊어지는 일이다.

사실 이 원칙은 내가 나 스스로에게 적용했던 것이다. 내 친구의 이야기대로, 어느 순간 조직 안에서 받고 있던 월급보다 조직 밖에서 발생하는 수입이 더 많아지기 시작했기 때문이다. 그리고 그 순간이 오자 정말로 나는 독립할지를 꽤 진지하게 고민하기 시작했다. 조직에서 윗사람들에게 치이고 명령받으면서 의미 없는 잡일을 하면서 벌게 되는 한 달 월급 보다 조직 밖에서 나를 절실히 필요로 하는 사람들에게 틈틈이 전문성을 제공하고 받은 금액이 더 많다면 어떤 선택을 할지는 명확해진다.

이러한 시기가 몇 달 동안 지속되자 나는 결국 더 이상 조직에 남아 있을 필요가 없게 되었다. 내 전문성과 네트워크, 브랜드를 이용한 수익 모델이 어느 정도 검증됐기 때문에 리스크가 많이 줄어든 것이다. 더구나 조직에서 내게 주어진 것은 그저 비본질적인 일들 뿐이었지만 조직 밖에서 나는 시장에서 인정받는 몇 안 되는 전문가 중의 한 명이었다.

얼마를 벌어야 할 것인가

수입을 기준으로 독립의 시기를 결정하기 위해 또 한 가지의 중요한 부분이 있다. 내가 1인 기업으로서 과연 '얼마를 벌고 싶은가'에 대한 기준이 필요하다는 것이다. 내가 독립한 이후에 벌어들이고자 하는 수입의 규모가 명확하면 스스로 결정을 내리기가 쉬워진다.

일단 최소한 내가 (혹은 나의 가족이) 생활이 가능할 정도의 수입은 가까운 시일 내에 올릴 수 있어야 하므로 그렇게 하한선을 정해놓는 것도 좋다. 나의 경우에도 내가 혼자 살아가면서 큰 욕심 부리지 않고 생활을 유지하려면 어느 정도의 돈을 버는 것이 필요할지를 계산해보았다. 나의 경우에 씀씀이가 그리 큰 편은 아니라는 것도 독립의 결정에 도움이 되었다.

이 기준은 사람마다 다를 수 있다. 다른 1인 기업가들의 이야기를 들어보면 기존에 받던 월급보다는 더 많이 벌어야 한다는 경우도 있다. 하지만 내 생각은 조금 다르다. 내 삶을 유지할 수 있을 정도만 된다면, 기존에 조직에서 받던 월급보다 조금 적어도 좋지 않을까 하는 것이다.

우리는 독립을 함으로써 '자유'를 얻기 때문이다. 내가 내 인생을 살아갈 수 있고, 내 시간을 내가 쓸 수 있는 자유 말이다. 직장에 있으면 내가 월급을 조금 덜 받더라도 시간을 조금만 더 자유롭게 쓰고 싶다거나, 차라리 돈을 주고서라도 나만의 자유 시간을 갖고 싶다는 생각을 할 때가 있다. 직장인이라면 누구나 돈을 주고서라도 시간을 사거나 휴가를 더 쓰고 싶다고 생각한 적이 있을 것이다. 비록 그렇게 하기란 불가능하지만 말이다.

이렇게 생각하면 과연 우리가 1인 기업을 하면서 반드시 직장에서 받던 것과 대비해서 더 많은 돈을 벌어야만 하는가에 관한 부담도 조금 줄어들게 된다.

● 리스크를 줄인 후 시작하기

　이번에는 우리가 '언제' 조직을 뛰쳐나와 독립을 할 것인지를 어떠한 기준으로 결정해야 하는지에 대해 살펴보았다. 1인 기업이라고 하는 것은 항상 불안정함, 불확실성과 싸워나가야만 하는 근원적인 고민을 가지고 있다. 특히 보호막이 돼주던 조직을 나와 처음 시작하는 때야말로 이러한 고민과 불안이 가장 크다.

　만약 우리가 시작할 때부터 이러한 리스크와 불확실성을 조금이라도 줄이기 위해서는 결국 독립하기 이전부터 철저한 준비가 선행돼야 한다. 구체적으로는 자신의 역량과 전문성을 높이며, 외부에 자신을 지속적으로 알리는 과정, 네트워크를 쌓으면서 자신의 개인 브랜드를 키워나가는 과정, 그리고 계획하는 1인 기업 모델이 적정한 수익을 올릴 수 있는지에 대한 검증이 필요하다.

　이러한 과정을 거치다 보면 내가 언제 조직을 나와 독립해야 하는지를 자연스럽게 몸으로 느낄 수 있을 것이다. 조직 안의 나보다 조직 밖의 내가 더 커지게 되는 때가 오게 되면 굳이 조직 속에 남아 있을 이유도 적어지며, 독립하지 않고서는 도저히 배기지 못하게 되기 때문이다. 그때가 올 때까지 묵묵히 자신을 발전시키며 자신이 가진 가설을 계속해서 검증해 나가자.

2장

홀로 일한다는 것

1인 기업으로서 나의 방향성

내가 1인 기업이 되기로 한 또 다른 큰 이유는 자유로워지고 싶었기 때문이다. 앞서 1인 기업으로서 무제한의 자유를 가지게 된다는 것의 무서움을 설명한 적이 있지만, 그래도 1인 기업의 가장 큰 장점이라면 역시나 어디에도, 누구에게도, 언제라도 얽매이지 않는 자유로움이다.

모든 사람은 저마다 행복을 추구한다. 내게 행복이라는 것이 무엇이냐고 묻는다면 내가 하고 싶은 일을, 하고 싶은 사람과, 하고 싶은 장소에서, 하고 싶은 때 할 수 있는 것이라고 답하겠다. 1인 기업이라고 해서 항상 이런 네 가지 조건을 충족시킬 수 있는 것은 아니다. 하지만 조직에 있을 때보다는 내가 결정할 수 있는 권한이 커지면서 운신의 폭이 비교할 수 없을 정도로 커지게 되는 것은 분명하다. 특히 내가 독립을 하면서 스스로 가장 누리기를 바랐던 자유로움은 바로 내 역할의 자유로움이었다. 자유로운 역할을 가지는 것이야말로 빠르게 변화하는 작금의 세상에서 살아남기 위한 가장 중요한 조건 중의 하나이기 때문이다.

세상은 너무도 빠르게 변화하고 있다. 더구나 그런 변화의 속도는 갈수록 더욱 빨라진다. 특히 기술의 발전이 그러하다. 미래학자 레이 커즈와일은 저서 『특이점이 온다』에서 기술이 기하급수적으로 발전한다고 주장했다. 반도체 집적 회로의 성능이 18개월마다 두 배가 된다는 무어의 법칙이나, 무어의 법칙보다 더 빠르게 하락하고 있는 유전체 분석 가격의 추이를 보면 이 주장이 설득력을 얻는다.

무서운 점은 "과거를 보면 미래를 알 수 있다"는 말이 더 이상 성립하지 않는다는 것에 있다. 당시 우리는 불과 몇 달 전의 알파고 기보를 바탕으로 "아직은 인간을 이기지 못할 것"이라고 잘못 예상했던 것을 생생히 기억한다. 기술의 발전 속도는 이미 선형적 사고를 바탕으로 한 인간의 예측을 뛰어넘고 있다. 결국 알파고의 충격도 "언젠가는 올 줄은 알았지만, 이렇게 빠르게 올 줄은 몰랐다"는 것이다. 우리는 이 충격을 앞으로 더욱 자주 맞이할 것이다.[2]

사실 굳이 이런 내용을 언급하지 않더라도 불과 십수 년 전인 2000년대 초반과 지금 우리의 삶을 비교해보면 일상생활 속에서도 많은 차이를 느낄 수 있을 것이다. 지금은 매일 같이 사용하는 스마트폰과 그 모든 애플리케이션들, 페이스북, 유튜브 등의 소셜 네트워크도 없었으니까 말이다. 앞으로 10년 후는 지난 10년과는 비교할 수 없을 정도의 큰 변화가 있을 것이다.

나에게 프리롤을 허하라

그런데 새로운 시대에는 조직 속에서 정해진 역할만 맡고 있어서는 변화에 적응하거나 앞장서기가 극히 어렵다. 지금의 조직 구조, 특히 한국사회의 조직 구조와 문화는 빠르게 바뀌는 세상에 대응하기에 여러모로 적합하지 않기 때문이다. 의사결정은 빠르지 못하며 조직은 유연하지 못하다. 변화에 따라 필요한 인재를 마음대로 뽑거나, 조직 구조를 필요할 때마다 변경할 수도 없다. 시대는 바뀌는데 여전히 과거의 패러다임에 맞춰 일하는 것이다.

이런 조직 속의 개인들은 외부의 흐름에는 무감각해지고 둔감해질 뿐만이 아니라, 기존에 규정된 역할에 갇혀버린다. 조직의 입장에서는 당연히 조직원들의 역할이 정해져 있어야 한다. 모든 조직원의 역할이 정해져 있지 않고 자유롭다면 조직의 존재 이유가 없어지기 때문이다. 그런 조직원들은 앞서 범선의 비유를 든 바와 같이 잘게 쪼개어진 일부분을 맡게 된다. 일종의 부속품이다. 부속품은 정해진 역할만을 고정적으로 해야 하며 언제든지 대체 가능하다.

나는 그렇게 제한적인 역할만을 수행하는 부속품이 되고 싶지 않았다. 무섭게 변화하는 세상에서 조직 속의 고정된 역할만을 맡으면서 스스로의 가능성을 한정시키고 싶지 않았다. 변화하는 세상의 가장 큰 특징은 불확실성이다. 불확실한 세상에서 확실한 것 한 가지는 앞으로 확실한 것이 없을 것이라는 점이다. 가장 큰 기회 역시 불확실성에서 나온다. 이런 기회를 잡기 위해서는 무엇보다 유연하게 대처할 수 있는 자세가 필요하다. 유연함이란 기존 조직에서는, 특히 한국의 조직에서는 결코 기대하기 어려운 부분이다.

1인 기업으로서 내가 하고 싶었던 역할은 일종의 프리롤free-role이었다. 축구에는 공격수, 미드필더, 수비수 등의 역할이 보통 정해져 있지만, 예외적으로 '프리롤' 권한을 주는 선수도 있다. 예전 한국 국가대표팀에서 박지성 선수가 맡았던 역할도 그러했다. 프리롤은 정해진 포지션과 역할이 없다. 자신의 판단하에 공격수도 되고 미드필더도 되며 수비수가 되면서 여러 가지 역할을 복합적으로 수행하는 것이다. 뛰어난 선수, 혹은 기존의 시스템에 의해서 정의될 수 없는 선수의 능력을 극대화하기 위해서 프리롤이 주어진다.

나는 학교, 병원, 기업에서 근무하면서 여러 가지 다른 일을 맡아보고 다양한 사람들과 함께 일하면서 서서히 이러한 역할을 꿈꾸게 되었다. 규정된 역할을 가지는 사람들의 사이에서 규정되지 않은 역할의 사람만이 가질 기회들이 있음을 알게 되었다. 유니크한 내 전문성과 네트워크를 바탕으로 새로운 인사이트를 만들어내며, 미래 방향을 제시하며, 서로 다른 사람과 조직을 연결하는 퍼실리테이터facilitator의 역할을 하는 것. 이는 기존의 특정 조직에서 정해진 직함과 정해진 역할을 가지고 아침 9시부터 저녁 6시까지 사무실에 앉아 있어야 한다면 결코 수행할 수 없는 역할이었다. 나 스스로 물리적, 시간적, 정신적인 제약을 갖고서는 추구할 수 없는 기회였다. 퍼실리테이터가 되기 위해서는 다양한 사람과 다양한 장소에서 다양한 분야를 넘나들며 구속받지 않고 일할 수 있어야만 한다.

사실 이 분야에 속한 모든 사람이 이런 역할을 할 수는 없다. 축구에서 모든 선수가 프리롤을 얻게 되면 그 팀은 그야말로 중구난방이 될 것이다. 프리롤은 프리하지 않은 사람이 있기에 가능한 것이다. 하지만 기존 조직에서 저마다 맡은 역할에 최선을 다하는 사람들 사이에서, 프리롤로 독특한 역할을 하는 사람이 몇 명쯤은 필요할 것 같았다. 지금도 그렇지만, 당시에도 그런 역할을 하는 분은 적어도 국내에서는 많지 않았다.

내가 스스로에게 프리롤을 부여한다는 것은 어찌 보면 오만일 수도 있고 지나치게 무모한 일일 수도 있다. 하지만 시간에 걸쳐 이러한 역할의 가능성을 타진하면서, 몇몇 분야에서 이런 역할을 실제로 조금씩 맡게 되었다. 그런 과정을 거치며 실제로 누군가 그런 역할을 하는 사람이 필요하다는 가능성을 알게 됐으며, 내게 그런 역할을 좀 더 해주기를 기대하는 분들이 늘어났다. 조직 내부에서는 부속품으로 아무런 힘도 권한도 발언권도 갖지 못했던 내 목소리를 조직 밖에서 더 듣고 싶어 하는 사람들이 늘어났던 것이다.

이제 남은 것은 내가 과감하게 조직을 박차고 나와 스스로에게 그런 역할을 부여하며 본격적으로 게임에 뛰어들 것인지를 결단하는 것이었다.

● 규정되지 않은 역할을 맡는다는 것

사실 프리롤이라는 규정되지 않은 역할을 한 마디로 표현하기란 어렵다. 기존에 잣대를 들이대면 무척 모호하거나 너무 많은 역할을 동시에 하기 때문이다. 더 정확히는 기존 직종의 여러 역할을 조금씩 복합적으로 하고 있거나 기존의 역할만으로는 충족될 수 없는 작지만 중요한 틈새를 메우고 연결하는 일을 하는 것이다.

축구에서 프리롤을 맡은 선수에게 "이번 경기의 역할이 무엇이냐"고 물으면 "자유롭게 제 스스로 판단해 필요한 역할을 그때그때 맞게 수행합니다."라고 막연하게 답할 수밖에 없을 것이다. 다른 일반 선수들처럼 "골을 넣는 스트라이커입니다." "측면 수비수를 맡았습니다."처럼 간단하게 설명할 수 없다.

마찬가지로 누가 이제 나에게 "어떤 일을 하느냐"고 물어보면 한 마디로 대답하기가 난감하다. "삼성전자에 다닙니다." "치과 의사입니다."라고 하면 한 문장으로 끝날 설명이지만, 나의 경우에는 설명이 구차하게 길어질 수밖에 없다.

"기본적으로는 디지털 헬스케어라는 분야에서 연구를 합니다. 그 결과를 책, 칼럼, 블로그 등의 글로 씁니다. 제약회사, 벤처기업, 벤처캐피털 등을 정기적, 비정기적으로 자문합니다. 기업, 학교, 병원, 연구소 등에 강의합니다. 혹은 인터넷을 통해서 온라인으로도 강의합니다. 엔젤클럽에서 활동하면서 벤처에도 투자하고 벤처를 육성합니다. 정기적으로 칼럼을 쓰고, 팟캐스트에도 출연합니다. 가끔 정부 기관

평가위원이나 창업경진대회 심사 등의 일회적인 일에도 참여합니다."

정리하자면 나는 1인 기업으로 연구, 자문, 집필, 강의, 투자, 출연을 모두 하는 것이다. 아무런 배경 설명 없이 이런 일을 다 한다고 하게 되면 소위 '사짜' 소리 듣기에 딱 좋을지도 모르겠다. 그래서 나는 "어떤 일을 하시나요?" 하는 질문을 받으면 "그냥 이것저것 여러 가지 일을 합니다." 정도로 대충 얼버무릴 때가 많다. 1인 기업이라는 콘셉트 자체도 아직 생소하지만, 규정되지 않은 일을 하는 1인 기업을 한 마디로 설명하기란 더욱 어려운 일이다.

여러 개의 낚싯대를 드리우기

이렇게 다양하게 활동하게 되면 수입처도 다변화된다. 내가 1인 기업을 준비하면서 선배들에게 가장 많이 했던 질문이자 지금 내가 많이 받는 질문 중의 하나가 "돈은 어떻게 버느냐?"는 것이다. 1인 기업을 시작하면 예전에 직장에서 당연한 듯 매달 들어오던 월급이라는 것이 사라진다. 가장 안정적이고도 큰, 단 하나의 수입원이 없어지는 것이다.

하지만 이렇게 다양한 활동을 하게 되면 다양한 출처의 다변화된 수입처가 생기게 된다. 자문료, 강연료, 인세, 원고료, 출연료, 지분/스톡옵션, 심사료 등이 생기게 되는 것이다. 매달 정기적으로 들어오는 것도 있고, 일이 있을 때마다 비정기적으로 들어오는 것, 장래에 현실화될지는 불확실하지만 높은 수익을 기대할 수 있는 것 (지분/스톡옵션) 등이 있다. 나라는 1인 기업의 여러 수입처로 이루어진 소위 포트폴리오를 만들 수 있다.

예전 같으면 월급이라는 하나의 큰 덩어리의 배급이 나오기를 매달 기다렸다면, 이제는 소소한 여러 개의 배급과 함께 낚싯대를 여러 개 드리우고 있는 방식이다. 예전만큼 예측 가능하고 안정적인 수입이라고 할 수는 없지만, 내가 얼마나 열심히 뛰느냐에 따라서 더 많은 낚싯대를 걸어놓을 수 있다.

나의 경우 (적어도 아직은) 여러 소소한 배급처 + 낚시로 잡는 물고기를 합하면 예전에 받던 배급보다는 넉넉하다. 그리고 수입처가 다변화돼 있으므로 생각만큼 많이 불안정하지도 않다.

오피스리스 워커officeless worker로 유명한 『나는 세상으로 출근한다』의 저자 박용후 이사는 무려 16개의 회사에 파트타임으로 근무하면서 월급을 16번 받는다고 한다. 책에서 밝힌 부분만으로 판단하자면, 박용후 이사는 낚싯대를 16개 드리우고 있는 것이다.

지금 내가 가진 숙제 중의 하나는 이런 수입을 바탕으로 어떻게 균형 잡힌 포트폴리오로 만들 것이냐는 것이다. 예를 들어 내가 벤처기업에 자문을 제공한다고 했을 때 어떠한 방식으로 보상을 받을 것인가 하는 부분이다. 매달 월급처럼 인건비를 받을 수도 있고 지분 투자의 기회를 잡거나 스톡옵션을 받을 수도 있다. 전자는 안정적이고 당장 내 생활비가 될 수 있다. 후자는 불확실하지만 추후에 전자보다 훨씬 큰 금전적 가치를 지닐 가능성이 있다.

너무 전자에만 치중하면 안정적이겠지만 미래에 생길 기회를 놓치는 것일 수 있으며 후자에만 치중하면 당장 생활이 어렵고 리스크가 높아진다. 재테크 포트폴리오에서도 공격적인 투자처와 안정적인 투자처의 적절한 균형이 필요하듯이 내 수입처의 포트폴리오 역시 균형이 필요하다.

새로운 시대의 전문가로 살아남기

하지만 컨설턴트, 강사, 작가, 블로거, 투자가 등의 다양한 역할을 모두 수행한다는 것은 잘못하면 어중이떠중이가 되거나 사짜 소리 듣기에 딱 좋은 정체불명의 사람이 될 가능성이 다분하다. 이렇게 되는 것을 막기 위해 가장 필요한 것은 바로 전문성이다. 브랜드, 인지도, 인맥 등도 좋지만 역시 1인 기업가로서 본질적으로 가져야 할 필수 역량이라면 무엇보다 전문성이다. 그것도 매우 특정한 분야에 대한 깊고 유니크한 전문성이면 더 바람직하다.

프리롤, 자유로운 역할, 다양한 분야를 연결하는 퍼실리테이터 등등 모두 좋다. 하지만 나만이 가지고 있는 전문성이 없으면 이런 개념들은 모두 사상누각에 불과하다. 운이 좋으면 얼마 동안은 그런 역할을 맡을 수도 있겠지만, 계속해서 전문성을 유지하고 발전시키지 못한다면 이런 역할을 장기적으로 지속하기란 불가능하다. 전문가 코스프레는 결코 오래가지 못한다. 급변하는 새로운 시대에 전문가로서,

특히 프리롤을 하고 싶은 전문가로서 내가 가지고 있는 두 가지 원칙이 있다.

첫째, 평생 끝없이 배울 것.
둘째, 분야의 경계를 두지 말고 배울 것.

전문성을 기른다는 것은 끝없이 새로운 것을 공부하며 스스로를 발전시켜 나간다는 것이다. 최신 논문을 읽고 책을 읽고 강의를 듣고 전문가를 만나면서 자신만의 사고 체계와 시각을 정립해나간다. 이렇게 기른 전문성은 강의하든, 책을 쓰든, 컨설팅하든, 투자하든, 기업을 세우든, 미래를 예측하든 여러 활동에 모두 기반이 된다.

하지만 오늘날 전문가로서의 역량을 유지하는 것은 매우 피곤하고도 어려운 과정이다. 지금은 하루가 다르게 많은 정보가 쏟아져 나오고 그 정보는 과거와 달리 실시간으로 모든 사람에게 공유된다. 예전에는 전문가들이 독점한 정보를 통해 역량이나 권력의 우위를 점하는 경우가 많았다. 하지만 정보의 비대칭성이 해결된 오늘날에는 누구나 적절한 방법만 안다면 전문지식에 접근 가능하고, 누구나 노력만 한다면 전문가가 될 수 있다. 집에서도 무크MOOC를 통해 하버드와 MIT의 수업을 들을 수 있는 시대다.

이런 세상에서 전문가로서의 경쟁력을 계속 유지하려면 더 많은 시간과 노력을 들이면서 끝없이 배우고 사색하며 통찰력을 기르는 수밖에 없다. 결국 오늘날 전문성을 유지하는 것은 강물을 거슬러 헤엄을

오늘날 전문성을 유지한다는 것은 시지푸스가 돌을 산 꼭대기로
끝없이 반복해서 밀어 올리는 것과 같다

치는 것과 같다. 온 힘을 다해 헤엄을 쳐야만 조금 앞으로 나아가거나, 겨우 그 자리에 머물러 있을 수 있다. 만약 헤엄을 멈추면 물살에 휩쓸려 떠내려 가는 것은 순식간이다. 즉 배움을 멈추고 스스로 발전이 없다면 그 사람은 더 이상 전문가가 아니게 되는 것이다.

이는 마치 시시포스가 돌을 산꼭대기로 끝없이 밀어 올려야 하는 것과 같다. 전문가로서 누릴 수 있는 과실은 달콤할지 모르겠지만, 이를 위한 역량을 유지하기 위한 과정은 절대 달콤하지만은 않다. 한 가지 위안이라면 이것이 나에게만 해당하는 것이 아니라 전문가가 되고 싶어 하는 모든 사람에게 해당한다는 것이다.

두 번째는 경계를 두지 말고 배워야 한다는 것이다. 사실 이는 분야마다 조금씩은 차이가 있을 수 있겠지만, 모든 분야의 경계가 허물어지고 혁신이 일어나는 지금은 거의 모든 분야에 적용될 수 있는 부분이라고 생각한다. 과거처럼 스스로 일하는 분야에 선을 긋고 제약을 두게 되면 분야 외부로부터 오는 위협에 대해서 대비하지 못한다.

한창 잘나가던 시절 닌텐도는 경쟁자를 다른 게임 업계가 아닌 스포츠 업계의 나이키로 삼았으며 그 닌텐도는 다시 스마트폰 게임에 밀려났다. 애플 워치는 스위스 시계 업계를 위협하고 있으며 3D 프린터는 보청기 산업의 판도를 뒤집어놓았다. 인공지능은 자동차 관련 산업을 근본적으로 변화시키고 있다. 우버는 뉴욕의 개인택시 업계를 무너뜨렸으며 숙박 공유 스타트업인 에어비엔비는 전통적인 호텔 업계의 강자를 위협하고 있다. 최근 국내에서도 중고차 거래 앱 헤이딜러 하나 때문에 기존 중고차 업계에서 큰 논란이 일었다.

과거에 게임 업체의 경쟁자는 또 다른 게임 업체였고, 시계 업체의 경쟁자는 또 다른 시계 업체였다. 하지만 지금은 과거와는 완전히 다르다. 언제 어디서 누가 치고 들어올지 모른다. 본인의 분야에만 머물러서는 다른 분야를 연계한 혁신을 만들기는커녕 본인의 분야를 지키기도 어려울 것이다.

스페셜 제너럴리스트

사실 내가 연구하고 있는 디지털 헬스케어 분야가 이렇게 여러 분야가 얽힌 융합적인 분야의 대표적인 사례이다. 예전에는 건강 관리가 병원과 제약 회사의 몫이었다. 하지만 이제는 기존의 의학뿐만 아니라 유전자 분석, 인공지능, 스마트폰, 사물인터넷, 3D 프린터, 클라우드 컴퓨터 등의 진입으로 일대 변혁이 일어나고 있다. 의학의 혁신이 의학이란 범주 밖에서 일어나는 것이다. 과거와 같이 이 분야 중 하나만 해서는 향후 살아남기가 어려울지도 모른다.

최근 내가 읽었던 책과 논문 혹은 온오프라인에서 들었던 강의 분야들을 보자

- ◆ 암 유전체 분석 논문
- ◆ 인공지능 및 로봇 관련 도서
- ◆ 웨어러블 관련 논문
- ◆ 미래학 및 미래 의학 도서
- ◆ 심전도 및 고혈압 관련 도서
- ◆ UX 디자인 도서
- ◆ 행동 심리학 관련 도서 및 논문

물론 기존의 방식대로 이 분야 중 하나만을 집중적으로 전문성을 길러가는 사람을 내가 따라갈 수는 없을 것이다. 하지만 이 분야를 두루 연구하면서 내재되어 있는 분야 간 접점을 찾고 통찰력을 기르며 큰 흐름을 짚고 미래를 예측하는 사람이 적어도 한 명은 필요할 것으로 생각한다. 그리고 내가 시작하던 시점에 적어도 한국에서 그런 역할을 하는 사람은 거의 없었다.

나는 스페셜리스트이자 제너럴리스트가 되고자 한다. 디지털 헬스케어라는 특정한 하나의 분야에만 집중하는 스페셜리스트이다. 그런데 이 분야 자체가 워낙 다양한 주제들이 얽혀 있기 때문에 디지털 헬스케어 내부에서는 분야를 가리지 않고 전체를 볼 수 있는 제너럴리스트가 되고자 하는 것이다. 나는 이를 스페셜 제너럴리스트special-generalist라고 부르고 싶다.

이런 방식의 전문성과 통찰력의 개발이 앞으로 어떤 위력을 발휘하게 될지는 알 수 없지만, 그러한 과정에서 '뭐라도 나오지 않을까?' 하는 것이 처음 독립할 때의 내 솔직한 심정이었다. 지금도 내가 이러한 과정을 통해 벌써 특별한 인사이트를 얻었으며, 나만이 특수하게 기여할 수 있는 분야를 찾았다고 감히 말하기는 어렵다. 나는 여전히 그러한 과정에 있으며, 조금씩이지만 발견한 몇 가지 긍정적인 징후들을 놓치지 않으려고 노력하는 중이라고 해야겠다.

마이크로프트 홈스

● 헬스케어 분야의 홈스 되기

나는 스스로 셜로키언sherlockian이라고 자부할 정도로 셜록 홈스를 좋아한다. 따지고 보면 셜록 홈스도 1인 기업이었다. 그는 스스로를 자문 탐정consulting detective이라고 불렀다. 경시청에서 도저히 해결하지 못한 어려운 사건이 최종적으로 도달하는 곳이 홈스와 왓슨의 베이커가 하숙집이었다. 영국 경시청의 경감들이나 정부 관리뿐만 아니라 다른 나라 왕족과 귀족들도 그의 고객이었고 말이다.

하지만 내가 전문가의 역할 측면에서 추구하는 것은 셜록보다도 그의 형 마이크로프트 홈스에 가깝다. 셜록 홈스의 팬이라면 알겠지만 그에게는 마이크로프트 홈스라는 일곱 살 위의 형이 있었다. 마이크로프트는 동생보다 추리력과 사고력이 더 뛰어난 사람이었다('그리스어 통역관' 사건에서 창 밖에 지나가는 사람들을 보면서 두 사람이 추리 대결을 하는 장면도 있다). 사설탐정으로 경시청과는 독립적으로 일했던 셜록과는 달리 마이크로프트는 정부에서 일하는 관리였다.

'브루스-파팅턴 호 설계도'에는 셜록이 마이크로프트가 어떤 능력을 지닌 사람인지 왓슨에게 설명하는 부분이 있다. 마이크로프트는 하급 관리였지만 사실은 정부에 매우 중요한 역할을 하는 사람이었다. 정부의 개별적인 분야의 전문가들은 각기 있었지만, 마이크로프트는 여러 분야에 정통해서 서로 다른 주제를 종합해서 결론을 내릴 수 있는 유일한 사람이었다.

예를 들어, 어느 장관이 해군, 인도, 캐나다, 복본위제(통화제도의 일종)에 대해 개별적인 정보를 여러 부서에서 얻을 수는 있었다. 하지만 전 분야에 대한 방대한 지식을 바탕으로 각각의 요소가 다른 것에 미치는 영향을 종합적으로 해설할 수 있는 사람은 마이크로프트가 유일했다. 이런 전문성을 지닌 마이크로프트는 점차 영국 정부에 없어서는 안 될 사람이 되었다. 홈스의 말을 빌리자면 "때로 형은 영국 정부 그 자체"가 될 정도였다.

이런 마이크로프트 홈스에 대한 설명을 보면 앞서 설명했던 분야

간의 경계를 넘나드는 전문가의 모습을 잘 보여준다. 나도 디지털 헬스케어 분야에서 이런 사람이 되는 것이 목표이다. 예를 들어 나는 의사보다 의학적 전문성이 높지도 않으며 인공지능 박사보다 인공지능 분야를 잘 알지 못한다. 하지만 인공지능과 의학이 어떻게 융합돼 앞으로 세상이 어떻게 바뀔지, 의사의 역할은 어떻게 변화할 것이며 인공지능은 어떻게 의료에 효과적으로 영향을 미칠 수 있을지는 알려줄 수 있다. 이는 의사도 인공지능 전문가도 하지 못하는 유니크한 역할이다.

나는 셜록 홈스처럼 최고의 전문성을 가진 1인 기업으로 어디에도 속하지 않은 채 자유롭고 독립적으로 움직이고 싶다. 또한 마이크로프트 홈스처럼 여러 분야의 폭넓고 깊은 지식을 바탕으로 개별 분야의 전문가들은 가지기 어려운 독특한 전문성과 통찰력으로 새로운 가치를 만드는 사람이 되고 싶다. 이것이 1인 기업으로 내가 궁극적으로 추구하는 방향성이다.

자신만의 길을 선택한 사람에게 필요한 두 가지 자세

나는 1인 기업으로 독립을 준비하면서 몇 명의 롤모델을 가지게 되었다. 1인 기업가가 어떻게 살아가야 하는지를 정립한 경영 사상가도 있었고 스스로 1인 기업의 역할을 성공적으로 하면서 살아가는 분도 있었다. 자기가 나아갈 길을 먼저 가고 계신 롤모델이 있으면 미래의 나의 모습을 그려보기 위해 크게 도움이 된다. 앞서 언급했던 구본형 변화경영연구소의 구본형 소장님이 그런 존재이시다.

또 한 분은 현재 경희사이버대의 정지훈 교수님이다. 사실 정지훈 교수님이야말로 내가 앞서 이야기했던 '한마디로 규정지을 수 없는' 일을 하는 분이시다. 원래는 의과대학을 졸업한 의사인데, IT 융합 전문가이자 미래학자이면서 개발자이기도 했고 여러 스타트업 기업에 투자한 엔젤투자가이기도 하다. 『제4의 불』『거의 모든 인터넷의 역사』『내 아이가 만날 미래』 등 여러 권의 책을 쓰기도 했다.

나는 박사학위를 마치고 서울의대에서 연구하던 시절 정지훈 교수님의 강의를 처음 들을 기회가 있었다. 의대 학생들을 위한 '융합이란 무엇인가?'라는 주제의 강의였는데, 나는 학생은 아니었지만 우연한 기회에 함께 청강하게 되었다. 그런데 이 강의가 내 인생을 바꾼 강의 중의 하나였다.

이 강의에서 아직도 내 머릿속에 강하게 남아 있는 부분은 교수님 본인께서 진로 선택을 고민하던 시절의 이야기였다. 의대를 졸업하고 자신의 열정을 따라 동기들과는 다른 길을 선택해도 될지 고민할 때 은사님께서 해주셨다는 두 가지 조언이 있었다.

첫 번째, 불확실성에 강한 내성을 가져라.
두 번째, 남들과 비교하지 마라.

정지훈 교수님께서도 이 두 가지만 가능하다면 산 사람 입에 거미줄 칠일은 없을 것이라는 그 은사님의 조언을 듣고 본인만의 길을 개척하며 나아가야겠다고 결심하게 됐다는 것이다. 이 강의를 계기로 나도 정지훈 교수님과 인연을 맺게 됐고 나중에는 내 첫 책에 추천 서문도 써주셨다. 그리고 내가 2015년 4월 비장한(?) 각오로 조직을 나와 1인 기업으로 독립하면서 페이스북에 썼던 글에도 정지훈 교수님은 예전의 그 두 가지 조언을 다시 한 번 강조해주셨다. 불확실성에

내가 1인 기업으로 독립하며 썼던 글

익숙해질 것. 그리고 남들과 비교하지 말 것. 이번 글에서는 이 두 가지 자세에 대해서 내가 나름대로 소화한 것을 조심스럽게 이야기해보려고 한다.

첫 번째 조언: 불확실성에 익숙해져라

지금은 불확실성의 시대이다. 1인 기업으로 살아간다는 것은 더욱 불확실한 인생을 사는 것이다. 하지만 역설적으로 이런 불확실한 시대를 살아가기 위해서는 불확실하지만 유연하고 민첩한 삶의 모델을 가진 1인 기업가들이 누구보다도 유리할지도 모른다.

과거와 같은 농경 시대나 산업화 시대라면 우리가 10년 후에 어디서 무엇을 하고 있을지가 대략 짐작이 가능했다. 우리 아버지 세대의 삶은 평생토록 크게 변화가 없었고 남들이 하듯 차근차근 경력을 쌓아가며 때가 되면 한 단계씩 승진을 하다가 정년이 되면 후배들의 박수를 받으며 꽃다발을 안고 은퇴할 수 있었다. 하지만 이제는 그 모든 것이 과거의 향수에 불과하다.

이제는 도무지 한 치 앞을 보기가 어렵다. 산업 간의 경계가 무너지고 기술은 하루가 다르게 발전한다. 끊임없이 새로운 것을 배우고 변화해야 하며 그렇지 못하면 순식간에 도태된다.

더 이상 정년과 평생직장이란 없다. 시대는 빠르게 변화하지만 과거의 비대하고 경직된 조직은 그 속도를 따라갈 수 없다. 조직도, 그 조직 속의 구성원들도 혼란스러워한다. 과거에 안정적이라고 여겨지며 선망의 대상이 되던 직업들도 결코 예전 같지 않다.

흔히들 확실한 것은 안정적이라고 생각한다. 만약 모든 변수가 통제 가능한 범위 내에 있고 변화의 속도가 느린 상황이라면 정해져 있는 일을 반복하면서 수십 년을 살아간다는 것도 가능했을 것이다. 하

지만 불행히도 이제 그런 세상은 더 이상 존재하지 않는다. 불확실한 세상에서는 오히려 확실하게 규정된 일을 하는 것만큼 위험한 것도 없다.

확실하게 정해진 길을 따라서 수십 년 동안 살아간다는 것의 또 다른 큰 문제가 있다. 바로 '재미'가 없다는 것이다. 확실한 삶. 모든 것이 정해져 있는 삶은 우리의 가슴을 뛰게 하지 못한다. 아무리 재미있는 영화라도 두 번을 보면 재미가 없다. 이야기의 전개, 반전, 결말을 이미 모두 알고 있기 때문이다. 누군가는 매일 같은 영화를 반복해서 보면서 살아가는 것이 체질에 맞는 사람이 있을지도 모른다. 하지만 나는 결코 그런 사람이 아니었다.

불확실하다는 것은 곧 안정적이지 않다는 말이다. 정해진 것이 없으므로 불안하다. 하지만 반대로 말하자면 그렇기 때문에 우리는 어디로도 갈 수 있고 어떤 기회이든 움켜쥘 수 있다. 불확실하다는 것은 우리가 무한한 기회에 열려 있다는 말이고, 남들이 정해놓은 규칙에 따라서 억지로 우리의 잠재력을 제한하지 않을 수 있다는 말이다. 불확실성은 비록 우리를 불안하게 만들지만, 한 편으로는 우리의 가슴을 뛰게 하며 아드레날린을 분출시키고 가슴 깊숙이 숨어있던 야성을 되살아나게 한다.

● 확실한 삶 vs. 불확실한 삶

배낭여행을 가본 적이 있는가? 나의 첫 배낭여행은 대학교 2학년 여름방학 때 중국으로 떠났던 것이었다. 인천 항에서 첸진 항을 향해서 배를 타고 출항하던 그 순간을 나는 아직도 잊지 못한다.

뱃머리에 서서 저 멀리 펼쳐진 수평선을 바라보며 얼굴을 스치는 바닷바람을 맞으며 우렁차게 울리는 뱃고동 소리를 듣던 그 순간. 나는 처음으로 자유가 무엇인지를 깨달을 수 있었다. 그전까지 학창시절에 쳇바퀴처럼 어른들이 만들어둔 규칙 속에 맞춰서 살아온 인생이었다. 그 순간 온몸을 타고 전기처럼 흐르던 짜릿한 희열을 아직도 잊지 못한다.

한 달의 배낭여행 동안 우리는 어디든지 갈 수 있다. 무엇이든지 먹을 수 있고 누구와도 함께할 수 있다. 우리를 구속하는 것은 아무것도 없었다. 백지로 된 일기장에 앞으로 어떤 내용이든 써내려 갈 수 있었다. 성인이 돼 진정한 자유를 가졌던 첫 번째 순간이었다. 그것을 깨달은 나는 말 그대로 전율에 휩싸였다.

배낭여행의 자유는 가이드와 함께 하는 패키지여행과 비교했을 때 더 크게 드러난다. 패키지여행은 여행의 시작부터 끝까지 몇 시에 무엇을 타고 어디로 이동하며 어느 식당에서 밥을 먹고 어디에서 숙박할지 등 모든 것이 정해져 있다. 항상 가이드와 함께한다. 안전하고 확실하다. 하지만 배낭여행에서 맞이할 우연한 기회, 만남, 새로운 경험, 성장은 패키지여행에서 기대하기 어렵다. 그래서 재미가 덜하다. 당신은 어떤 여행을 가고 싶은가?

10년이 넘는 시간이 흘러 나는 대기업에 경력 사원으로 입사해서 팀을 하나 맡게 되었다. 얼마 후 대기업이라는 조직에 적응하면서 내게 앞으로 펼쳐질 미래를 그려볼 때마다 나는 깊은 좌절감을 느끼곤 했다. 그때 떠올렸던 것이 바로 내가 중국으로 처음 출항하던 그 순간이었다. 이제 내 앞에 펼쳐질 것으로 예정된 미래는 그때와는 정반대였기 때문이다.

대기업, 공무원, 의사, 변호사, 회계사 등등. 모두가 요즘 세상에서 선망의 대상이 되는 직업이다. 소위 안정적이라고 여겨지는 직업이다. 하지만 이 직업들에는 공통점이 있다. 예외적인 경우를 제외하면, 일단 그 직업군에 발을 내딛고 경력을 쌓기 시작하는 순간부터 은퇴할 때까지 어떤 커리어 경로를 거치게 될지 대부분 정해진다는 것이다.

예를 들어 대기업에 처음 입사하는 순간 평생 내가 거쳐 가야 할 경로는 너무도 뻔하다. 사원으로 시작해서 대리, 과장, 차장, 부장을 거치고 억세게 운이 좋으면 상무, 전무가 될 수 있다. 운이 더 좋으면 그 이상도 노려볼 수 있을 것이다. 더도 없고 덜도 없다. 그냥 그렇게 정해진 길을, 모두가 경쟁하며 사다리를 타고 함께 올라가는 것이다. 내가 대기업에 입사했다는 것만으로 남은 내 인생의 커리어 경로는 대략 결정된 것이다. 이것이 내가 정말 살고 싶었던 인생일까.

대기업에 갓 들어온 직원들은 임원이 되기를 꿈꾼다. 신입사원 입사 면접에서 앞으로의 포부를 물어보면 약속이나 한듯 입을 모아, 열심히 일해서 이 회사의 임원까지 올라보고 싶다고 한다. 하지만 정작 내가 보았던 상무님, 전무님들은 별로 행복해 보이지 않았다. 치열한 경쟁을 이기고 올라간 '승리자'였지만 말이다. 그들은 매일같이 격무에 시달리며 아침 일찍 출근해서 야근하고, 주말에도 출근하며 회의, 회의, 회의에 쫓기는 사람들이었다. 직원들에게 임원은 감히 겸상할 수 없는 높은 존재들이다. 하지만 한 걸음 물러나서 바라보면 그들 역시 매일같이 실적 압박을 받으며 언제 짐을 싸야 할지 모르는 또 다른 한 명의 초라한 계약직 직원일 뿐이었다.

대기업에 남아 있게 된다면 그것이 '확실한' 나의 미래였다. 그것도 운이 좋아 내가 경쟁에서 승리하는 경우에 말이다. 만약 내가 20년 뒤에 저 자리에 똑같이 있게 된다면 나는 행복할 것인가. 정말 나는 저 모습이 되고 싶은가 하는 질문을 스스로에게 던졌을 때 "그렇지 않다"는 답을 얻기까지는 불과 몇 초도 걸리지 않았다. 그렇게 내 앞에 놓여 있는 '정해진 길'을 바라보고 있노라면 그저 가슴이 답답해질 뿐이었다.

나는 언제나 내가 큰 가능성이 있는 사람이라고, 남들과는 다르게 큰 포부를 지니고 그것을 이뤄갈 수 있는 사람이라고 믿었다. 하지만 크나큰 조직 속에서 나는 남들처럼 정해진 길을 똑같이 달려가며 경주하는 수많은 평범한 직장인 중의 한 명일 뿐이었다. 내 가능성과 포부는 모두 안정적이고 거대한 시스템 속에서 서서히 그리고 확실하게 박제되고 있는 것 같았다.

내가 1인 기업으로 독립한 후에야 나는 나만의 길을 갈 수 있었다. 더 이상 수많은 직장인 중 한 명이 아니라, '나'라는 유일한 하나의 존재로서 설 수 있었다. 하염없이 박제되어 가던 내 열정과 나의 가능성, 포부의 불씨를 너무 늦기 전에 되살릴 수 있었다. 그것은 그 무엇과도 바꿀 수 없는 귀중한 것이었다.

1인 기업이 되면 모든 것이 불확실하고 불안하다. 온통 확실하지 않은 것투성이다. 정해진 것도 없고 해야만 하는 일도 없다. 책임도 없고 의무도 없다. 내가 스스로 할 일을 찾지 않으면 누구도 나에게 일을 주지 않는다. 한동안 일이 없을 때면 앞으로 누구도 나에게 일을 주지 않는 것이 아닐까, 나라는 존재를 아무도 기억하지 못하는 것이 아닐까, 난 이대로 사라져가는 것이 아닐까 하고 두려워질 때도 있다.

그런데 우리의 인생 자체가 불확실한 것 아닌가? 원래 인생이란 언제 어디에서 뭐가 터질지 알 수 없다. 주어진 상황 하에서 발버둥치면서 떨어진 점들을 선으로 이어가고, 달빛도 없는 어두운 밤길을 등불도 없이 가듯이 두 팔을 더듬거리며 그저 한 발씩 앞으로 내딛으며 나아가는 것이 인생이다.

불확실한 세상은 우리의 전장이다

인생은 근원적으로 불확실한 것이다. 여기에 전에 없이 불확실한 외부의 시대상은 인생의 본질적인 불확실성을 더욱 강화시킨다. 그렇다면 우리가 해야 할 일은 오히려 이런 불확실성을 온몸으로 끌어안는 것인지 모른다. 스스로 불확실성을 받아들일 때 우리는 더욱 유연하고 민첩하게 반응할 수 있다. 우리는 불확실성을 참고 견뎌야 하는 것이 아니라, 이를 받아들이고 즐기며 함께 춤을 추며 살아가야 한다. 1인 기업가는 그렇게 하기 위해 최적화된 존재들이다.

과거의 경직되고 느린 조직 시스템은 이런 불확실성에 대처하지 못하고 있다. 그 시스템 속의 사람들은 서로 위로하고 위안이 될 수는 있겠지만, 조직 밖의 변화를 바라보며 불안한 마음을 감추기는 어려울 것이다. 과거의 예측 가능한 상황 속에서 성공적이었던 조직이, 게임의 법칙이 바뀐 현재 상황에는 적응하지 못하고 있다. 과거에 성공할 수 있었던 요인들이 이제는 반대로 성공에 걸림돌이 되는 것이다. 지금껏 경험하지 못한 쓰나미가 몰려오는데 예전처럼 둑을 쌓고 있어서는 곤란하다.

기회는 불확실한 상황 그 자체에서 온다. 과거에 연결되지 않았던 것들이 연결되고, 융합되지 않던 것들이 서로 합쳐진다. 과거에 굳건할 것이라고 믿었던 것이 무너지며, 듣지도 보지도 못한 것들이 갑자기 대두하며 기존의 것을 대체한다.

큰 기회는 이러한 변화의 과정에서 도출된다. 하지만 불확실한 세상에서 무엇이 연결되고, 무엇이 무너지며, 무엇이 바뀔지를 예측하기란 거의 불가능하다. 하지만 언제라도 기회를 붙잡기 위해 우리가 가볍고, 유연하며, 민첩한 상태로 준비할 수는 있다. 스스로를 규정짓지 않고 스스로의 잠재력을 제한하지 않는 노마드 nomad 가 되어야만 가능한 일이다.

이처럼 불확실한 상황에서 더 폭넓고, 기민하게 움직일 수 있는 1인 기업은 기존의 조직에 비해 큰 경쟁 우위를 가진다. 우리는 끊임없이 배우고 변신해야 하며 또 그렇게 할 수 있는 현실적인 여건을 갖추고 있다. 우리를 제한하는 것은 아무것도 없기 때문이다. 마음만 먹으면 무한한 지식에 접근할 수 있고, 무한한 사람들과 연결될 수 있다.

불확실한 세상은 1인 기업가들의 홈그라운드다. 이곳은 우리가 능력을 최대한 발휘하며 활약하기에 최적화된 전장이다. 이 바닥을 지배하는 게임의 규칙은 우리에게 유리하다. 불확실한 세상에서는 우리가 주인공이다.

두 번째 조언: 남과 비교하지 마라

나는 당신이 확실하게 불행해지는 방법을 한 가지 알고 있다. 그것은 바로 당신을 남과 비교하는 것이다. 나를 다른 사람과 비교하는 것은 일반적으로도 별로 좋은 생각은 아니지만, 자신만의 길을 가는 사람들은 특히 피해야 할 것이다. 비교한다는 것 자체가 불가능하기 때문이다.

한국사회는 고질적으로 남들과 비교하는 것에 익숙한 사회다. 다른 사람과 비교해서 나으면 우월감을 느끼면서 기뻐하고, 남보다 못하면 열등감을 느끼거나, 질투하고 배 아파하며 그 사람을 깎아내리기 바쁘다. 아마도 한국에만 유일하게 있을 소위 '엄친아' '엄친딸'이라는 표현도 결국 남과의 비교에서 나온 것이 아니던가.

나는 아직 차장인데 동기가 먼저 부장을 달면 배가 아프다. 나는 아직 월세방에 사는데 친구가 번듯한 집을 사면 배가 아프다. 나는 국산 차를 타는데 친구가 외제 차를 타고 동창회에 나오면 보기가 싫다. 우연히 알게 된 동기의 연봉이 나보다 많으면 질투심에 잠이 오지 않는다.

한국은 한강의 기적으로 불리는 눈부신 발전을 단기간에 이루었지만 그 과정에서 남들보다 좀 더 빨리 좀 더 많은 것을 성취하는 것을

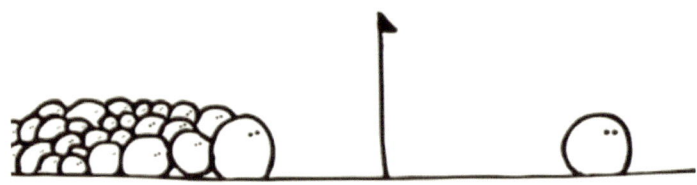

스탠퍼드대 MBA의 그림이다. 나는 이 그림에 동의하지 않는다.

미덕으로 여기게 되었다. 사실 '사촌이 땅을 사면 배가 아프다'는 옛 속담처럼 남과 비교하는 심리는 더 뿌리가 깊거나 인간의 본성으로 봐야 할지도 모르겠지만 말이다.

  남과 비교해서 얻어지는 행복감이나 성취감은 근본적이지도 지속 가능하지도 않다. 나보다 더 많이 성취하고 더 빨리 이루는 사람은 언제 어디나 항상 존재하기 마련이다. 또한 경쟁에서 내가 몇 번 이길 수는 있겠지만, 평생 승리만 하고 산다는 것은 불가능한 일이다. 남과 비교해서 얻어지는 만족감은 쉽게 무너지며, 언젠가는 필연적으로 무너질 수밖에 없다.

자신만의 길을 가는 우리에게 허용된 유일한 비교 대상은 바로 나 자신이다. 근원적인 만족감은 다름 아닌 나 자신에게서 찾아야 한다. 나는 내가 원하는 삶을 살고 있는가. 과연 내가 어제보다 나아졌는가. 어제의 나보다 더 보람 있고 가치 있는 일을 하고 있는가. 어제보다 오늘의 내가 더 행복한가. 하는 것 말이다.

무엇보다 1인 기업가에게 비교가 위험한 이유는 사실 남들과 비교한다는 것 자체가 불가능하기 때문이다. 비교라는 것은 비슷한 삶을 살아가는 사람들 사이에서나 가능한 것이다. 학창 시절 같은 수업을 듣고, 같은 시험을 친다면 두 학생의 성적은 사실상 비교 가능하다. 동기가 같은 회사에 입사해 같은 부서에서 비슷한 경력을 쌓는다면 연봉과 승진 속도에서 비교할 수 있다. 같은 연구소에서 비슷한 주제로 일하는 연구원이라면 논문 업적으로 비교할 수도 있다.

하지만 자신만의 길을 독립적으로 걸어가기로 한 1인 기업이라면? 누군가와 비교를 한다는 것 자체가 불가하다. 하는 일의 성격, 추구하는 삶의 가치, 업무 방식, 돈을 벌고 쓰는 법 등이 저마다 다르기 때문이다. 절대 이것을 망각해서는 안 된다. 심지어는 겉으로 보기에 비슷한 1인 기업이라는 철학을 가진 1인 기업가들도 내부적으로 상세히 들여다보면 세부적인 스타일이나 추구하는 방향은 전혀 다른 경우가 많다.

만약 당신이 조직에서 나와 당신만의 길을 가려고 한다면 다른 사람들은 (특히 기존의 시스템 외의 대안을 알지 못하는 사람들은) 은연중에

인생은 모두가 한 방향으로 달려야 하는 마라톤이 아니다.

자신들에게 해당하는 기존의 틀에 맞춰서 당신을 비교하려고 할 수도 있다. 그들의 잣대라는 것은 늘 그렇듯 경제력이나 사회적 지위와 같은 뻔한 것들이다.

이런 비교에서는 자신이 얼마나 스스로 하고 싶은 일을 하고 있는지, 하기 싫은 일을 얼마나 하지 않을 수 있는지, 내가 추구하는 가치를 좇고 있는지, 얼마나 큰 사회적인 가치를 만들어내고 있으며, 얼마나 저녁이 있는 삶을 살고 있는지, 가족들과 보내는 시간은 얼마나 많은지 등은 대개 그 기준에 포함되지 않는다.

또는 조직을 나온 당신이라고 하더라도 여전히 '직장인 마인드'를 버리지 못하고 기존의 잣대에 맞춰서 자신을 다른 사람과 무의식중에 비교할 수도 있다. 우리 사회에서는 어릴 때부터 그런 환경에서 교육받고 일해왔기 때문이다. 특히 1인 기업으로서의 일이 계획대로 잘 풀리지 않을 때 습관처럼 남들과 비교할 가능성이 크다.

이럴 때는 이러한 비교를 과감하게 무시하고 신경 쓰지 않을 수 있어야 한다. 그들은 그들에게 맞는 삶을 살아가는 것이고 나는 내가 선택한 길을 가면 된다. 그들이 속한 게임과 우리가 속한 게임의 규칙은 너무도 다르다. 피겨 스케이팅 선수와 야구 선수를 비교할 수 없는 것과 마찬가지다. 이런 상황에서는 비교가 어려울 뿐만 아니라 서로 비교하면 서로가 불행해질 수도 있다. 사람은 보통 자신이 가지지 못한 것을 동경하게 마련이기 때문이다.

내가 좋아하는 한 일본 광고가 있다. 한 리크루팅 회사의 광고다.[3] 이 광고는 마라톤의 출발선에서 수많은 마라토너가 함께 경주하는 것으로 시작한다. 하지만 어느 순간 한 마라토너가 "우리의 인생은 마라톤이 아니다. 이건 누가 정한 코스인가? 우리는 자신만의 길이 있다."며 저마다의 방향으로 달리기 시작한다. 모든 마라토너가 한 방향이 아닌, 자신만의 결승점을 향해서 다른 방향으로 달리는 것이다. 인생은 결코 한 방향으로만 달려야 하는 마라톤이 아니다. 자신만의 결승선을 향해서 자신만의 페이스로 달리면 되는 것이다.

● 남들이 가지 않은 길

　우리가 우리만의 길을 간다고 해도 조직 속에서 기존의 삶의 방식을 고수하는 사람들보다 더 돈을 많이 벌고, 더 높은 지위에 오른다는 보장은 전혀 없다. 물론 그럴 가능성도 있지만, 그렇지 않을 수도 있다. 중요한 것은 우리가 스스로의 선택으로 자신만의 길을 뚜벅뚜벅 걸어가고 있다는 것이다. 이런 하찮은 비교에 얽매이지 않는다면 우리는 더 당당하고 행복하게 자신의 길을 추구할 수 있다.

　남들과 같은 길을 가는 것에서 안도감을 얻고 자신감을 얻는 사람들이 있다. 다수의 무리에 속한 것 그 자체로 말이다. 그것을 결코 비난하거나 깎아내릴 수는 없다. 하지만 반대로 남들과 다른 길을 가는 것에서 안정감과 자신감을 얻는 사람들이 있다. 이는 근본적인 본성의 차이에서 온다고 본다.

　다만 1인 기업이 되려는 사람은 역시 후자의 성향을 가지고 있으면 좋을 것이다. 사실 1인 기업은 모든 사람에게 맞는 삶의 방식이라고 보기는 어렵다. 만약 당신이 전자처럼 무리 속에서 안정감을 찾는 스타일이라면 1인 기업가가 되는 것이 적합하지 않을지도 모른다. 반대로 남들과 다른 길을 간다는 것을 편안하게 느낄 수 있다면, 1인 기업가가 되기에 적합한 사람이라고 할 수 있다.

　나는 청개구리 기질이 있어서인지 남들이 다 하는 것은 하기 싫어한다. 블록버스터 영화가 나오면 나는 왠지 보기 싫어진다. 남들이 다 보니까 나도 봐야 한다는 논리가 싫은 것이다. 예전의 「쉬리」「공동

경비구역 JSA」「실미도」「타이타닉」도 그래서 보지 않았다. 최근에는 「명량」「베테랑」「암살」도 안 봤다. 영화를 꽤 즐겨보는 편이지만, 그냥 수많은 사람 중 한 명이 되기는 싫다는 치기 어린 마음에서였다.

'남들과 다르게 된다'는 것은 내 인생의 중요한 원칙 중의 하나이다. 몇 가지 선택지 중에 다른 모든 조건이 같다면, 나는 무조건 남들이 가장 적게 선택하는 옵션을 고른다. 왜 그런 원칙을 가지게 됐는지는 잘 모르겠다. 그냥 내가 그런 사람이라는 것밖에는 설명할 길이 없다. 나는 인생에서 지금까지 마주치게 되는 많은 선택의 순간에서 이런 원칙을 적용해왔다.

내가 수능시험을 볼 때 언어영역에서 가장 먼저 나왔던 지문이 로버트 프로스트의 시「가지 않은 길The road not taken」이었다. 이 시는 내가 항상 책상 앞에 붙여 놓고 있는 글이다. 이 시의 표현을 빌리자면, 두 갈래 길 중에 사람들이 적게 간 길을 선택하면서 나는 지금까지 왔다. 그것이 좋은 전략이었는지는 아직 잘 알 수 없지만 시간이 답을 알려줄 것이다.

◈ 다른 방향으로 간다는 것의 즐거움

지금도 그렇지만 나는 출퇴근 시간의 지하철을 타면 항상 왠지 모를 불편함을 느낀다. 단순히 사람이 많기 때문이 아니다. 그 사람들이 타고 내리고 환승할 때 대부분 동일한 방향으로 가기 때문이다. 같은 시간에, 같은 옷을 입고, 같은 표정으로, 같은 방향으로 간다. 이유는 모르겠지만 나는 그것이 너무도 불편하다. 가능하면 나는 남들과 다른 방향으로 가고 싶다. 남들과 다른 방향으로 갈 때 나는 진정으로 살아있다는 것을 느낀다. 그것을 실제로 크게 느꼈던 적이 있다.

내 오랜 꿈 중의 하나는 엄홍길 대장님과 산을 한 번 타보는 것이었고 또 한 가지는 킬리만자로에 오르는 것이었다. 킬리만자로는 해발 5,895미터로 아프리카 대륙 최고봉이다. 어느 날 출근길에 신문에서 엄홍길 대장님과 함께할 킬리만자로 원정대를 모집한다는 기사를 보고 나는 무엇에 홀린 듯 신청을 했다(나중에 몇 달 동안 그 카드빚을 갚아야 했지만 말이다).

꿈에 그리던 킬리만자로는 정말 '대자연'이 무슨 의미인지 실감할 수 있을 만큼 감동적이었다. 우리는 끝도 없이 깊고 깊은 산 속으로 며칠을 걸어 들어갔고 저녁이면 텐트를 치고 물티슈로 세수하고 두꺼운 침낭 속에서도 오들오들 떨면서 잠을 잤다. 밤이면 아프리카의 별들이 머리 위로 쏟아졌고, 울창한 숲과 태초의 바위들을 지나 더욱 높은 곳으로 향했다.

마지막 숙영지를 떠나 정상으로 오르는 날. 저녁을 먹고 깜깜한 어둠을 헤치고 출발한 우리는 밤을 꼬박 새워 산을 올랐다. 영하 25도의 날씨와 고산병으로 지끈거리는 머리를 부여잡고서. 전 세계에서 모인 트레커가 머리에 두른 헤드렌턴 불빛이 어둠 속에 개미떼처럼 끝없이 이어지는 장관이 펼쳐졌다.

몇 시간을 걸었을까. 드디어 정상에 가까웠을 때 나는 저 멀리 아프

월요일 아침 출근길을 거슬러 도착한 집 앞에서

리카 지평선 너머로 떠오르는 눈 부신 태양을 보았다. 아프리카와 어울리지 않는 킬리만자로 정상의 만년설 뒤로 바알간 태양이 떠오르고 있었다. 그 장엄함과 아름다움에. 그리고 오랜 꿈을 이뤘다는 기쁨에 나는 그만 어린애처럼 엉엉 울고 말았다.

그런 킬리만자로 등반을 모두 마치고 인천 공항에 도착했을 때가 월요일 새벽이었다. 몇 시간 전까지 아프리카에 있던 나는 앞뒤로 두 개의 배낭을 메고, 열흘 넘게 깎지도 않은 덥수룩한 수염과 화산재투성이의 등산복과 더러운 신발을 신고 있었다. 그 모습으로 집으로 돌아가던 월요일 아침, 4호선 충무로역에서 바삐 출근하는 사람들의 무리와 마주쳤다. 그 무리 속에서 나는 외계인처럼 낯선 존재였다. 나는 모든 사람과 완전히 다른 모습으로 홀로 반대 방향으로 걷고 있었다.

그들의 옷차림, 표정, 방향, 목적지. 모든 것이 나와 달랐다. 시체 같은 표정을 하고 바삐 걸음을 옮기는 사람들을 헤집고 혼자서 반대 방향으로 나아갈 때의 그 순간. 그 순간 비로소 나는 내가 살아 있음을 느꼈다.

1인 기업을 하면서도 나 스스로에 대해서 가지고 있는 인상은 그와 비슷하다. 다른 사람이 모두 가는 방향과는 다른 방향으로 간다. 나는 그들과 다른 옷을 입고, 다른 표정을 하고 있다. 그들은 그들의 인생이 있고, 나는 나의 인생이 있다. 서로 비교는 불가능하지만, 나는 기존의 규칙에서 벗어나 내가 원하는 것을 마음껏 추구하고 있다.

그렇다. 그것이 중요한 것이다.

1인 기업은 어디에서 일하는가

내가 외부에서 활동하면 사람들이 꼭 물어보는 질문 중의 하나가 "사무실은 어디에 있으세요?"라는 것이다. 독립한 초창기 이 질문을 받을 때면 나는 흠칫하면서 '어떻게 대답해야 하나?' 하고 고민했던 적이 많았다. 하지만 이제는 당당하게 우리 집이 위치한 동네를 알려준다.

그렇다. 나는 집에서 일한다. 따로 사무실을 구하지 않고서 말이다. 사무실을 못 구하는 것이 아니라 굳이 구하지 않는 것이다. 사실 지금까지 내게 공짜로 사무실 공간을 내어주겠다고 제안해주신 고마운 분들이 열 분은 넘는 것 같다. 제안하신 위치도 서울의 중심가이다. 심지어 거의 반강제(?)로 강하게 권유하시는 분도 있다. 기존의 관점으로 보면 사무실도 없이 일하는 내가 안쓰러워 보이셨거나 이해하기 어려웠을 수도 있을 것 같다. 하지만 지금까지도 그런 제안들을 모두 정중하게 고사하고 여전히 집에서 혼자서 조용히 일하고 있다.

이번에는 1인 기업가가 어디에서 일하는 것이 좋은지에 대해서 이야기해보려고 한다. 이 문제 역시 정답이 없을뿐더러, 1인 기업가들 사이에서도 저마다 선호하는 방식이 다르다. 크게는 세 가지의 선택지가 있을 것이다. 사무실을 별도로 구하는 것, 요즘 유행하는 코워킹 스페이스에 입주하는 것, 그리고 나처럼 집에서 일하는 것이다. 어디가 일하기에 효과적일지는 자신이 하는 일의 종류, 분야의 속성이나, 수익 모델, 개인적인 선호도의 차이 등으로 나뉠 것이다.

● 모든 곳에서 일하고 모든 곳에서 놀기

모든 1인 기업가들이 공통으로 동의할 명제가 있다. 바로 나 자신이 기업이며 내가 어디에 있든지 나의 기업은 나와 함께 존재한다는 것이다. 즉 사무실이나 코워킹 스페이스 혹은 다른 어딘가에 자리를 잡는다고 해도, 내가 퇴근해서 집으로 돌아왔다고 내가 기업이 아니게 되는 것은 아니다. 내가 사무실에 있든, 고객사에 있든, 집에 있든, 화장실에 앉아 있든 나는 여전히 스스로 기업인 것이다.

사람들이 1인 기업가들에 대해서 가장 부러워하는 것 중의 하나가 바로 아침에 출근하지 않아도 된다는 것이다. 나는 월요병도 없다. 지금 이 글도 월요일 일찍 일어나야 한다는 부담 없이 일요일 밤늦게 쓰고 있는 글이다. 하지만 무서운 것은 퇴근도 없다는 것이다. 일반 직장인은 야근하더라도, 혹은 주말에 출근하더라도 퇴근을 할 때 직장인으로서의 스위치를 꺼버릴 수 있다. 하지만 1인 기업가의 스위치는 어차피 퇴근해도 꺼지지 않는다. 월요병이 없다는 것은 다시 말해 일요일에도 쉬지 않는다는 것이다.

사실 집에서 일한다는 것은 곧 모든 곳에서 일한다는 것이다. 나라는 1인 기업의 존재를 굳이 하나의 물리적인 장소로 제한하지 않겠다는 것이다. 나는 모든 곳에서 놀고 또 모든 곳에서 일한다. 나는 집에서 서재에 앉아 일한다. 지하철에서 일하고 비행기에서도 일하며 집 근처를 산책하면서 일한다. 강의실에서 청중들과 놀듯이 강의하고 자문하는 회사 사람들과 춤추듯이 일한다. 일기를 쓰듯이 신문에 칼럼을 쓰고, 논문을 쓰듯 블로깅을 한다. SF 소설을 보듯이 흥미진진하게 논문을 읽는다. 나 혼자 일하지만 또한 모든 사람과 함께 일한다.

일이 내 생활이며 생활이 곧 내 일이다. 1인 기업가는 어디에서 일하든 상관없다. 어차피 내가 곧 기업이라면 일과 생활이 구분되지 않고 구분할 수도 없기 때문이다. 이는 큰 장점이자 동시에 큰 단점이기도 하다.

● 집에서 일하는 것의 장점

집에서 일하는 것의 장점은 무수히 많다. 그중 가장 큰 장점은 역시 시간을 절약할 수 있다는 것이다. 누누이 강조하지만, 1인 기업가로서 가장 중요하고 희소한 자원은 역시 '시간'이다. 나는 시간을 아끼기 위해서 갖은 노력을 한다. 시간을 절약하려고 생활을 최대한 심플하게 만들었고, 또 효율적으로 일을 처리하기 위한 잡다한 루틴들도 많이 가지고 있다. 어찌 보면 나 스스로도 좀 편집적으로 느껴질 정도다.

나는 의미 없는 술자리에 거의 가지 않는다. 술을 별로 안 좋아하기도 하지만, 술 마시는 시간도 아깝고 숙취 때문에 다음 날 아침 시간을 버리는 것도 아깝기 때문이다. 나는 특별한 이유가 없으면 운전도 거의 하지 않는다. 내가 운전대를 잡으면 이동할 때 소요되는 시간을 활용할 수 없기 때문이다. 지하철이나 버스를 타면 책을 읽거나 다음에 쓸 글을 구상해서 메모를 남길 수 있지만, 운전하면 팟캐스트나 오디오북을 듣는 정도가 고작이다. 택시를 잘 타지 않는 이유도 버스나 지하철과 비교해 책이나 아이패드를 보기가 어렵기 때문이다.

더 지질한 것도 많이 한다. 나는 엘리베이터를 타면 닫힘을 먼저 누른 다음 층수를 누른다. 버튼을 반대 순서로 누를 때보다 몇 초를 더 아낄 수 있기 때문이다. 공중 화장실에 볼일을 보러 가면 나는 가능하면 바깥쪽의 변기를 택한다. 안쪽으로 갔다 오는 시간을 아낄 수 있으니까. 그딴 몇 초 아껴서 뭐 하겠느냐만 짧은 시간을 절약하지 못하는 사람은 큰 시간을 절약할 수도 없다는 것이 내 신조다.

특히 내가 아까워하는 시간은 길에서 버리는 시간이다. 일반 직장인들처럼 외부 사무실에 출퇴근해야 한다면 서울에서는 적어도 한두 시간은 소비해야 한다. 그뿐만 아니라 출근하려면 외출 준비를 해야 한다. 여자라면 더 많은 시간이 걸리겠지만 남자도 적지 않게 시간이 걸린다. 출퇴근에 왕복 두 시간에 출근 준비에 한 시간이 걸린다고 가정해보자. 세 시간이다. 세 시간.

집에서 일하면 내가 팬티만 입고 일하든, 머리를 감지 않고 일하든, 물구나무를 서서 일하든 누구도 상관하지 않는다. 실제로 나는 아침에 일어나자마자 소변을 보고 냉장고에 쟁여둔 커피를 하나 꺼내어서 즉시 일을 시작한다. 외부 일정이 없으면 굳이 씻거나 예쁜 옷을 입지도 않는다. 그저 내가 해야 할 가장 중요한 일을 묵묵히 할 뿐이다. 이렇게 집에서 일하면 기본적으로 매일 출퇴근에 걸리는 세 시간여를 아낄 수 있다.

내게 이것은 무엇과도 바꿀 수 없는 너무도 큰 장점이다. 평소에 정말 영혼을 팔아서라도 시간을 아끼려는 내게는 말이다. 이 세 시간을 어떻게든 활용하는 것은 온전히 나 자신에게 달려있다. 예를 들어 내가 좋아하는 운동을 하기 위해 쓸 수도 있다. 아니면 나는 아침잠이 많은 편이므로 이 세 시간을 아침에 잠을 자는 것에 활용할 수도 있다.

실제로 나는 요즘 직장을 다닐 때보다 늦게 일어나는 편이지만, 아무리 늦어도 직장인 출근 시간에는 그래도 꼭 일어나려고 한다. 직장인들이 7시에 일어나서 출근 준비하고 회사까지 이동해서 9시에 사무실에 자리에 앉으나, 내가 9시에 일어나서 눈을 비비며 그 즉시 내

서재의 책상에 앉으나, 일을 시작하는 시간은 같기 때문이다. 다른 사람은 양복 입고 자리에 앉을 때 나는 팬티 바람으로 자리에 앉지만 일을 한다는 본질은 전혀 다를 것이 없다.

● 길에서 버리는 시간 최소화하기

하지만 외부 일정이 하나도 없는 날은 자주 없는 것이 사실이다. 강의가 있거나 외부 회의에 참석하거나 사람을 만나야 할 일이 있으면 나도 별수 없이 집 밖으로 나가야 한다. 이런 날이면 일반 직장인과 다를 바 없이 출퇴근 준비를 하고, 또 길 위에서 적지 않은 시간을 보내야 한다. 특히 내가 하는 일이 어느 정도 궤도에 오르면서 외부에서 나를 찾는 분들도 많아지면서 이런 일정은 갈수록 늘어나고 있다.

그럼에도 불구하고 나는 시간을 아끼기 위해서 몇 가지 나름의 전략적인 결정을 했다. 한 가지는 약속이 있는 날과 없는 날을 구분해, 외부 일정을 가능한 하루에 모으는 것이다. 외부 일정이 있으면 준비 시간, 이동 시간이 어차피 고정적으로 소요되기 때문에 일정을 최대한 같은 날에 소화하면 그만큼 시간을 아낄 수 있다. 즉 이틀에 각각 하나씩 외부 일정을 소화하는 것보다, 하루에 일정 두 개를 소화하고 하루는 완전히 집에서 일하는 것이 좋다는 것이다. 피터 드러커가 『프로페셔널의 조건』에서 강조한 것처럼 지식근로자는 외부로부터 아무런 방해도 받지 않고 연속적으로 일할 수 있는 시간을 확보하는 것이 너무도 중요하다.

또 한 가지는 집의 위치를 정할 때 교통이 편리한 곳으로 정했다는 것이다. 내가 집을 고를 때 가장 중요하게 본 것 중의 하나가 바로 교통이었다. 즉 서울 전역을 돌아다니거나 지방 일정을 소화하기 위해서 교통이 편리하고 길에서 버리는 시간을 최소화할 수 있는 곳인지를 본 것이다. 교통이 편리할수록 월세가 비싸진다. 하지만 길에서 버릴 시간을 돈으로 산다는 생각으로 어느 정도의 추가적인 지출은 감수했고 지금도 그 결정에 매우 만족하고 있다.

회의실이 필요할 때면

하지만 집에서 일하는 것이 난감할 때도 있다. 예를 들어, 외부에서 손님이 연구소를 방문하고 싶다고 하거나, 미팅해야 할 때 그리고 언론사 등에서 인터뷰 요청이 올 때가 특히 그러하다.

한 번은 외국의 다국적 제약사에서 조만간 사장단이 한국을 방문해 한국의 헬스케어 산업의 주요 회사와 연구소 몇 군데를 둘러볼 계획이라며 '최윤섭 디지털 헬스케어 연구소'를 방문할 수 있느냐고 영문 메일이 왔다. 내가 온라인에 올려놓은 영문 자료 등을 보고서 연락을 한 것인데 아마도 꽤 규모가 있는 번듯한 연구소라고 생각했던 것 같다. 혹은 신문사나 방송사에서 인터뷰 요청이 들어오면, 영상 인터뷰나 사진을 찍기 위해서 연구소를 방문할 수 있느냐는 요청이 종종 들

내가 애용하는 패스트파이브

어오기도 한다.

우리 집으로 초청하는 것도 나쁘지 않은 생각일지 모르겠지만, 아마도 그게 그들이 의도했던 바는 아닐 것이다. 이러한 경우 나는 상대에게 편한 장소에서 만나도 되는지를 물어보고 집 근처의 카페에서 만나거나 (집 근처이므로 시간을 아낄 수 있다), 상대방이 편한 장소로 내가 찾아가거나 아니면 외부에서 미팅 공간을 정한다. 특히 인터뷰 영상을 따야 하는 경우 카페는 부적절하므로 (일반적인 카페에서 허락해주지 않고 소음도 심하다) 따로 공간을 마련하는 것이 필요하다.

우리 연구소의 서류상 주소는 패스트파이브라는 일종의 코워킹 스페이스에 '비상주 오피스' 서비스를 신청해 주소를 빌려 쓰고 있다. 사업자 등록을 하려면 사업장이 있어야 하는데, 현재 거주하는 오피스텔은 사업자 등록이 어렵기 때문이다(집주인에게 허락을 못 받았다). 코워킹 스페이스의 비상주 오피스를 신청하면 물리적인 오피스가 따로 나오지는 않지만, 우편물 수발을 해주고 필요하면 공용 회의실을 예약해 사용할 수 있다. 패스트파이브, 르호봇 등등의 코워킹 스페이스는 서울 곳곳에 오피스가 있고 예약제로 회의실을 사용할 수 있어서 편리하다. 외부 인터뷰 요청이 들어오거나, 격식을 갖추고 미팅을 해야 할 경우가 있으면 나는 패스트파이브 회의실을 예약해 이용한다.

집에서 일하는 것의 단점

사실 집에서 일하는 것의 다른 단점도 많다. 가장 큰 단점 중의 하나는 일과 생활의 구분이 안 된다는 것이다. 같은 장소에서 먹고 자고 일하게 되면 일해도 일하는 것 같지 않고, 쉬어도 쉬는 것 같지 않은 상태에 빠질 수가 있다. 일과 삶의 균형을 유지하는 것은 매우 중요하며,

그 둘 사이의 경계가 모호해지는 것은 상당히 위험한 일일 수 있다.

하지만 앞서 언급했다시피, 나는 대학원에 있을 때도 직장 생활을 할 때도 어차피 그런 생활을 오랫동안 해왔다. 일종의 워커홀릭이라고 해도 좋을 만큼 일과 생활을 따로 구분 짓지 않는 것에 오히려 익숙하기도 하다. 과학자, 연구자라는 직업의 속성이 원래 그렇기 때문이다. 하지만 이런 생활에 익숙하지 않은 사람들에게는 이러한 특징이 큰 단점이 될 수 있다.

또한 집에서 일함으로써 일의 효율성이 떨어질 수도 있다. 학창 시절 군이 집에 책상을 두고 독서실에 가는 것도 같은 이치 아닌가. 집에서는 방해 요소가 많아서 집중할 수 있는 환경을 찾아서 독서실에 가는 것이다. 이처럼 따로 사무실을 마련해놓고 거기에 출근해야만 일의 능률이 오르는 사람이 있을 것이다. 그런 경우 오히려 출퇴근 시간과 사무실 임대 비용을 지출하더라도 따로 장소를 구하는 것이 더 나을 수도 있다.

그런데 결국 1인 기업으로 성공하기 위해서는 자기 절제력, 자기 관리, 더 나아가서는 일에 미치는 것이 필요하다. 자신의 일을 사랑해야 하며, 일에 미치듯이 몰두하지 않고서는 1인 기업으로 살아남기가 어렵다. 1인 기업이 되면 내가 출근하든 말든, 일하든 말든 누구도 신경 쓰지 않고 아무도 간섭하지 않는다.

1인 기업가는 무한대의 자유 속에서 자신의 스탭과 리듬을 찾아야 한다. 집에서 일에 집중하기 어려운 사람이 따로 사무실을 낸다고 해서 일이 더 잘 될지는 사실 잘 모르겠다.

사무실이 꼭 필요한 경우

다만 반드시 집 밖에 사무실을 따로 내야 할 경우도 있다. 바로 가족이 있거나 자녀가 있는 경우이다. 가족이 함께 집에 살게 되면 아무래도 집에서 일하는 것이 서로에게 불편할 것이다. 내가 직장에 출근해서 일하고 있는데 가족이 회사로 불쑥불쑥 찾아오는 꼴이 될 것이기 때문이다. 가족과 함께 일상생활하는 공간에서 업무를 보면 아마도 서로에게 불편하게 될 것이다.

내가 앞서 언급한 '집에서 일하는' 1인 기업가의 삶에 대한 예찬은 모두 내가 현재 혼자 살고 있기 때문에 가능한 것일 수 있다. 만약에 나도 나중에 함께 살 가족이 생기고 아이가 생긴다면 아마도 따로 사무실을 구해야 하지 않을까 한다. 실제로 주변에 다른 1인 기업가분들을 만나서 이야기를 해보면 외부에 따로 사무실을 구하신 현실적인 이유 중의 하나가 이것인 경우가 많다.

나의 롤모델 중의 한 분이신 고 구본형 소장님은 사모님과 자녀와 함께 살면서도 따로 사무실을 구하지 않고 집의 서재에서 일하셨다(새벽에 일어나셔서 글을 쓰고 다른 일정이 없으면 자녀를 학교에 바래다주었다는 부분이 책에 나온다. 그분은 정말 인생을 사랑하셨던 것 같다). 하지만 이는 꽤 예외적인 사례였던 것 같고, 솔직히 나도 나중에 이렇게까지 할 자신은 없다.

이번에는 1인 기업이 일하는 장소에 관해서 이야기해보았다. 1인 기업에 대한 많은 부분이 그렇듯이, 이 주제에 대해서도 아마 다양한 답이 존재할 수 있을 것이다. 자신의 일하는 방식이나, 일의 종류, 생활 패턴 등에 따라서 저마다 자신에게 맞는 답은 달라질 수도 있다. 하지만 적어도 나의 경우에는 큰 변화가 없다면 앞으로도 이렇게 집에서 일하는 방식을 계속 고수하게 될 것 같다.

1인 기업가의 고독

　1인 기업가는 외롭다. 인간은 원래 고독한 존재라고 했던가. 현대 사회는 갈수록 더 개인화되고 사람들 사이의 직접적인 교류는 단절돼 간다. 1인 가정은 늘어가며, 요즘 흔히 말하는 혼밥, 혼술 등의 문화가 생기고 서점가에도 『혼자 있는 시간의 힘』과 같은 책이 주목을 받는 것도 이런 세태를 반영한다고 볼 수 있다. 최근 뉴스를 보니 혼자 고기를 구워먹을 수 있는 1인 고깃집도 생겼다고 한다.[4]

　이러한 고독은 특히 1인 기업가에게 큰 어려움이기도 하다. 조직을 나와 독립적으로 일하는 1인 기업가들에게 가장 힘든 점을 물어볼 때면 항상 빠지지 않고 나오는 대답 중의 하나가 바로 이 외로움에 관한 것이다. 특히 나처럼 혼자 살면서 주로 집에서 일하는 1인 기업가들

2장 홀로 일한다는 것　115

부천의 한 1인 고깃집

에게 고독이라는 문제는 결코 피해 갈 수 없는 고통이다.

성공적인 1인 기업가로 성장하기 위해서는 반드시 이 고독이라는 어려움을 맞닥뜨리게 될 것이라는 점을 스스로 인지해야 한다. 더 나아가서는 이를 해결할 방안도 필요하다.

비본질의 중요한 역할

나는 앞서 본질에 집중하기 위해서 조직을 나왔다고 언급한 바 있다. 조직이라는 시스템 속에서 발생할 수밖에 없는 수많은 비효율적이고 비본질적인 일들에 내 인생을 낭비하고 싶지 않았다는 것이다.

하지만 우리가 조직 속에서 비본질이라고 생각했던 요소들이 뒤늦게 알고 보니 꼭 필요한 것이었다면 어떨까. 때로는 필요 없다고 생각했던 비본질적인 것이 필수적이었음을 깨닫게 될 때가 있다.

생물학을 잘 알지 못하는 사람이라도 DNA는 들어본 적이 있을 것이다. 우리의 DNA에는 생명을 유지하고 우리를 우리 자신으로 만들어주는 많은 정보가 들어 있다. 인간은 총 30억 개나 되는 긴 DNA 서열을 가지고 있다. 하지만 이 DNA가 모두 똑같이 중요한 것은 아니다. DNA 중 일부분에 해당하는 부분, 즉 '유전자' 부분만 단백질을 만들어낸다. 1970년대에는 단백질을 만들어내지 않는 나머지 DNA 부분 (어려운 말로는 비전사 DNA라고 한다)을 아무런 쓸모가 없다고 생각했다. 심지어는 이 부분을 "쓰레기 DNA Junk DNA"라고 부르기도 했다.

하지만 시간이 지나 연구가 계속되면서 이 '쓰레기' 부분이 실제로는 유전자의 발현 등을 조절하는 중요한 기능이 있다는 것이 밝혀졌다. 비록 그 자체로 본질적인 역할을 하는 것은 아니지만, 본질이 잘 발현될 수 있도록 도와주는 역할을 하는 것이다. 그렇게 1970년대 '쓰레기 DNA'로 지칭되던 부분의 가치가 2000년대에 재발견되었다.

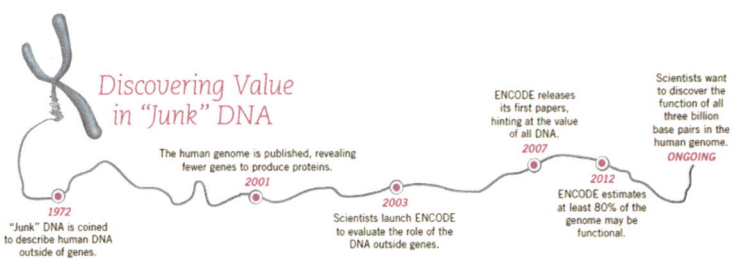

이와 같이 내가 과거 조직에서의 당연하게 여기고 지나쳤던 부분들도, 알고 보니 중요한 기능이 있을 수 있다는 것을 깨닫게 되었다. 그 중의 하나가 바로 조직 속에서 동료와 함께 일하면서 느꼈던 끈끈한 연대감, 유대감과 같은 부분들이다.

조직에서의 유대감

조직에서는 좋든 싫든 팀을 이뤄서 일하게 된다. 하나의 팀에서 사람들은 공통적인 목표를 위해서 서로 역할을 분담하고 당겨주고 밀어주면서 함께 달리게 된다. 실적이 좋을 때는 함께 기뻐하고 좋지 않은 일이 있을 때는 서로 위로해주며 소주 한 잔을 같이 기울일 수 있는 동료이다. 업무적인 측면뿐 아니라 집안의 대소사가 있을 때는 서로 챙겨주기도 한다. 내가 대기업에 일하던 당시 조부 상을 당했는데 당시에 여러 가지를 챙겨주던 동료와 회사에 고마움을 많이 느꼈다.

물론 이런 부분들이 너무 과해지는 경우는 역시 조직 속에서의 고질적인 문제가 된다. 주말마다 등산을 가자고 하는 부장님이나, 너무 잦은 부서 회식 등은 조직에 불만을 품게 되는 전형적인 사례들이다. 하지만 출근을 해서 내 자리에 앉아서 일할 때 내 옆에 누군가가 있다는 것은 알게 모르게 큰 위안이 된다. 파티션 너머 혹은 내가 고개를 돌리면 따뜻한 피가 흐르고 숨을 쉬고 있는 누군가가 있다는 것 말이다. 일하다가 지겨우면 잠깐 복도에 나가, 자판기에서 커피를 같이 한

잔 마시거나, 담배 타임을 가지면서 서로 이런저런 이야기들을 주고받을 수도 있다. 점심시간이 되면 같이 밥을 먹을 수도 있다.

하지만 1인 기업가에게는 이런 것들이 없다. 특히 혼자서 살고 별도의 사무실 없이 집에서 일하는 나 같은 1인 기업가들에게는 더욱 그러하다. 나는 대부분 커피도 혼자 마시고, 밥도 혼자 먹고, 휴식도 혼자 취한다. 운 좋게 좋은 기회를 잡게 되고 일이 성사되더라도 함께 기뻐할 사람도 없고, 좋지 않은 일을 당할 때도 혼자서 분을 삭여야 한다.

외부 미팅이나 강의가 없는 날이나 주말에는 혼자서 서재에서 일하다 보면 어떤 날은 종일 한마디도 하지 않을 때가 있다. 목소리를 입 밖으로 내어서 이야기할 대상이 아무도 없기 때문이다. 그런 날이면 유일하게 말을 할 필요가 있을 때는 집 앞 식당에서 음식을 주문할 때 정도이다. 농담 반, 진담 반으로 그럴 때면 나는 내 성대가 퇴화할지도 모르겠다고 느끼곤 한다. 이메일이나 페이스북 등을 통해서 다른 사람과 소통한다고는 하지만 그래도 직접 사람을 만나는 것을 완전히 대체하는 것은 불가능하다.

나는 조직에 있을 때 회식을 별로 좋아하지 않았다. 술을 잘 마시지도 못할 뿐만 아니라 그 아까운 시간이면 그냥 혼자서 휴식을 취하거나 운동을 하러 가면 좋겠다고 생각했기 때문이다. 다음날 아침 숙취로 아픈 머리를 부여잡고 출근해야 하는 것도 고통스러웠다. 하지만 회식 자리에서만 느낄 수 있는 그 특유의 끈끈한 동료애와 유대감 같은 것들이 분명히 있었다. 술을 한잔 걸치고 그동안 힘들었던 시간을 함께 위로하기도 했고, 서로 평소에 섭섭했던 부분들이나 쑥스러워서 말하지 못했던 고마운 마음을 전하기도 했다. 선배들로부터 평소에 말하지 못했던 귀중한 인생 이야기도 들었다.

늦은 밤 집에서 혼자 일하다 보면 가끔 그런 것들이 그리울 때가 있다.

● 고독이라는 괴물

사실 이런 어려움은 나만 느끼는 것이 아니다. 내가 인상 깊게 읽었던 『1인 제조』라는 제조업 분야의 1인 기업가가 쓰신 책에도 이런 외로움과 고독 그리고 우울증이 상당히 높은 비중으로 다뤄지고 있다. 처음 이 책을 읽었을 때는 '너무 암울한 내용을 지나치게 많이 다룬 것이 아닌가?' 하는 생각이 들었지만, 내가 1인 기업으로서 일하면서 시간이 갈수록 저자의 심정이 이해가 가는 부분들이 있었다.

사실 외로움을 느끼는 정도나 감당할 수 있는 정도에는 개인차가 있을 것이다. 나는 개인적으로 외로움을 많이 느끼는 편이다. 하지만 또 그렇지 않은 사람도 있을 것이다. 외로움을 해결하는 방법도 저마다 다를 것으로 생각한다. 그런 면에서 외로움이라는 감정에 다소 무디거나 잘 견딜 수 있는 사람 혹은 쉽게 해결할 수 있는 사람은 상대적으로 1인 기업으로 살아가기에 적합하다고 할 수 있을 것 같다.

'고독'이라고 하는 어려움은 현재 나도 적지 않게 고생하고 있는 문제로, 열심히 해결책을 찾으려고 노력하고 있다. 규칙적으로 운동하러

가는 체육관에서 만나는 친구들, 자문가로 정기적으로 도움을 드리는 스타트업 등에서 개인적으로도 가까워진 분들이 감정적으로도 많은 도움이 된다. 외로움을 줄이려고 의도적으로 외부 활동을 많이 하거나 모임에 자주 참석할 수도 있겠지만, 오히려 내가 스스로 일할 시간이 너무 줄어들 수 있으므로 균형이 필요한 부분이다.

아마도 1인 기업가의 고독과 고민을 가장 잘 이해하는 사람은 같은 처지에 있는 다른 1인 기업가들일 수 있다. 나도 몇 번 출연한 적이 있는 '나는 1인 기업가다'란 팟캐스트를 운영하는 홍순성 소장님은 '1인 기업가 회식 날'이라는 모임을 만들어서 한 달에 한 번 식사 및 네트워킹 자리를 만든다. 나는 아직 여기에 참석해보지 못했지만, 1인 기업가들의 고민을 나눌 수 있다는 점에서 충분히 의미 있는 자리라고 생각한다.

분명한 것은 우리가 1인 기업으로 살아간다면 외로움이라는 괴물과 끊임없이 마주할 수밖에 없다는 것이다. 또한 크든 작든 그러한 고독 때문에 고통스러운 시간을 보낼 수밖에 없을 것이다. 많은 위대한 예술 작품과 훌륭한 업적은 혼자만의 고독한 순간에 만들어지기도 했다. 하지만 너무 지나친 고독은 우리를 우울하게 하고 생산성을 떨어뜨리며, 때로는 더 심각한 문제의 원인이 되기도 한다. 1인 기업가로 살아가기, 아니 살아남기 위해서는 이러한 문제에 대한 분명한 인식과 대비가 필요하다.

> 나는 온전히 나로서 살고 싶었다.
> 나는 내 인생의 주인공이고 싶었다.

3장

1인 기업의 영업 기밀

1인 기업가의 블로그 활용법

1인 기업가에게 자신만의 브랜드를 가지는 것만큼 중요한 것도 없다. 앞서 강조한 바와 같이 자신을 한 단어로 표현할 수 있는 브랜드를 가져야 한다. 특히 그 브랜드는 가능하면 남들과 차별화된, 자신만이 가질 수 있는 것이라면 가장 좋다.

1인 기업으로 독립한 초기에는 자신의 브랜드를 어떻게든 시장에 알리려고 노력해야 할 것이다. 하지만 그러한 노력이 성공적으로 진행되어 자신의 브랜드와 실력이 알려진 이후에는 반대로 서서히 사람들이 나를 찾아오기 시작한다. 가장 좋은 마케팅은 다른 사람에게 자신을 알리는 것이 아니라, 다른 사람들이 나를 찾게끔 하는 것이다. 더 나아가서는, 나를 찾을 수밖에 없게끔 하면 더 좋을 것이고 말이다.

단순히 내가 전문성과 우수한 역량을 가지고 있다는 것만으로는 1인 기업으로써 살아남을 수 없다. 내가 그러한 능력, 지식, 전문성을 가지고 있다는 사실을 시장에 있는 사람들이 인지할 수 있어야 한다.

따라서 우리는 세상에 나라는 존재가 여기 있으며 이러저러한 전문성을 가지고 있다는 것을 끊임없이 큰 소리로 외쳐야 한다. 홍보팀이 따로 있는 대기업과는 달리, 1인 기업은 나 대신에 누군가 다른 사람이 나에 대해서 외쳐주기를 기대할 수도 없다. 모든 1인 기업가에게 해당된다고 단정 짓기는 어렵겠지만, 적어도 특정한 분야의 전문성을 바탕으로 가치를 만들어내는 1인 기업가로서 세상에 소리칠 수 있는 가장 좋은 수단 중의 하나는 바로 블로그일 것이다.

● 나를 대신해서 일해주는 시스템

자신의 실력과 브랜드를 세상에 알리고 사람들로 하여금 나를 찾게 하는 방법으로 내게는 블로그가 아주 큰 역할을 했다. 나는 1인 기업가로서 독립할 수 있었던 가장 큰 원동력을 꼽으라면 블로그를 꼽는다. 지금도 내가 자유롭게 활용할 수 있는 시간이 나면 최우선적으로 고려하는 것이 바로 블로그에 글을 쓰는 것이다.

나에게 블로그는 단순히 인터넷에 글을 올리는 행위가 아니다. 그 자체로 내 전문성을 더욱 갈고 닦는 수단이자 세상에 나의 전문성을 널리 알리는 채널이다. 구글에 내 이름을 검색하면 가장 상위에 검색

되는 링크이기도 하고, 내가 어떤 일을 하고 어떤 주제에 관심이 있으며 어떤 활동을 하는지를 한눈에 알 수 있는 이력서이기도 하다. 내 고객이 나에게 연락할 수 있는 컨택 포인트이며, 내 다음 저서를 쓰는 과정이기도 하다.

나는 블로그 덕분에 시장에 알려졌고, 책을 썼으며, 많은 강연을 했고, 헤드헌터들의 연락을 받았다. 기업들의 자문 요청을 받았으며, 신문 등 각종 매체에 기고 및 칼럼을 연재하고, 방송과 팟캐스트에 나가게 되었다.

특히 1인 기업가는 혼자서 할 수 있는 업무량과 활동폭에는 한계가 있다. 나는 두 곳에 동시에 있을 수 없으며, 휴식을 취하거나 잠을 자는 동시에 일을 할 수는 없다. 그러므로 본인이 24시간 일하면서 전국 방방곡곡을 몸소 다니지 않더라도 스스로 자신을 대신해서 분신처럼 일해줄 수 있는 시스템을 만드는 것이 중요하다.

1인 기업가에게 그러한 대표적인 시스템이 바로 블로그다. 내가 잠을 자는 동안에도 블로그는 언제나 길목을 지키고 있다가 고객들이 관련 키워드로 검색했을 때 노출되거나, 소셜 네트워크를 통해 살아 있는 생물처럼 스스로 전파되면서 나라는 사람과 나의 생각, 나의 전문성을 알리고 전달한다. 이 얼마나 고마운 존재인가?

나는 블로그 '최윤섭의 Healthcare Innovation'을 2013년 1월에 시작해서 지금까지 활발하게 블로깅을 해오고 있다. 처음에는 여러모로 서툴렀지만, 4년 넘게 블로그를 운영하고 지금까지 200개에 가까운 포스팅을 올렸다.

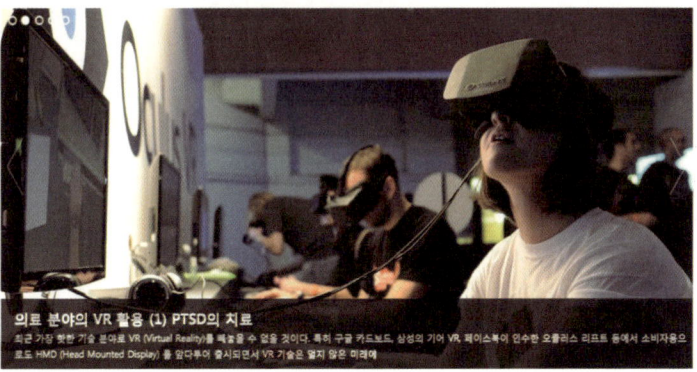

이를 바탕으로 책을 출판하기도 하면서 나름대로 원칙을 세우고 몇 가지 요령을 알게 되었다. 이번에는 1인 기업가로서 블로그를 하는 방법에 관해서 이야기해볼까 한다.

무엇을 쓸 것인가

가장 우선적으로 무엇을 쓸 것인지에 대해서 정해야 한다. 사실 블로그의 주제를 정하는 것은 매우 어려우면서도 쉬운 문제이다. 바로 내가 1인 기업가로서 종사하는 전문 영역에 대해서 전문적인 글을 쓰면 된다. 내가 1인 기업으로서 어떤 일을 할지를 정한 사람이라면 고민할 필요도 없는 문제이지만, 아직 무엇을 할지도 정하지 않은 사람이거나 충분한 전문성이 없는 사람이라면 우선적으로 해결해야 할 더 중요하고 근본적인 문제가 남아 있는 것이다. 이 분들의 경우, 아직 블로그를 고민할 때가 아니다.

내가 일하고자 하는 큰 주제가 정해졌다면 (예를 들어 나의 경우에는 '디지털 헬스케어'라는 분야) 그다음 할 일은 개별 포스팅을 어떤 주제로 할 것인지에 대해서 정하는 것이다. 분야에 따라 다르겠지만, 해당 분야 전체를 모두 커버하기는 어렵기 때문에 세부적인 소제를 몇 가지 우선해서 정하는 것이 좋다. 나는 아래와 같은 조건을 충족하는 세부적인 소제를 골라볼 것을 권한다.

1. 다른 사람에 비해서 자신이 전문성을 가지고 있거나 공부하면 더 잘 알 수 있는 주제
2. 내가 꾸준히 공부하고 쓰고 싶은 주제. 특히 내가 너무 재미있어서 아무도 읽지 않더라도 쓰고 싶은 주제
3. 최근 트렌드에 맞고 핫이슈가 되는 주제. 구글에 검색어로 많이

등장할 것 같은 주제

나는 1, 2, 3번이 차례대로 중요하다고 생각한다. 특히 1, 2번이 매우 중요하며, 이에 반해 3번은 부차적이다. 3번만 충족시키고 1, 2번 조건이 충족되지 않는 글을 쓰는 우를 범하지는 말자.

트렌드를 따라서 조회수를 올리는 글을 쓰는 것보다 나 자신의 영역과 본질에 맞는 글을 써야 한다. 내가 쓴 글은 적어도 내가 1인 기업을 유지하는 동안 (혹은 그 이후에도) 오랜 시간 블로그에 남을 것이므로 장기적인 시각으로 써야 한다. 내가 흥미도 없는 글을 조회수를 올리기 위한 목적으로 단기적인 이슈에 따라 쓰는 것은 결코 지속 가능하지 않다. 지속 가능한 것, 즉 오래도록 살아남는 것은 우리가 최우선적으로 추구해야 할 가치이다.

● 어떻게 쓸 것인가: 빈도와 길이

무엇을 쓸 것인지 못지않게 어떻게 쓸 것인지에 대한 요령도 중요하다. 사실 어떤 내용이 글 속에 담겨 있는지가 더욱 본질적이겠지만, 쓰는 방식이나 전달되는 방식이 잘못되면 글 속의 진주가 빛을 발하지 못하는 경우도 있다. 나는 아래와 같은 부분들을 항상 고민하게 된다. 사실상 정답이 없는 문제이고, 글을 쓰는 사람의 스타일에 따라 답이 다를 수 있겠으나 내가 가지는 원칙들은 다음과 같다.

● 자주 쓰는 것보다 꾸준함이 중요하다.

어떤 블로거들을 보면 일주일이나 하루에도 몇 개씩 포스팅을 올려야 한다고 하는 분들이 있다. 글의 주제와 성격에 따라 다르겠지만, 나는 전문성을 전달하고자 하는 1인 기업가라면 너무 포스팅 빈도에 얽매이지 않는 것이 좋다고 생각한다.

가장 큰 이유는 역시 지속가능성 때문이다. 너무 자주 글을 써야 한다는 부담감을 가지게 되면 글이 잘 나오지도 않고, 내용도 부실해지게 된다. 많은 경우에 블로그를 야심 차게 시작했다가도 꾸준히 지속되지 못하는 이유가 나는 여기에 있다고 생각한다. 스스로 너무 부담스럽지 않은 빈도로 쓰는 것이 좋다. 글을 쓰고 싶어서 써야 하고, 잘 써질 때 써야 한다. 하지만 또 한 편으로는 무턱대고 영감이 떠오르기를 기다리다가는 글을 영영 못 쓰게 될 수도 있다. 그래서 최소한의 원칙이 필요하다.

내가 가지는 원칙은 적어도 2~3주에 한 번은 포스팅을 한다는 것이다. 그 정도가 심리적인 부담을 크게 받지 않고 내가 특정 주제에 대해 새롭게 글을 쓸 수 있는 최소한의 기간이기 때문이다. 그 이상의 시간이 걸리게 되면 기다리는 독자로서나, 세상에 끊임없이 외쳐야 하는 내 입장에서도 너무 빈도가 낮다고 생각한다. 한 달 이상 글이 올라오지 않는다면 독자들은 '이제 블로그 운영 안 하나 보다.'라고 생각할 수도 있을 것이다.

사실 개인적으로 최근에 외부 활동이 많아지고, 너무 바빠지면서 글을 쓰는 빈도가 조금 더 낮아지고 있지만, 그래도 이 원칙만은 최대한 지키려고 노력한다. 최근 들어 매일경제신문에 격주로 칼럼을 연재하고, 외부 강의도 잦아지면서 칼럼이나 강의에서 사용한 슬라이드를 추가적인 설명과 함께 포스팅하기도 한다(매경 칼럼은 다소 짧은 2,000자의 분량 제한이 있어서 못다 쓴 이야기와 그림 등을 추가해 올리게 된다).

● 너무 짧은 글보다는 차라리 너무 긴 글이 낫다

글의 길이에 관한 부분도 사실 정답은 없다. 나는 너무 짧은 글은 좋아하지 않는데, 글이 짧다 보면 그 속에 담기는 내용의 깊이에 한계가 생기기 때문이다. 알맹이도 없으면서 무조건 글을 길게 늘여 쓰는 것은 안 되겠지만, 글의 깊이와 전문성과 의견을 더 담기 위해서 길어지는 것이라면 얼마든지 길어져도 상관없다고 생각한다. 나중에 이야기하겠지만, 블로그를 쓰는 목적 중의 하나가 결과물을 책으로 출판하기 위함인 것을 생각해보면 너무 짧고 내용이 없는 글은 쓰지 않음만 못하다. 너무 짧은 글에는 (예를 들어 MS워드 한 장을 채우지 못하는 글 정도) 깊이 있는 내용을 담기가 쉽지 않다.

내가 격주로 매일경제에 연재하는 칼럼의 길이가 2,000자로 MS 워드 한 장을 조금 넘어가는 내용이다. 아무리 언어를 압축하고, 압축해도 이 분량의 글에 특정 주제에 대한 전문적인 내용을 내가 원하는 만큼 친절한 설명까지 더해서 담아내기란 무척 어렵다. 많은 경우, 지나치게 짧은 글은 결국 콘텐츠나 본인 전문성의 부족 혹은 글쓰기 실력의 부족함을 의미한다. 글의 제목이 그럴듯해서 클릭해서 들어갔는데 글에 정작 별다른 내용이 없어서 실망한 경험을 해본 적이 있을 것이다(소위 제목에 낚인 경우이다). 독자로서 이런 경험을 몇 번 했던 블로그라면 다시 찾고 싶지 않게 될 것이다.

다소 긴 글일 경우에 여러 개로 쪼개어서 여러 번 발행해야 하는지, 아니면 한 번에 긴 글을 발행하는 것이 나은지도 어려운 문제다. 나는 가능하면 여러 번 끊어서 발행하는 것보다는 한 번에 가는 것을 좋아한다. 정말 글에 관심이 있는 사람에게 질질 끌지 않고 중요한 내용을 한 번에 전달하기 위함이다. 주말 연속극에서 결정적인 순간에 이야기가 끊기고 다음 주 예고편이 나오면 시청자들은 김이 새고 짜증이 난다. 주말 드라마라면 습관적으로 다시 보겠지만, 내 블로그에 그 글을 보기 위해서 다시 독자가 찾아오라는 법은 없다.

하지만 너무너무 길어서 도저히 못 읽을 정도라면 당연히 끊어서 가야 한다. 주제 측면에서 글을 구분하는 것이 좋다면, 이 경우에도 당연히 별도의 포스팅으로 올리는 것이 좋다.

● 공부해서 써라: 속도보다 깊이

블로그에 글을 쓰는 과정은 다른 사람들에게 정보나 지식을 전달하기 위함이기도 하지만, 나 스스로를 위한 것이기도 하다. 글을 쓰는 가장 중요한 목적 중의 하나는 나 스스로 발전하고 전문성을 더욱 키우기 위함이다. 글을 쓰는 과정에서 반드시 나도 발전해야 한다.

내가 블로그에 쓴 글을 보면 크게 두 가지로 나뉘는 것 같다. 한 가지는 최근에 이슈가 되고 있는 특정한 주제나 트렌드에 대해서 시의성 있는 분석 글을 쓴 것이고, 다른 한 가지는 며칠 사이에 갑자기 핫해진 주제는 아니지만 내가 공부해보고 싶었던 펀더멘털 한 소재에 대해서 글을 쓴 것이다(혹은 두 가지가 혼재된 경우도 있다).

중요한 것은 이 두 경우에 모두 내가 원래 알고 있던 지식을 내 머릿속에서 단순히 쏟아내어 쓰는 것으로는 충분하지 않다는 것이다. 내가 잘 알고 있는 주제라고 하더라도 꼬리에 꼬리를 물어서 좀 더 공부해서 나로서도 새로운 내용을 추가해 써야 한다. 그래야 나에게도 도움이 된다.

내 블로그 글을 보고서 독자들이 그 많은 내용을 어떻게 알고 있느냐고 묻는 경우가 있다. 당연히 답은 나도 전부 알고 있던 것이 아니라 새롭게 공부해서 그 결과물을 글로 옮긴 것이다. 나 스스로 새로운 내용을 습득하고 익혀서 나의 언어로 풀어낸 것이다. 그러한 과정을 거치게 되면 그 지식은 온전히 나의 것이 된다.

항상 레이더를 켜라

시의적절한 글을 쓰기 위해서는 항상 레이더를 켜고 있어야 한다. 우리 분야에서 어떤 것이 이슈가 되고 있는지, 무엇을 쓰면 나에게도 독자에게도 도움이 될지 항상 모니터링하고 있어야 한다(앞서 이야기했듯이, 시의 적절하면서도 내 전문성에 맞고, 내가 관심이 있는 주제여야 한다는 것을 잊지 말자). 나의 경우에는 헬스케어와 관련한 10여 개의 외신을 꾸준히 모니터링하고 있는 편이다. 그뿐만 아니라 페이스북 등 소셜 네트워크에 지인들이 올려주는 뉴스에도 관심을 기울인다. 이러한 매체들을 꾸준하게 보다 보면, 내가 좀 더 공부해보고 분석해볼 필요가 있겠다는 내용이 눈에 밟힐 것이다. 그러면 거기에서 시작하면 된다.

나는 최신 정보를 빠르게 전달하는 것보다 속도는 조금 늦더라도 좀 더 심층적으로 분석해서 글을 쓰는 것이 낫다고 생각한다. 우리는 기자가 아니다. 내 블로그는 신문이 아니다. 신속성과 시의성에서 신문과 전문 기자들을 따라가지는 못한다. 최신 뉴스를 보려면 신문이나 전문 매체를 보지, 블로그를 보지는 않는다. 최신 소식만을 빠르게 전달하는 방식으로는 나중에 책을 낼 때도 도움이 되지 않는다. 주요한 뉴스라면 당연히 다루어야 하겠지만 (사실 너무 다루지 않아도 문제가 된다) 장기적으로는 그 비율을 조절하는 것이 좋을 것이다. 또한 어떤 이슈가 나왔거나 사건이 터졌을 때 즉시 글을 쓰지 않는 것에는 또 다른 이점도 있다. 며칠 지나면 그 소식에 대해서 참고할 자료도 많아지기 때문이다.

　중요한 것은 글에 들어 있는 내용과 분석의 '깊이'다. 단순히 기사들을 짜깁기해서 또 다른 기사를 만드는 것이 아니라, 전문가로서의 내 시각과 의견이 들어가야 한다. 언론사의 기자들과 달리 우리는 특정 분야의 전문가다. 그러면 전문가만이 쓸 수 있는 글과 할 수 있는 말을 해야 한다. 처음에는 자신의 시각을 포함시키는 것이 서투르고 두려울 수도 있다. 하지만 단 한 줄이라도 자신의 시각과 의견이 들어가야 한다. 시간이 지나면 자신의 시각이 더욱 명확해지고 의견도 더 자신 있게 피력할 수 있을 것이다.

　다시 한 번 강조하지만 깊이를 위해서는 스스로 더 공부해야 한다. 그렇지 않으면 내 밑천이 드러나는 것은 시간문제다. 특히 가능하다면 논문을 찾아서 공부해보면 좋다. 대부분의 기자나 다른 블로거들은 어떤 이슈에 관련된 논문까지는 좀처럼 읽지 않는다. 논문을 검색해 초록abstract에 나오는 연구 배경과 결과에 대한 요점이나 핵심 그림만이라도 발췌할 수 있다면 일반 신문 기사나 여타 블로거들과 크게 차별화된 깊이 있는 글을 쓸 수 있다. 대학원을 거친 분들이라면 이런 과정에 비교적 익숙하다는 강점이 있을 것이다. 이렇게 쓰인 깊이 있는 글이 블로그에 축적되면 책으로 출판하더라도 손색이 없게 된다(물론 논문 등 참고문헌을 인용하는 경우, 출처를 병기하는 것을 잊지 말자).

　논문이 인용되거나 논문 자체에 대해서 쓴 내 블로그 포스팅이 참고가 될지도 모르겠다. 논문 그림이나 표가 (출처를 명기하고) 포스팅 본문에 추가되어있다. 아래의 글을 구글에 검색해보면 된다.

- 의료 분야의 VR 활용 (1) PTSD의 치료
- 피부과 원격진료의 한계와 부정확성
- 디지털 기술은 임상연구를 어떻게 혁신하는가(5)
- 디지털 의료는 어떻게 구현되는가 (8) 개인 유전 정보 분석의 모든 것!

시간과 노력을 투자하라

여기까지 읽었다면 대략 눈치를 챘겠지만 블로그에 글을 쓰는 것에는 적지 않은 시간과 노력이 들어간다. 우리 1인 기업가는 직업적인 목적으로 블로그를 하는 것이므로 당연한 것일 수도 있다. 앞서 '조직을 언제 나와야 하는가'에서 조직 밖의 내가 조직 안의 나보다 더 커질 때 독립을 해야 한다고 강조한 바 있다. 조직 밖의 나를 키워가기 위해서 가장 중요한 것이 블로그이며, 이를 위해서는 결국 따로 시간을 낼 수밖에 없다. 내가 독립하는 과정에서도 이것이 매우 중요한 부분이었다.

이것은 시간이 걸리는 과정이다. 블로그에 글을 쓰는 것도 시간이 걸리지만, 블로그가 충분히 많은 사람들에게 알려지는데도 시간이 걸린다. 구글이나 네이버 검색에서 순위가 높게 검색되고, 사람들의 입에 오르내리기 위해서는 결국 일정 분량 이상의 깊이 있는 글이 쌓여야 한다. 이는 결코 하루아침에 되는 일이 아니다.

내 블로그가 업계에서 알려지는 것을 피부로 느끼게 된 것은 2년에 가까운 시간이 걸렸던 것 같다. 점차 블로그를 보고 강의, 자문 등의 요청을 받는 횟수가 늘어났다. 대기업에서 헬스케어와 관련해 신사업을 준비하는 과정에서 "아무리 검색을 해도 어떻게든 결국은 박사님 블로그로 연결되더라"는 등의 이야기를 듣는 빈도가 늘어났다. 갈수록 고정 독자가 생기고 구글이나 네이버 검색 순위도 올라갔기 때문에 블로깅도 수월해졌다. 지금은 내 이름만 검색해도 구글, 네이버, 다음에 내 블로그가 최상위에 노출된다. 나를 소개하거나 연락처를 급히 드려야 할 때 "네이버에 제 이름 쳐보시면 블로그 나와요." 한 마디면 된다. 내 명함의 역할도 대신 하는 것이다.

내 약력은 네이버에 내가 신청했지만, 블로그는 예전부터 자동으로 올라 있었다. 이렇게 블로그가 궤도에 오르기까지 나는 그 2년 정도를 거의 주말 없이 지냈다(주말이 없는 것은 지금도 마찬가지이긴 하다. 이 글도 주말에 시간을 내서 쓰고 있다). 주말이면 모니터 앞에 죽치고 앉아서 끝없이 자료를 찾고, 공부하고, 글을 썼다. 특히 명절 연휴는 긴 분석 글을 쓰기 위한 절호의 찬스로 가능한 많이 일하려고 했다. 당시에는 내가 여전히 직장생활을 하며 독립하기 이전이었으므로 주말이나 연휴 이외에는 진득하게 글을 쓸 시간이 도저히 나지 않았기 때문이다.

모든 사람에게 주말을 반납하라고 요구할 수 없는 것은 잘 알고 있다. 하지만 어떤 방식으로든 시간을 내지 않으면 독립을 준비하기란 불가능하다. 사실 주말에 여유 시간을 낼 수 있더라도, 그 시간을 휴식이나 가족과 보내는데 사용하지 않고 독립을 준비하는 것은 매우

고통스러운 과정이기도 하다. 누가 시켜서 할 수 있는 일도 아니다. 그 선택은 결국 자신이 선택해야 할 몫이다.

주말에 쉬지 못한다는 것도 그러하지만, 때로는 글을 쓴다는 것 자체도 고통스러운 과정이다. 어떤 날은 술술 글이 풀릴 때도 있지만,

어떤 날은 (오늘까지 꼭 글을 마무리 지어야 함에도 불구하고) 글이 너무 나오지 않거나 체력적으로 따라주지 않아서 힘든 날이 있다. 엉덩이가 근질거려서 앉아 있기도 어렵고 집중도 되지 않는다. 컨디션이 좋으면 일필휘지이지만, 그렇지 않은 날은 첫 문장부터 막막해서 깜빡이는 커서만 바라보는 날도 있다.

그렇게 종일 앉아서 글을 쓰면 정말 문자 그대로 토할 것 같은 느낌이 들 때도 있다. 앞서 블로그의 주제와 글의 소제를 고를 때 무조건 본인이 재미있고 공부해보고 싶은 주제를 택해야 한다고 강조했던 것이 바로 이런 이유에서다. 내가 너무도 공부하고 싶고, 너무도 쓰고 싶은 주제를 고르더라도 글을 쓰는 것은 쉽지 않은 과정이다. 창작의 고통이라는 말이 괜히 있는 것이 아니다.

● 소재를 찾고 정리하는 루틴을 만들어라

글을 쓰기 위한 소재를 고르고 글의 골격을 잡는 일은 평소에 틈틈이 해두면 시간과 노력을 아낄 수 있다. 나는 지금도 평소에 관심 있는 기사나 글 또는 발표자료 등이 있으면 일단 무조건 에버노트에 스크랩을 해둔다. 스크랩하는 것 자체는 몇 초 걸리지도 않는다. 내가 항상 레이더를 켜고 있느냐의 문제일 뿐이다. 그리고 자투리 시간이 나면 (버스, 지하철, 약속 장소에서 기다릴 때, 밤에 잠이 오지 않을 때, 화장실에서 등등) 스크랩해둔 글을 꺼내 읽는다.

자료를 읽을 때는 단순히 읽고 밑줄을 치는 것뿐만이 아니라, 나의 언어로 해당 단락의 요약이나 의견을 달아두면 나중에 블로그에 글로 정리할 때 훨씬 수월해진다. 특히 영어로 된 글을 읽을 때는 더욱 그렇다. 밑줄만 그어놓으면 당장은 기억하더라도 몇 주 이후에 다시 기사를 보면 세세한 내용은 처음부터 다시 읽으면서 파악해야 한다. 시간이 배로 걸리는 것이다.

나는 이렇게 최근 기사를 읽고 주요 내용을 정리하고, 글의 골격을 잡아 나가는 과정을 일상 속에서 고정된 시간을 정해놓고 루틴처럼 반복하는 것을 강력하게 권하고 싶다. 예를 들면 출퇴근 시간이나 출근 직후, 점심 직후, 퇴근 직전 30분 정도를 이렇게 정해놓을 수도 있을 것이다. 어떤 분야이든 이 과정을 몇 달 정도 반복하면, 자신도 모르는 사이에 업계의 트렌드나 특정 이슈에 대한 상당한 안목이 생길 것이다.

좀 웃기는 이야기지만 이런 루틴을 나는 운동을 다녀오는 버스에서 반복했다. 나는 주짓수를 8년째 수련하고 있는데 여러 사정으로 한동안 집에서 멀리 떨어진 체육관에 다녀야 했다. 양재의 집에서 성신여대 입구 근처의 체육관까지 거의 매일 왕복하는, 어찌 보면 매우 비효율적인 생활을 2~3년 정도 했다. 나는 사실 시간을 아끼고 시간당 생산성을 높이는 데 목숨을 거는 사람이라서 이런 생활은 나로서도 좀 예외적이었다.

하지만 전화위복으로 이 시간이 나에게는 매우 소중하고도 중요한 시간이 되었다. 밤 11시 훈련을 마친 후 140번 버스를 타고 돈암동에서 양재동까지 돌아오는 한 시간 남짓한 시간 동안 텅 빈 버스에서 누구의 방해도 받지 않은 채 아이패드로 기사를 스크랩하고 읽고 내 언어로 정리하는 루틴을 매일 반복했기 때문이다. 평일에 그렇게 정리하고 방향을 잡아 놓은 소재들을 주말이면 컴퓨터 앞에 앉아서 블로그에 글로 정리했다. 이러한 과정을 2~3년 반복하다 보니 우리 분야에 대한 배경지식도 커지고 블로그에 많은 글도 남길 수 있었다.

한 가지 덧붙이자면, 내가 블로그를 하고 책을 쓰는 과정에서 아이패드와 에버노트는 이루 말할 수 없을 정도로 중요했다. 1인 기업가에게 자투리 시간의 활용은 매우 중요하다. 내가 있는 곳이 곧 사무실이 돼야 하며 언제 어디서든 일을 할 수 있어야 한다. 이를 위해서 에버노트와 아이패드는 거의 신이 주신 선물과 같은 도구였다. 나는 이 두 가지 툴이 없었으면 결코 1인 기업가로 독립하지 못했을 것이다. 내 블로그와 책의 절반 이상은 버스와 지하철에서 아이패드와 에버노트를 통해서 완성됐다고 해도 과언이 아니다.

혹시 아직 에버노트와 아이패드를 쓰지 않는 1인 기업가가 있다면 반드시 이 도구들의 활용을 진지하게 고려해볼 것을 권하고 싶다.

● 항상 출판을 염두에 둬라

책을 쓰는 것은 내 평생의 버킷 리스트 중의 하나였다. 인세로 먹고 사는 작가의 삶이 멋있어 보였기 때문이다. 다행히 글을 쓰는 것을 좋아하고 소질도 있어서 실행으로도 옮겨봤다. 대학교와 대학원에 다닐 때도 인도 여행기를 써서 책을 내보려고 많은 출판사를 컨택했다. 하지만 결과적으로는 출판사에서 모두 거절을 당하고 내가 정성 들여 쓴 글은 그냥 사장되고 말았다. 요즘 같으면 자가 출판이라도 했겠지만, 당시에는 그렇게 하기도 어려웠다.

사실 나는 책을 내기 위해서 블로그를 시작한 것은 결코 아니었다. 그저 내가 재미있어서 글을 쓴 것이었고, 내가 더 전문성을 갈고닦으면서 온라인 채널을 통해 유니크한 나만의 브랜드를 만들기 위해서 시작한 것이었다. 하지만 재미있게도 내가 책을 쓰기 위해서 글을 쓰고 컨택했을 때는 그렇게도 반응이 없던 출판사가 내 블로그 글을 보고서는 오히려 먼저 출판을 제안했다.

1인 기업가로서 책을 출판한다는 것은 매우 의미 있고 중요한 일이다. 책이 성공하면 브랜드 가치와 몸값도 많이 올라간다. 고백하건대 나는 처음 출판 제의를 받고서 상당히 망설였다. 내가 출판을 위해서가 아니라 그냥 재미로 시작한 블로그였기 때문에 정말 책으로 낼 가치가 있는지 자신이 없었다. 내 글이 가진 가치를 나조차도 제대로 인식하지 못하고 있던 것이었다.

내가 출판을 망설였던 더 큰 이유는 블로그라는 형식으로 이미 온라인에 공개된 내용을 사람들이 돈을 주고 사서 읽을지도 미심쩍었기 때문이다. 내가 블로그에 쓴 글은 전문적인 분야의 글로 출판 제의를 받을 당시에는 동종 업계에서 이미 많은 사람에게 읽히고 있었으며 페이스북 등에서 수백 수천 번 공유되기도 했다. 이렇게 이미 접했던 글을 사람들이 과연 돈을 주고 책을 구매할 것인지에 대해서 회의적이었던 것이다.

결과적으로 내 걱정들은 기우로 밝혀졌다. 블로그 글로 정리해 낸 내 첫 번째 책 『헬스케어 이노베이션: 이미 시작된 미래』는 1년 반 만에 8쇄까지 나가면서 경제경영 분야에서 베스트셀러에 올랐고 비록 잠깐이었지만 온라인서점 YES24 트렌드/미래예측 부분의 1위에 오르기도 했다. 그렇게 나는 팔자에도 없는 베스트셀러 작가로도 불리게 되었다.

나는 블로그에 올렸던 글이 책으로 출판했을 때도 좋은 반응을 얻었던 이유를 다음과 같은 세 가지 정도로 본다.

첫째, 신뢰성. 블로그에 올라온 글보다 책으로 정식 출판된 내용에 대한 신뢰도가 더 높다. 블로그의 글을 대충 보아 넘겼던 사람들이 종이책으로는 줄을 그어가면서 꼼꼼하게 읽었다는 사람들이 많았다.

둘째, 확장성. 책이라는 매체의 특성상 더 다양한 직군의 독자에게 전파되는 효과도 있었다. 특히 기존에 내 블로그 독자인 우리 분야 이외의 사람들에게도 확산이 되었다. 내가 전혀 예상하지 못했던 독자층은 증권가, 벤처투자업계, 정부기관(미래부, 복지부, 산업부, 식약처 등)이었다.

셋째, 완결된 내용. 블로그의 개별 포스팅들을 책으로 내기 위해서 전체적인 흐름과 몇 가지 주제에 맞게 재구성했다. 이미 수백 개의 글이 있는 블로그에 처음 들어온 독자는 어느 포스팅부터 읽어야 할지 난감할 수 있다. 하지만 그 글이 편집 과정을 거쳐 한 권의 책으로 정

잠깐이지만, 내 첫 번째 책은 YES24의 트렌드/미래예측 부분의 베스트셀러 1위에 올랐다.

리된다면 새로운 독자들도 부담 없이 처음부터 읽어나갈 수 있다. 또한 책으로 글을 고쳐 쓰는 과정에서 내용은 완결성이 생겼고 군더더기는 줄어들었다.

따라서 내용만 좋다면 블로그의 글을 책으로 출판하는 것에는 문제가 없다. 책으로 나오고 나서도 블로그에 기존 글들은 삭제하거나 수정하지 않고 그대로 두었다. 기존의 포스팅은 구글과 네이버 등의 검색에 걸려서 새로운 독자를 내 블로그로 방문하게 하는 역할도 한다. 아마도 그 독자 중 일부는 내 책을 구매하는 것으로 이어졌을 것으로 생각한다. 블로그가 책의 마케팅 창구도 되는 셈이다.

블로그를 시작하는 사람은 추후에 꼭 책으로 낼 것을 고려하라는 점을 당부하고 싶다. 나도 처음 블로그를 시작할 때는 관심 있는 주제를 두서없이 골라서 쓰는 경향이 있었다. 하지만 출판 경험이 있는 지금은 글 하나를 쓰더라도 이다음에 출판할 책의 전체 구성에서 어떤 챕터로 어떻게 들어갈 수 있을지를 고려하면서 쓴다.

1인 기업가의 블로그 활용법: 실용적인 팁들

이전 챕터에 이어, 이번에는 1인 기업가가 블로그를 활용하기 위해서 도움이 될 수 있는, 조금은 자질구레하지만 실용적인 팁들을 위주로 설명을 해보도록 하겠다. 모두가 내가 블로그를 운영하고 많은 글을 쓰면서 직접 체득한 것들이다.

● 검색이 잘 되는 플랫폼을 이용하자

1인 기업가로서 직업적인 목적으로 활용하는 블로그에 가장 중요한 점 중의 하나는 검색에 자주 노출될 수 있어야 한다는 것이다. 이는 포털 사이트 블로그에 흔히 보듯이 낚시성 기법으로 조회수를 억지로 올려야 한다는 의미는 아니다. 본질적으로 좋은 정보와 통찰력이 있는 글로 사람들을 끌어들이되, 같은 값이면 온라인에서 내 블로그의 검색 순위가 높으면 좋다는 것이다.

자신이 일하는 분야나 블로그의 주제에 따라서 사람들이 사용하는 검색엔진에는 차이가 있을 수 있다. 관련 주제를 네이버나 다음에 검색을 많이 한다면, 포털 사이트에서 제공하는 블로그를 활용해도 문제 없겠다. 하지만 더욱 전문적인 주제는 독자들이 아무래도 구글 검색을 활용하는 빈도가 높다. 과학이나 기술 분야는 특히 그러하다.

내가 네이버 등 국내 포털 사이트의 블로그를 쓰지 않고 워드프레스로 블로그를 직접 만든 것도 구글에서 검색이 잘 되기 위한 목적이 크다. 워드프레스는 세계적으로 가장 많이 사용되는 블로그 포맷으로 구글 검색에 여러 방식으로 최적화가 가능하기 때문이다.

방문자 분석이 중요할까

블로그에는 대부분 방문객을 분석하는 툴을 사용할 수 있다. 네이버나 브런치에는 기본적으로 각 글별로 특정 기간에 몇 명의 사용자가 어떤 경로로 (키워드 검색, SNS, 타 사이트 링크 등등) 들어왔는지, 어떤 단어로 검색했는지를 보여준다. 구글 애널레틱스나 워드 프레스에서 제공되는 제트팩Jetpack과 같은 툴은 보다 자세한 분석을 제공하기도 한다.

워드프레스에서 제공되는 방문자 분석툴 '제트팩'

블로그 홍보의 입장에서는 이러한 데이터를 무시할 이유는 없다. 과학자로서 모든 것을 근거와 데이터에 기반을 두고 파악하도록 훈련받은 나도 이러한 데이터를 꼼꼼하게 들여다보는 것을 무척이나 좋아한다. 하지만 그럼에도 불구하고 블로그 방문자 분석은 양날의 검이라고 생각한다.

앞서 블로그를 꾸준하게 운영하는 것이 무엇보다 중요하다고 강조한 바 있다. 지속적으로 자료를 조사하고 공부해서 글을 쓰기 위해서는 나 자신의 열정과 흥미가 가장 중요하다. 블로그에 글을 쓰면서 내가 재미를 느껴야 하고 더 성장할 수 있어야 한다. 내가 관심이 없는 주제인데도 다른 사람이 시켜서 하거나 다른 사람의 흥미에 맞춰서 글을 쓰다 보면 지속가능성 측면에서 좋지 않다는 것이 내 생각이다.

고백하자면 나는 블로그 방문자 분석을 최근에서야 시작했다. 햇수로 따지면 운영한 지 3년이 지난 이후다. 그 이유는 블로그 방문자들의 성향에 일희일비하지 않고 내가 옳다고 생각하는 방향으로 글을 쓰고 블로그를 운영하기 위해서였다. 나와 내 블로그가 충분히 알려지지 않은 운영 초기라면 당연히 방문자는 적을 것이다. 검색해서 들어오는 사람들의 수가 적으므로 글을 쓰는 방향에 대해서 유의미한 데이터를 얻기도 어렵다. 글은 열심히 쓰는데도 정작 내 블로그에 아무도 들어오지 않는다면 (초기에는 이런 상황을 필연적으로 거칠 수밖에 없음에도) 낙담하기가 쉽다. 그래서 차라리 아무도 보지 않아도 내가 재미있는 주제를 꾸준히 공부해서 글을 쓰는 것이 낫겠다고 생각했다.

방문자를 분석하는 것은 분명 의미 있으며 나름대로 재미도 있다. 이러한 분석을 통해 이제 나는 내 블로그에 사람들이 대략 어떤 경로를 통해서 들어오며 어떤 키워드로 검색을 많이 하는지를 파악하고 있다. 하지만 오로지 그 키워드에 맞춰서 글을 쓰지는 않는다. 다만 다음 글의 방향을 정하기 위해 참고 자료 정도로 활용할 뿐이다.

● 블로그 방문은 롱테일이다

블로그 운영을 꾸준하게 지속하는 것의 중요성을 여러 번 강조하고

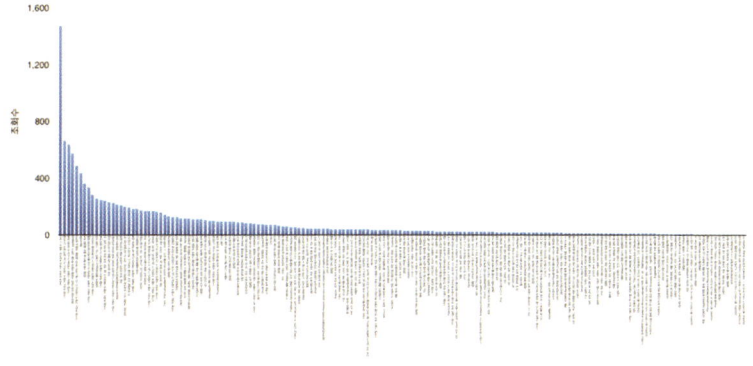

내 블로그의 포스팅별 조회수.

있다. 앞서 언급했듯이, 내가 내 주변 사람들뿐만 아니라 "나를 직접 알지 못하는 사람들도 블로그를 많이 구독하고 있구나." 하고 느꼈던 것이 블로그를 운영한 지 2년 정도 됐던 시기인 것 같다. 하지만 그런 티핑 포인트에 도달하기 전까지는 내가 쓰는 글을 과연 사람들이 얼마나 읽는지는 알기 어려운 부분들이 많다.

나는 지난 4년 정도 블로그를 운영해왔고 그동안 200여 개의 글을 올렸다. 워드프레스의 제트팩으로 방문객들을 분석해보면 재미있는 사실을 알 수 있다. 바로 포스팅별 조회수가 롱테일 현상과 유사하게 나타나기 때문이다. 위 그림은 지난 2017년 2월 한 달 동안 내 블로그의 어떤 포스팅을 사람들이 많이 읽었는지를 그래프로 나타낸 것이다. x축이 개별 글을 나타내고 y축은 조회수이다.

이 기간 동안 가장 많이 읽힌 글인 「피부과 전문의 수준의 인공지능 개발과 그 의미」(2월 2일 발행)는 1,500번 정도의 조회수를 기록했다. 이 글 이외에도 상위권에 드는 글은 수백 번의 조회수를 기록했다. 이 상위권 글은 대부분 내가 최근에 집필한 것들이다. 하지만 전체의 하위 80%에 해당하는 나머지 글은 100번 이하의 낮은 조회수를 기록했다. 총 10번 이하의 미미한 조회수를 기록한 글도 20% 정도가 된다.

재미있는 것은 전체 빈도수를 따져보면 상위 10%에 해당하는 인기 글의 총 조회수보다 하위 90%에 해당하는 비인기 글의 총 조회수가 더 높았다. 상위 10% 글의 조회수는 모두 6,837건이었으나, 하위 90%에 해당하는 글의 조회수는 총 6,845건이었다. 즉 최근에 쓴 인기 글을 SNS를 통하거나 검색해서 들어오는 경우도 많지만, 과거에 올렸던 나머지 대부분 글을 찾아서 들어오는 사람이 더 많다는 것이다. 특히 내가 지금까지 올렸던 모든 글 중에 한 달의 기간 동안 조회수를 1도 기록하지 못한 글은 하나도 없었다.

이것은 전형적인 롱테일long tail 현상의 사례라고 할 수 있다. 롱테일은 소위 80:20 법칙이라고도 불리는 파레토 법칙에서, 발생 확률이나 빈도가 낮은 80%를 결코 무시해서는 안 된다는 것을 알려준다. 흔히 발생 빈도가 높은 상위 20%에 집중하는 것이 일반적이지만, 발생 빈도가 낮은 80%의 총 발생 빈도를 합하면 오히려 상위 20%를 능가하기도 한다. 하위 80%의 발생 빈도는 긴 꼬리long tail처럼 길게 이어지는데 이것이 거의 무한대에 가까울 정도로 늘어날 수 있기 때문이다.

흔히 아마존닷컴의 서적 판매량이 롱테일 현상의 전형적인 예시로

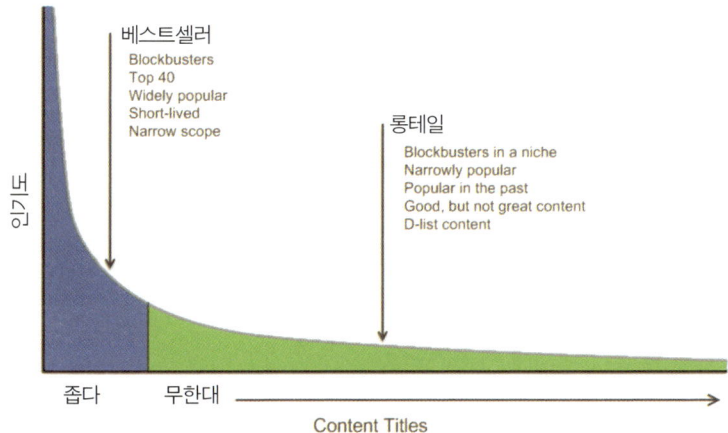

꼽힌다. 『해리포터』 『다빈치 코드』 같은 초 베스트셀러가 그래프의 왼쪽에 위치한다면 1년에 몇 권 팔릴까 말까 한 책들의 목록은 오른쪽으로 갈수록 거의 무한하게 이어진다. 그래서 베스트셀러 목록의 상위에 있는 책의 판매량보다 판매량은 적지만 무한히 많은 '나머지' 책의 판매량이 더 많을 수도 있다는 것이다.

내 블로그의 이러한 조회수 양상을 보면 블로그를 장기간 꾸준히 운영하는 것이 왜 중요한지, 그리고 인내심을 갖고 티핑 포인트를 넘는 일정 개수 이상의 글을 쓰는 것이 왜 필요한지 알 수 있다. 또한 지나치게 시의성만 있는 글보다는 시간이 지나도 여전히 통찰력을 제공하는 글을 쓰는 것이 중요하다는 점도 알 수 있다.

우리가 쓰는 글 중에 무의미한 글은 단 하나도 없다. 다만, 그 글이 위력을 발휘하기 위해서 충분한 기간 동안, 충분한 수로 축적되는 것이 필요할 뿐이다.

● 블로그에 자기 이름을 넣어라

　1인 기업가로서 블로그를 하는 가장 큰 목적이 자신의 브랜드를 만들기 위한 것임을 강조한 바 있다. 가장 좋은 브랜딩은 자신의 이름 자체가 하나의 브랜드가 되는 것이다. 단순히 유명하다는 것이 그 사람의 역량이나 전문성을 나타낸다고 할 수는 없다. 하지만 사회에서 영향력을 발휘하거나 최고의 전문가들은 이름도 알려진 경우가 대부분이다. 따라서 좀 쑥스럽더라도 블로그의 제목이나 대문에 자신의 이름을 넣는 것을 권한다. 좋은 정보를 담고 있고 통찰력이 있는 글을 독자들이 읽더라도, 이 글을 나라는 사람이 썼다는 것을 몰라준다면 1인 기업으로서 얻을 수 있는 효과가 반감되기 때문이다.

　반드시 이름이 알려진다는 것이 좋은 효과만 있는 것은 아니지만, 그래도 직업적인 의미에서만큼은 이름이 알려져 있지 않은 것보다 이름이 알려진 것이 상대적으로 낫다고 생각한다. 특히 1인 기업의 경우, 이름이 전혀 알려지지 않은 것과 지나치게 많이 알려진 것 중 하나만을 골라야 한다면, 아무래도 후자를 선택할 수밖에 없을 것이다.

　그뿐만 아니라 자신에 대한 상세한 소개 페이지도 따로 마련해놓자. 우리의 경험을 돌이켜보더라도 어떤 블로그를 방문해서 글을 읽었을 때 필자가 누구이고 어떤 사람인지 궁금할 때가 많다. 내 블로그의 페이지별 조회수를 분석해보더라도, 항상 상위권에 들어가는 것이 바로 나 자신에 대한 소개 페이지About Me이다. 앞서 보여준 그래프에서도 내 소개 페이지의 조회수가 430건으로 전체 7위에 해당

내 블로그의 'About Me' 페이지

했다. 2017년 2월 한 달간 나에 대해서 430명의 사람이 궁금해했던 것이다.

블로그는 내가 쓴 글을 통해서 나 자신의 전문성을 증명하는 동시에 그 자체로 내 이력서가 되기도 한다. 그 이력서로의 기능을 가장 잘 수행하는 부분이 나 자신에 대한 소개 페이지다. 여기에는 최소한 나의 간략한 약력, 관심사, 내가 인터뷰하거나 언급된 기사, 집필한 책과 칼럼, 강연 이력 등이 포함되면 좋다. 또한 필요한 경우 나를 컨택하거나 추가적인 커뮤니케이션을 할 수 있도록 소셜 네트워크 주소와 이메일 정도는 남겨놓는 것이 좋다.

참고로, 나는 직업적인 목적으로 모르는 사람에게 다짜고짜 전화로 콜드 콜을 받는 것을 별로 좋아하지 않아서 (더 정확히 이야기하자면 매우 싫어한다), 개인 전화번호를 블로그에 공개하는 것은 결코 찬성하고 싶지 않다. 하루에 시도 때도 없이 열 통씩 모르는 번호로 무작정 걸려오는 전화를 받아보면 그 기분을 알 수 있을 것이다.

스스로 자신을 소개할 때 중요한 것은 자기에 대한 자랑과 홍보가 너무 과해서도 너무 덜해서도 안 된다는 것이다. 너무 지나치게 자기 자랑만 넘쳐난다면 나르시스트처럼 보여서 거부감이 들 것이고, 반대로 너무 정보가 부족해도 나라는 브랜드를 알리기에 효과적이지 않을 것이다.

자기 자랑이 너무 과하지 않으려면 모든 것이 팩트에 기반을 둬야 한다. 본인에 대해서 훌륭하게 포장하고 자랑은 많은데도, 이를 뒷받침하는 근거나 팩트나 경력이 없으면 그저 자랑을 위한 자랑으로밖에 보이지 않는다. 자신에 대한 소개가 경력, 신문 기사, 저서, 논문, 강연 이력, 수상 경력 등의 팩트로 뒷받침되면 소개 글이 다소 길더라도 너무 지나치게 보이지는 않을 것이다.

프로필 사진을 통일해라

앞선 내용에 한 가지 덧붙이자면 자신의 사진도 포함시켜라. 특히 이 사진은 여러 SNS 등의 매체에 사용하는 것과 동일한 것이어야 한다.

브랜딩의 가장 중요한 부분 중의 하나는 일관성과 통일성이다. 특히 반복적으로 노출되어서 사람들이 금방 알아볼 수 있도록 하는 것이다. 매체마다 다른 사진을 사용하거나, 사진을 여러 번 바꾸면 개인 브랜드의 일관성과 통일성이 줄어든다. 만약 내가 블로그, 페이스북, 신문에 글을 쓰고 사진을 싣는다면, 독자들이 사진만 보고서도 이 글을 모두 동일한 사람이 쓴 것이라는 것을 쉽게 파악할 수 있어야 한다.

나는 블로그, 페이스북, 트위터, 인스타그램, 브런치, 카카오톡, 신문 칼럼, 저서, 외부 강의 등에 모두 동일한 프로필 사진을 사용한다. 책을 출판할 때도 출판사 측에서는 새로 프로필 사진을 찍자고 권했지만, 나의 고집으로 그 동일한 사진을 책 앞날개에 삽입했다. 그동안 내가 블로그, SNS, 외부 강의 등에서 의도적으로 열심히 노출했던 브랜드를 책에도 그대로 활용하고 싶었기 때문이다.

내 페이스북이나 블로그를 익히 보던 사람이라면, 우연히 서점의 매대에서 내 책을 발견했을 경우 제목보다 사진에서 동일한 사람이 쓴 책이라는 것을 알 수 있도록 한 것이다. 책이 어느 정도 성공한 것을 보면 그런 전략이 크게 효과가 없었던 것 같지는 않다.

사실 내가 지금 사용하는 프로필 사진은 찍은 지 5년이 넘은 것이다. 그 자체로 실물보다 훨씬 잘 나와서 인생 사진이기도 하고 (모교

책이 서점의 매대에 진열되어 있을 때도, 내 사진으로 누가 썼는지를 금방 알 수 있다.

인터뷰에서 아마추어 사진사인 후배가 찍어준 사진인데, 아주 고마워서 나중에 약소하나마 사례를 조금 했다) 지금까지 온라인상에서 내 얼굴로 사용해온 것이기 때문에 쉽게 바꾸지 못하고 있다.

문제라면 이제 촬영한 지 시간이 다소 지나서 실물과 차이가 점점 더 커지고 있다는 것이다. 이 사진을 언제 어떻게 바꿀지는 현재 필자에게 고민으로 남아 있다.

블로그로 쓰고 SNS로 전파하라

1인 기업가로서 페이스북 등 SNS의 활용에 대해서는 다음 챕터에서 별도로 설명할 것이다. 다만 여기서는 블로그의 콘텐츠를 전파하는 수단으로서의 SNS의 중요성을 강조하고 싶다.

블로그의 강점은 본인의 전문성이 담긴 내용을 글이라는 매개체를 기반으로 그림과 표, 동영상을 곁들여 자세하게 작성할 수 있다는 것이다. 또한 그 글은 내가 지우거나 서버가 날아가지 않는 이상은 온라인상에 계속 남아서 검색에 걸리기도 하고 다른 기사나 포스팅에 언급되기도 하면서 본연의 역할을 다한다. 내가 휴가를 떠났거나 잠을 자는 중에도 블로그 글은 계속 검색되고 읽히면서 독자들에게 내 통찰력을 전하고 나를 알린다.

하지만 블로그는 전파력이 약하다. 내가 열심히 자료를 찾고 공부하고 시간을 들여서 글을 쓴 후에, 최종적으로 블로그에 글을 공개하더라도, 블로그만으로 많은 독자에게 "내가 방금 이런 글을 썼다"는 것을 알리기는 어렵다. 특히 시의성이 높은 글은 너무 오랜 시간이 지나기 전에 글을 더 많은 사람에게 전파하는 것이 중요한데도 말이다.

이를 위해서 필요한 것이 소셜 네트워크의 활용이다. 오늘날 우리는 페이스북, 트위터 등의 소셜 네트워크를 통해서 과거에는 상상도 할 수 없었던 많은 사람과 연결될 수 있게 되었다. SNS가 사회적으로 항상 좋은 영향만 미치는 것은 아니지만, 1인 기업가로서 SNS를 활용하지 않는다는 것은 무책임하고 무능력한 일이라고 생각한다.

소셜 네트워크의 강점과 단점은 블로그와는 정반대라고 할 수 있다. SNS의 단점은 휘발성이 강하다는 점이다. 내가 쓴 글이 다른 사람들의 타임라인 상단에 머무는 시간은 오래되지 않고, 시간이 지나면 금세 잊힌다. 또한 검색이 잘 안 되는 경우가 많아서 내가 예전에 쓴 글을 내가 찾기 위해서도 어려움을 겪는 경우가 있다.

하지만 SNS는 너무도 강한 전파력을 가지고 있다. 페이스북이나 트위터에 올린 글은 내용에 따라서 삽시간에 수많은 사람에게 전파될 수도 있다. 어떤 연예인이나 정치인이 무심코 올린 글이 너무 빠르게 전파돼 갑자기 크게 구설에 오르거나 사회에서 매장되기도 하는 것들만 봐도 그 전파력이 얼마나 큰지 알 수 있다.

따라서 블로그와 소셜 네트워크의 강점을 잘 결합하면 블로그에 자세히 정리한 글을 SNS로 더 많은 사람에게 빠르고 시의적절하게 전파할 수 있다. 나는 이러한 목적으로 특히 페이스북을 많이 활용하는 편이다. 블로그에 글을 쓰고 나면, 페이스북의 내 페이지의 전체 공개로 이 글의 링크와 간단한 요약을 올리고 사람들이 공유할 수 있게끔 한다.

나는 현재 3,000명 정도의 페이스북 친구와 7,000명 정도의 페이스북 팔로어를 가지고 있다. 절대적인 숫자로 본다면 소위 유명한 페이스북 스타에 비해 턱없이 부족한 숫자이지만, 내가 페이스북 친구로 수락한 사람 중에 상당수가 의료 및 헬스케어 분야 종사자라는 것을 따져보면 결코 적은 숫자는 아니다.

내가 블로그를 통해서 세상에 외친 내용을 SNS를 통해 기본적으로 수천 명의 사람에게 즉시 전파할 수 있다는 것은 10여 년 전만 하더라도 불가능한 일이었다. 내가 포스팅한 글을 페친이 2차, 3차로 공유한다면 글의 전파력은 기하급수적으로 늘어난다. 이런 유용한 툴을 활용하지 않는 것은 1인 기업가로서의 책임을 다하지 않는 것이다.

디자인도 중요하다

디자인은 블로그의 본질인 콘텐츠의 퀄리티나 내가 전달하고자 하는 통찰력과는 거리가 있다고 볼 수도 있다. 돼지우리 속에 있어도 진주는 빛나기 마련인지도 모른다. 하지만 그럼에도 불구하고 블로그의 디자인도 매우 중요하다. 같은 내용이라도 이왕이면 어떤 그릇에 담는지에 따라서 얼마나 효과적으로 전달될지가 달라지기 때문이기도 하다.

나의 경우에는 디자인을 전공하지 않았고 그래픽 툴을 잘 활용하지도 못하기 때문에 최대한 심플하면서도 시각적으로 가독성이 높은 블로그 디자인을 원했다. 색깔 조합도 여러 색이 섞인 것보다 심플한 화이트/블랙을 선호했다. 블로그를 시작하기로 결심하고서 내 마음에 쏙 드는 블로그 디자인을 고르기 위해서 상당한 시간을 할애했다.

당시 설날 연휴에 방에 틀어박혀서 며칠에 걸쳐 블로그 디자인을 수없이 많이 뒤졌다. 워드프레스에서 제공하거나 외부 디자이너들이 만든 디자인이 엄청나게 방대해서 시간이 오래 걸렸다. 무료 디자인 중에는 마음에 드는 것이 없어서 결국 약간의 돈을 내고 유료 디자인을 구매했다.

결과적으로 매우 만족스러웠다. 한 번 고른 디자인을 지금까지도 잘 사용하고 있으며 별다른 일이 없다면 앞으로도 유지할 계획이다. 스스로 디자인에 자신이 없으면 조금 돈을 내고서라도 유료 디자인을 고르거나 전문 디자이너에게 의뢰하는 방법도 좋다고 생각한다.

글의 내용은 꼼꼼하게 읽어야만 파악할 수 있지만, 블로그의 전반적인 디자인은 독자들이 한눈에 파악할 수 있다. 세부적인 디자인까지 신경 쓴다는 것은 필자가 그만큼 블로그를 진지하게 한다는 무언의 메시지를 독자들에게 보내는 것이기도 하다. 글을 쓰는 장본인으로서도 자기의 글이 예쁜 디자인의 블로그에 차곡차곡 쌓이는 것을 보면, 글 쓰는 맛이 더 좋아지기도 한다.

● 사실 꼭 블로그가 아니어도 된다

지금까지 1인 기업가로서 블로그를 활용하는 것의 중요성에 대해서 길게 이야기했다. 하지만 꼭 '블로그'라는 특정 형식에만 구애받지 않도록 하자. 중요한 것은 블로그를 활용해야 하는 목적이다. 그 목적은 내 전문성을 전파하고 스스로 더 발전하며 내 브랜드를 만들고 시장에 그 브랜드를 알리기 위함이다.

나의 경우에 이러한 목적으로 블로그라는 수단을 활용하는 것이 최선이었다. 글을 쓰는 것을 좋아하기도 하고 나름대로 소질도 있기 때문이다. 또한 내가 다루는 분야의 성격상 글과 그림을 통해서 차근차근 설명하는 것이 효과적인 경우가 많다. 내가 그동안 학위를 하면서 트레이닝 받은 것도 대부분 논문이라는, 글의 형식으로 발표하는 것이기 때문이기도 하다. 이러한 측면에서 나는 자연스럽게 내 전문성을 알리기 위해 블로그라는 통로를 선택하게 되었다.

하지만 최근에는 블로그 이외에도 동일한 목적으로 활용할 수 있는 매체가 많다. 예를 들어, 유튜브에서 개인 방송을 하면서 자신의 전문성을 전파하고 브랜드를 쌓을 수 있다. 내가 1인 기업가로서 소셜 네트워크 활용을 위해서 보았던 책 중에 『크러쉬 잇!』이라는 제목의 책이 있었다. 이 책의 저자는 와인 평론가이자 와인 사업가인데 주로 유튜브에 와인에 대한 동영상을 올려서 개인 브랜드를 구축하고 사업을 크게 확장할 수 있었다.

영상에 자신이 등장하는 것이 부담스럽거나 기술적으로 어려움이 있다면, 팟캐스트를 통해서 목소리만 전달할 수도 있다. 혹은 슬라이드 쉐어Slideshare 등의 사이트에서 슬라이드 형식으로 자신을 알릴 수 있을 것이다. 혹은 디자인, 운동이나 모델, 패션 등의 사진으로 자신을 표현할 수 있는 분야라면 인스타그램을 자신의 포트폴리오로 활용할 수 있을 것이다.

중요한 것은 1인 기업가로서 블로그를 활용해야 하는 목적과 이유이다. 그 동일한 목적과 이유를 블로그가 아닌 다른 매체를 통해서 효과적으로 달성할 수 있고 자신에게도 잘 맞는다면 굳이 블로그라는 형식에만 얽매일 필요는 없다.

1인 기업가의 SNS 활용법

인류의 역사를 통틀어서 지금처럼 개인의 힘이 강해진 시기는 없었다. 개인이 접근할 수 있는 정보의 양도 과거와는 비교할 수 없을 정도로 커졌으며, 개인이 가질 수 있는 발언권이나 대중에게 미칠 수 있는 영향력도 커졌다. 과거에는 특권이나 높은 지위를 가진 사람이 정보를 독점했고, 유명한 사람들만이 대중을 향한 발언권을 가질 수 있었다. 하지만 이제는 사실상 노력만 한다면 누구나 그 영향력과 발언권을 가질 수 있다.

그뿐만 아니라 서로 관계를 맺을 수 있는 범위도 극적으로 늘어났다. 과거에는 평생을 가도 알기 어려웠던 사람들, 이야기하기 어려웠던 사람들, 한 번 만났다가 잊어버렸을 사람들과 이제는 지속적으로 연락하고 내 목소리를 들려주며 그들의 이야기를 들을 수도 있다. 바로 SNS (소셜 네트워크 서비스) 덕분이다.

1인 기업가는 이렇게 개인의 힘이 강해지고 영향력이 커지며, 연결성이 올라간다는 변화 때문에 가능해졌다고 해도 과언이 아니다. 그래서 SNS야말로 1인 기업가의 가장 큰 무기이자 생존 전략 중의 하나이다. SNS를 통해서 1인 기업가는 그야말로 큰 파급효과를 가질 수 있고 수많은 사람에게 자신을 알리고 생각을 전달할 수 있다.

이 SNS를 제대로 활용하지 않는다는 것은 1인 기업으로서 직무유기에 가까우며, 반대로 이를 잘 활용한다면 1인 기업으로 활동하기가 훨씬 수월해질 것이다. 하지만 이는 양날의 검이기도 해서, 잘못 활용하면 역효과를 불러일으킬 수도 있다. 결국 SNS를 잘 활용한다는 것은 이러한 리스크를 줄이고 장점을 극대화한다는 것이다.

1인 기업의 홍보실

일반 기업으로 보면 기업의 홍보를 담당하는 홍보실이 있다. 기업에 좋은 소식이 있거나, 알려야 할 뉴스가 있을 때 보통 이 홍보실에서 보도자료를 내기도 하고 언론 대응도 한다. 기업에 속한 직원들 개개인이 직접 언론에 대응하기보다는 공식적 대외 창구인 홍보실에서 이러한 업무를 주로 도맡아 하는 것이다.

하지만 이러한 대외 창구라고 해서 그 기업이 가진 모든 것을 민낯 그대로 보여주지는 않는다. 거짓말을 한다고 할 수는 없겠지만, 어느 정도는 미화되고 정제된 정보를 보여주게 된다. 그 기업에서 강조하고 싶은 부분은 강조하고, 굳이 보여주지 않아도 되는 부분은 의도적으로 덜 강조하기도 한다. 어떤 사고가 터졌을 때 홍보실에서 잘 대응하면 위기를 잘 넘어가기도 하고, 잘 대응하지 못하면 오히려 문제가 더 커지기도 한다.

1인 기업에게는 SNS가 이러한 홍보실의 역할을 한다고 보면 된다. 대중들에게 자신의 생각을 공유하고, 전문성을 전달하기 위한 중요한 창구로 사용되는 것이다. 때로는 자신을 은근슬쩍 혹은 대놓고 홍보하기도 하고 자신이 개인적으로나 직업적으로 어떤 활동을 하고 있는지를 대중에 직간접적으로, 실시간으로 알릴 수 있는 통로가 된다.

전문성을 전파하기 위한 SNS

나는 여러 SNS 중에서 주로 페이스북을 직업적인 용도로 활용한다. 해외에서는 링크드인이나 트위터를 그러한 목적으로 사용하는 사람들이 많지만, 일단 플랫폼 자체의 특성, 국내 사용자의 수, 그리고 내가 일하는 의료 및 헬스케어 분야의 사용자 수와 정보를 보면 아직은 페이스북만큼 활용도가 높은 SNS는 없는 것 같다.

내가 1인 기업으로 활동할 수 있는 원동력을 꼽으라면 앞서 강조한 블로그와 함께 이 페이스북을 꼽지 않을 수 없다. 블로그도 마찬가지이지만 페이스북이 없었다면 내가 1인 기업으로 아예 독립하지 못했을지도 모르겠다. 지금부터는 내가 주로 활용하는 SNS인 페이스북을 중심으로 설명해보도록 하겠다.

나는 페이스북에 3,000명이 조금 넘는 친구들과 7,000명 정도의 팔로어들을 가지고 있다. 그리 많은 숫자가 아니라고 할 수도 있겠지만, 내가 일하는 헬스케어나 의료 분야의 관계자들로 주로 이루어진 것을 고려하면 또 적은 숫자라고도 할 수 없다.

내가 페북에 글이나 사진을 올리면 (이론적으로는) 수천 명의 사람이 그것을 자신의 타임라인에서 보게 된다. 이를 페친들이 2차, 3차로 공유하게 되면 내가 올린 콘텐츠를 접하는 사람들의 수는 더욱 늘어난다. 내가 온라인에서 이름을 알리게 된 계기 중의 하나인 '대학원 연구 노하우' 슬라이드는 지금까지 50만 명(다른 버전까지 합치면 70만 명) 이상의 사람들이 보았다. 브런치에 연재해서 이 책의 토대가 됐던 1인 기업가 글도 수백 번에서 많게는 수천 번 이상 SNS에서 공유되기도 했다. '나는 왜 조직을 나왔는가'의 경우 SNS 공유 수는 5,500번 정도이다.

페북에서 친구를 많이 가진다는 것은 자신의 발언권과 영향력이 커진다는 것이다. 이는 나의 지식이나 전문성을 공유하고 전파하기 위한 통로로 활용될 수 있다. 내가 페북을 가장 유용하게 활용하는 것이 바로 내가 블로그에 쓴 글을 더 많은 사람에게 전달하기 위한 창구가 된다는 것이다.

블로그의 강점은 어떤 주제에 대해서 자세하게 콘텐츠를 작성할 수 있고 검색에도 노출되기 쉽다는 것이다. 하지만 그에 반해 많은 사람에게 전달되는 전파력은 약하다는 단점이 있다. 더 많은 사람에게 "내가 이러한 좋은 글을 썼습니다." 하고 알려야 하는데 블로그만으로는 그렇게 하기가 어렵다는 것이다. 특히 최신 연구 결과나, 최신 동향 등 시의성이 있는 글은 빠르게 전파하는 것이 중요한데도 말이다.

이러한 부분에서는 페이스북과 같은 SNS가 크게 도움을 줄 수 있다. 블로그에 글을 쓰면 나는 내 페북을 통해서 페친들에게 전파한다. 일단은 수천 명의 페친들에게 그 글이 노출될 것이며, 그 내용이 유용하며 자신의 페친들에게도 도움이 될 내용이라면 그들이 2차적으로 본인의 타임라인에 공유하게 된다. 그러면 내 페친의 페친이 내 글을 보게 되고, 내 페친의 페친이 페친의 페친의 페친에게 공유하고…….

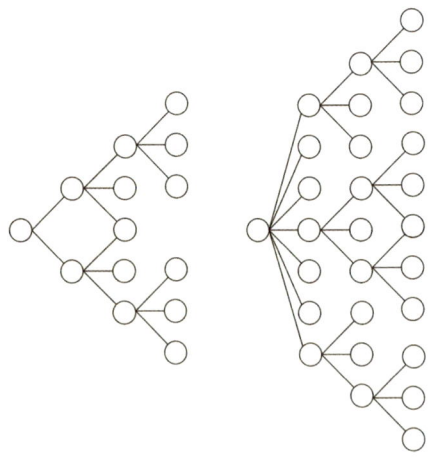

나의 SNS 친구가 많을수록 1촌, 2촌, 3촌으로 갈 때 영향력이 더 올라간다.

하는 과정이 이어진다.

이렇게 전달되는 사람의 수는 말 그대로 기하급수적으로 늘어난다. 여기에서 중요한 것은 내가 처음에 전달하는 1촌의 수가 많을수록 2촌, 3촌으로 갈수록 그 파급효과는 단기간에 더 커진다는 것이다. 그래서 일단 내가 공유한 콘텐츠의 파급효과를 올리기 위해서는 (다른 조건이 동일하다면) 일단 내가 페친이나 팔로어를 많이 가지는 것이 유리하기는 하다. 나의 SNS 친구가 많을수록 1촌, 2촌, 3촌으로 갈수록 영향력이 크게 높아진다.

SNS 친구는 많을수록 좋을까

하지만 페친이 많다는 것이 무조건 좋은 것일까? 나는 그렇지 않다고 생각한다. 업무적으로 페북을 활용하기로 했다면 그에 맞는 페친을 갖는 것이 중요하다. SNS에서 친구로 등록한 사람의 수도 중요하지만 그 못지않게 질도 중요하다는 것이다.

예를 들어 나는 의료 분야에서 일하는데 수천 명의 페친 중에 의사가 한 명도 없다면, 이는 업무적으로는 별로 의미가 없는 숫자가 된다. 하지만 내가 디자인 분야에서 일하는데 100명의 페친 중에 대부분이 디자이너 혹은 관련 업계의 사람들이라면, 전체 숫자는 적어도 매우 퀄리티가 높은 페친이 된다.

이러한 이유로 나는 개인적으로 페북에 많은 친구 요청을 받지만 나와 같은 분야에서 일하는 분들이 아니면 거의 친구 신청을 거절하는 편이다. 개인에 대한 소개가 부족한, 혹은 무슨 일을 하는 사람인지 모르는 경우도 무조건 거절한다. 페북에 친구는 최대 5,000명으로 제한돼 있는데 가능하면 최대한 내가 일하는 업계와 관련된 사람으로 채우기 위함이다.

슈퍼 커넥터

내가 SNS에서 정보를 전파하기 위해 중요한 역할을 하는 페친들이 있다. 네트워크 이론에서 허브 혹은 슈퍼 커넥터의 역할을 하는 마당발 페친이다.

지구 상에서 어떤 사람도 6번만 거치면 누구든 연결된다는 이론이 있다. 이 법칙이 성립할 수 있는 것은 그렇게 네트워크의 허브가 되는 슈퍼 커넥터들 때문이다. 평균적인 수준의 인맥을 가진 사람들로만 네트워크가 이뤄져 있다면 이렇게 6단계만으로 전 세계 사람들에게 닿기란 불가능하다. 예외적으로 엄청난 수의 연결고리 혹은 인맥을 가진 사람들 덕분에 이러한 법칙이 유효한 것이다.

내가 제작한 콘텐츠를 가장 빠르고 넓게 전파하기 위한 좋은 방법은 바로 이 분야에서 수많은 팔로어를 지닌 오피니언 리더가 내 콘텐츠를 공유해주는 것이다. 만약 저스틴 비버나, 슈퍼주니어의 멤버가 내 트윗을 리트윗해준다면 졸지에 나는 세계적으로 유명한 인사가 될 수도 있다. 싸이도 그렇게 국제적인 인사가 된 것 아닌가. 내 연구 노하우 슬라이드가 수십만 명의 사람이 보게 된 것에도 중간에 이런 슈퍼 커넥터들의 도움이 있었다. 앞서 제시한 그림에서 내 1촌 혹은 2촌에 내 글을 공유한 사람이 수천만 명의 연결고리를 가진 슈퍼커넥터라고 상상해보라. 그 그림은 완전히 달라지게 될 것이다.

만약 내가 쓴 글이나 제작한 콘텐츠가 정말로 좋은 내용을 담고 있고 전파돼야 할 것이라면 그 슈퍼 커넥터에게 나의 글을 한 번 읽어보고 괜찮으면 공유해달라고 부탁할 수도 있다. 사실 그런 분들의 타임라인은 너무도 큰 파급효과를 지니고 있기 때문에 아무런 콘텐츠에게나 자신의 타임라인을 내어주지는 않을 것이다. 하지만 정말 양질의 내용이라면 또 그런 요청에 선뜻 응해줄 수도 있다.

사실 슈퍼 커넥터에게 도움을 요청하는 것보다 더 좋은 방법은 내가 스스로 그 슈퍼 커넥터가 되는 것이다. 하지만 누구도 처음부터 슈퍼 커넥터일 수는 없으며, 그렇게 많은 연결 고리가 가진 사람이 되는 것이 모든 사람의 적성에 맞는 것도 아니다. 나도 아직은 슈퍼 커넥터라고 하기에는 턱없이 부족하다(혹시 본인이 그런 슈퍼 커넥터가 되고 싶은 사람이라면 키이스 페라지의『혼자 밥 먹지 마라』를 읽어보라. 나도 이 책의 도움을 많이 받았다).

자신이 아직 슈퍼 커넥터가 아니거나 그렇게 되기 어렵다고 하더라도, 자신의 분야에서 오피니언 리더, 슈퍼 커넥터와 온오프라인에서 좋은 관계를 유지하는 것은 중요하다. 앞서 강조하였듯이, 그 슈퍼커넥터가 내가 어떤 사람이며, 어떤 전문성을 가지고 있고, 누구를 소개

해주면 좋을지에 대해 알고 있을 정도의 관계가 되면 좋다.

● 약한 연결을 유지하는 비결

네트워크에서 소위 '약한 연결weak tie'의 힘은 매우 중요하다. 우리는 일상생활 속에서 주로 '강한 연결strong tie'을 가진 사람들과 얼굴을 맞대며 살아간다. 가족, 직장 동료, 친구 등 자주 만나고 직접 이야기를 나눌 수 있는 사람이다.

하지만 우리의 휴먼 네트워크는 대부분 '약한 연결'로 이루어진다. 이러한 약한 연결은 자주 얼굴을 보고 만나는 사람은 아니지만 서로 1년에 한두 번 정도는 만나면서 관계를 유지하는 사이를 말한다. 인간적으로 아주 절친하다고 할 수는 없지만 서로 '이러한 사람이 있다'는 존재는 알고 있고, 어떤 일을 하는지, 어떠한 주제에 관심이 있는지, 어떠한 능력이 있는지는 서로 아는 사이다. 필요한 일이 있거나 도움을 줄 일이 있으면 조심스럽기는 하지만 연락은 할 수 있는 정도의 사이라고 보면 되겠다.

연구에 따르면 우리가 구직이나 이직을 하거나 정보를 얻는 것은 '강한 연결'을 가진 사람들보다, 이러한 '약한 연결' 고리로 연결된 사람에게서 훨씬 많이 온다. 보통 강한 연결을 가진 가족, 동료, 친구들은 사회적, 지역적, 분야에서 배경이 엇비슷한 경우가 많다. 따라서 그들이 아는 기회는 나도 익히 알고 있는 기회일 가능성이 높다. 이들을 통해서는 완전히 새로운 기회를 발견할 가능성은 별로 없다.

하지만 자신과는 다른 사회적, 지역적, 분야에서 배경을 가진 이 약한 연결고리의 사람들을 통해서는 훨씬 더 폭넓은 기회에 접근할 수 있다. 내 개인적인 경험으로 보더라도, 강연 요청이나 여러 직업적인 기회들은 다름 아닌 약하게 연결된 사람으로부터 오는 경우들이 훨씬 많다(약한 연결의 힘을 더 알아보고 싶다면 『낯선 사람 효과』라는 책을 읽어보라.)

1인 기업이라면 약한 연결의 힘을 극대화할 필요가 있다. 한 명의 개인으로서 이러한 약한 연결을 가장 효과적으로 관리할 수 있는 수단이 바로 SNS라고 생각한다. 약한 연결을 지속적으로 유지하기 위해서는 '이러한 사람이, 이러한 생각을 하고 이러한 활동을 하면서 살아가고 있구나.' 하는 시그널을 지속적으로 보낼 필요가 있다.

내 생각에 약한 연결을 유지하기 위한 시그널은 아래와 같은 조건을 갖춰야 한다.

- ◆ 시그널은 지속적이어야 한다.
- ◆ 시그널은 일관된 메시지를 전달해야 한다.
- ◆ 시그널을 받는 사람들에게 유용해야 한다.

즉 약한 연결을 유지하기 위해서는 SNS를 통해서 지속적으로 나와 내가 하는 활동, 나의 전문성에 대해서 꾸준히 알려야 한다. 몇 달 하다가 사라지면 아무런 소용이 없다. 주위를 살펴보면 이런 시도를 하는 사람은 아주 많지만 대부분은 그런 활동을 지속하지 못하고 사라진다.

또한 내가 보내는 시그널은 일관된 메시지를 담고 있어야 한다. 내가 일하는 분야나 나라는 사람의 스타일, 생각, 이미지 등은 전략적으로 일관성을 가지고 있어야 한다. 일관성이 없는 잡다한 메시지는 그냥 소음에 지나지 않는다. 하지만 일관된 메시지를 전달하면 나를 만나본 적이 없는 사람들 사이에서도 나에 대한 명확한 이미지가 점점 그려지기 시작한다.

마지막으로 그러한 메시지는 사람들에게 유용해야 한다. 지속적이고 일관성이 있는 시그널이 오더라도 아무런 유용성이 없다면 사람들에게 별다른 의미를 가지지 못하기 때문이다. 내가 약한 연결을 통해서 기회를 잡고자 한다면 다른 사람에게도 내가 유용한 메시지를 전달해 직간접적으로 기회를 만들어줄 수 있어야 한다.

예를 들어 나는 '최윤섭 디지털 헬스케어 연구소'라는 페이스북 페이지를 만들어서 지속적으로 디지털 헬스케어 분야의 뉴스를 전한다. 항상 모니터링하고 있는 관련 분야의 주요 뉴스를 요약 및 해설과 함께 전달하는 것이다. 이는 나름 몇 년 동안 지속해오고 있고, 내가 일하는 특정 분야에 최신 뉴스를 전달하므로 일관성이 있고 유용하다. 내가 쓴 블로그 글도 이 페이지를 통해서 전달하고 있다.

이러한 페이지를 통해서 독자들, 즉 '약한 연결' 고리를 가진 사람들은 내가 어떤 일을 하고 어떤 지식과 전문성을 갖고 있으며 해당 분야의 최신 동향에 밝다는 것을 자연스럽게 알게 된다. 이러한 뉴스 클립을 통해서 평소에 도움을 받은 사람들은 또 나의 요청에 응해주거나, 새로운 기회를 나에게 알려주기도 한다. 그렇게 서로가 도와주면서

윈윈win-win 관계를 만들고 전체 파이를 더 키워나갈 수 있다.

담배 브레이크 대신 SNS

1인 기업이 SNS를 통해서 약한 연결 고리를 많이 가지는 것이 중요한 이유는 또 한 가지가 있다. 바로 정보를 얻기 위해서이다. 사실 대기업과 같은 기존의 조직에서 일하면 함께 일하는 동료로부터 알게 모르게 얻게 되는 지식과 정보들이 상당히 많다. 이는 공식적인 미팅이나 교육에서 얻기도 하고, 아니면 업무시간 도중에 간간이 가지는 커피나 담배 브레이크에서, 혹은 회식과 같은 술자리에서 얻는 경우도 있다.

사실 그 업계가 돌아가는 실질적인 뒷이야기, 언론에서 기사화되지 않는 내부적인 이야기들은 오히려 그런 비공식적인 자리에서 도는 경우가 많다. 혹은 어느 회사에 뭔가 변화가 있다든지, 새로운 논문이 나왔다든지, 중요한 세미나가 조만간 열린다든지, 우리 분야의 사람들이 함께 모이는 중요한 자리가 있다든지 하는 것들도 이렇게 동료와의 공식/비공식적인 자리에서 어깨너머로 우연히 듣는 경우가 빈번하다.

이런 정보나 동향은 매우 중요하지만 1인 기업은 혼자서 일하므로 이런 기회들을 놓치는 경우가 많다. 혼자서 일한다고 해서 업계의 흐름이나 정보에서까지 고립되어서는 절대 안 된다. 우리가 다른 사람들과 커피 브레이크를 가지기는 어렵지만, SNS를 통해서 이러한 정보들을 상당 부분 얻을 수 있다.

나는 중요한 연구 결과나 논문이 나왔다든지, 중요한 세미나가 있다든지 하는 것들을 많은 경우 페이스북을 통해서 얻는다. 이러한 주요 정보를 자주 공유해놓는 페친들은 '친한 친구'로 등록해놓아서 글을 놓치지 않으려고 노력한다(친한 친구로 등록해놓으면 그분들이 새로운 글을 썼을 때 내게 알림이 뜬다). 반대로 내가 중요한 연구 결과, 논문, 세미나를 알게 되면 페북에 공유해 다른 사람들에게 많이 알려주려고 노력한다. 반면에 내가 잘 모르거나, (직업적으로 관심이 없는) 글만 올리는 사람들은 팔로우를 취소하거나 '아는 사람'으로 등록해 되도록 내 타임라인에 양질의 정보만 띄울 수 있도록 한다.

사실 SNS를 통해서 모든 이야기를 다 들을 수는 없고, 놓치는 것들도 분명히 있다. 그래서 나도 오프라인 등에서 업계 사람들을 가능하면 만날 기회를 많이 만들려고 노력한다. 빠르게 변화하는 분야에서 일하는 1인 기업은 그러한 정보의 수집이라는 측면에서 분명한 약점이 있다. SNS를 통해서 이러한 약점을 모두 해결한다고 할 수는 없다. 하지만 이러한 방식으로나마 약점을 상당 부분 보완할 수는 있다.

● 양날의 검

그러나 한편으로, SNS는 양날의 검이라는 점을 잊어서는 안 된다.

사용하기에 따라서는 크게 도움을 받을 수 있지만, 잘못되면 돌이키기 어려울 만큼의 피해를 받을 수도 있기 때문이다. 만약 SNS를 가까운 친구들과 연락하기 위한 사적인 용도가 아니라 1인 기업가로서 업무적으로도 활용하기로 마음먹었다면 주의해야 할 몇 가지 요소가 있다.

일단 SNS 상에서는 내가 오프라인에서 직접 만나는 사람보다 훨씬 많은 사람과 연결될 수 있다. SNS 친구가 많아지다 보면, 나를 직접 만나보고 이야기를 나눠본 사람보다, 나를 SNS에서 처음 알게 된 사람이 훨씬 늘어난다. 이러한 경우 나의 이미지, 역량, 평판 등이 SNS에 나타나는 극히 일부분의 모습만 보고서 결정되는 경우가 많다.

기업의 홍보실이 그러하든 사실 SNS에는 해당 사용자의 실제 모습이 그대로 드러난다고 보기는 어렵다. 그 사용자가 '보여주고 싶은' 모습만 드러나는 것이다. 되도록 가감 없이 자신의 모습을 솔직하게 보여줘서 SNS 상의 이미지와 실제 모습이 비슷할 수도 있겠지만, 또 한 편으로는 사용자 본인에 의해 매우 정제된 모습만을 보여주기 때문에 그 결과 실제 모습과는 다른 부분이 크게 부각되기도 한다.

정도의 차이는 있겠지만, 사람들은 자신의 모습을 100% 솔직하게 SNS에 드러내지 않는다. 자신이 찍힌 사진을 올리더라도 가능하면 자기가 잘 나온 사진을 올린다. 일부러 못 나온 사진을 올릴 사람은 없을 것이다. 비단 사진뿐만 아니라 자신의 생각이나 전문성과 관계된 부분도 그러하다. 그래서 많은 경우 오프라인의 자아보다는 좀 더 미화되고 좋은 점만을 부각시킨 온라인의 자아가 만들어진다.

업무적으로 SNS를 활용하려 한다면 나는 어떠한 모습을 강조하고,

어떠한 부분은 덜 강조할 것인지를 잘 고민하고 선택해야 한다. 일단 미성숙하거나 프로패셔널하지 않은 글이나 사진은 금물이다. 일부 정치인이나 연예인의 경우에도 과거에 올린 잘못된 글이나 사진이 발목을 잡는 경우가 있다. 또한 논란이 될 수 있는 정치적인 이슈에 대해서 지나치게 편향된 발언을 하거나 특정 종교에 대한 글을 올리는 것도 조심할 필요가 있다. 정치적인 시각과 종교관을 가지는 것이 무조건 나쁘다고는 할 수 없지만, 업무용으로 사용하는 SNS라면 다른 시각을 가진 사람들에게 거부감을 줄 수 있다는 점을 고려해야 한다.

그뿐만 아니라 민감한 사항에 대해서 혹은 특정인에 대한 평가나 지나치게 솔직한 자신의 감정(특히 비난, 비판, 불만과 같은 부정적인 감정의 경우)에는 콘텐츠를 공유하기 전에 매우 심사숙고할 필요가 있다. SNS에 남긴 글은 자기가 지우지 않는 이상 평생 남을 것이며 재빠르게 지우더라도 공유나 리트윗이 되면 그 이후에는 주워담을 수도 없다.

● 실제 나와 SNS에서의 나

앞서 이야기했듯이 SNS 상에는 어느 정도 실제 자신보다 미화된 자신의 모습을 정제해 올리기 마련이다. 강조하고 싶은 부분은 강조하지만, 굳이 강조하고 싶지 않은 부분은 축소하거나 감추게 된다.

하지만 중요한 것은 온라인상에 만들어지는 나의 모습이 적어도 실제의 나를 반영하기는 해야 한다는 것이다. 당연한 이야기지만 거짓된 정보를 올리거나, 자신의 실제 모습에 기반을 두지 않은 SNS 자아를 만드는 것에는 한계가 있다. 이는 도덕적으로 옳지 않을 뿐만 아니라, 지속 가능하지도 않다.

또한 사적이고 개인적인 사항에 대해서는 얼마나 공개할 것인지에 대해서도 결정이 필요하다. 어떤 사람은 주로 직업적인 목적으로 SNS를 활용하면서도 자기가 즐기는 취미, 여행, 음식과 관련된 콘텐츠를 올리기도 한다. 혹은 또 다른 사람은 완전히 업무 이야기만 하거나, 그와 관련된 기사 스크랩만 하는 경우도 있다. 어느 것이 꼭 옳다고 볼 수는 없다.

내 생각에는 적절한 정도라면 주로 업무에 대한 계정이라고 하더라도 개인에 관한 이야기나 취미에 관련된 콘텐츠를 올리는 것은 문제없을 것 같다. 너무 일 이야기만 하는 것보다 일상에 대한 생각이나 취미 이야기를 하는 것이 더 인간적이고 매력적으로 이미지를 만들 수 있다는 이유도 있다. 사실 더 큰 이유는 너무 일 이야기만 하면, 나도 SNS를 하는 재미가 적어지기 때문이다. 우선 자신이 즐거워야 SNS 활동도 지속 가능해진다.

하지만 지나치게 자신에 대해서 공개하는 것은 자제하는 것이 좋다. 1인 기업으로서 활동폭이 넓어지며, 점차 자신의 이름이 알려지고 나름대로 브랜드가 생길수록 대중에게 자신이 크게 노출되게 된다. 이러한 과정에서 주의를 기울이지 않다 보면 내 모습이 지나치게 다른 사람들에게 노출되는 경우가 생긴다. 나를 한 번도 만나보지 않는 사람들인데 나에 대해서 너무 잘 알고 있는 것이다.

내 개인적인 경험으로도 처음 만난 사람인데도 페북을 통해 나의 개인적인 성향이나 배경에 대해서 지나치게 잘 알고 있어서 적지 않게 당황했던 적이 있다. 그런 경험을 몇 번 한 뒤로는 사생활에 대해서 SNS에 쓰는 것을 조심하게 되었다. 사실 이 부분은 지금도 내가 썩 잘하고 있다고 하기는 어려운 부분이다. 더 노력이 필요하다.

나도 처음에는 페이스북, 트위터 등의 SNS를 가까운 친구들과 연락하기 위해서 시작했다. 처음에는 페친이 곧 이미 오프라인에서 알고 있는 친구들이니 더욱 솔직한 내 모습을 보여주는 것에 별로 부담이나 거부감이 없었다. 하지만 지금 소셜 네트워크에서 나와 관계를 맺는 사람은 내가 한 번도 만나보지 못한 사람이 훨씬 많다. 지금은 더욱 솔직한 내 모습을 보여주거나 생각을 가감없이 쓰는 것에 크게 부담을 느끼게 된다.

● 페북의 알고리즘을 이해하라

내가 쓴 글이 SNS 상에서 더 큰 파급효과를 지니기 위해서는 SNS가 어떤 식으로 내가 쓴 글을 다른 사람에게 노출시키며 어떤 글을 더 중요하게 여기는지에 대한 원리를 파악할 필요가 있다. 페이스북에는 너무 많은 사용자가 있고, 그 사용자들이 쉴 새 없이 새로운 글과 사진, 동영상을 쏟아내기 때문에 모든 사람의 콘텐츠를 모든 사람에게 보여줄 수는 없다. 그랬다가는 서로 내용이 뒤죽박죽되고 사용자들은 금세 질리게 될 것이다. 더 중요하고 흥미롭고 유용한 콘텐츠를 타임라인의 상위에 보여줘야만 계속해서 사용자들이 페이스북을 사용하게 될 것이기 때문이다.

1인 기업가로서 직업적으로 페북을 이용한다면 어떻게 해서든 자신의 콘텐츠가 다른 사람들에게 많이 노출되도록 해야 한다. 엄청나게 노력을 들여서 블로그에 글을 쓰고 페북에 공유했는데 정작 다른 사람들의 타임라인에 노출이 되지 않는다면 파급효과는 미미할 수 있기 때문이다.

사실 페북은 콘텐츠들의 중요도를 어떻게 매기고 타임라인의 순서를 어떻게 만드는지 그 방식을 완전히 공개하지는 않았다. 하지만 몇 가지 원리들은 밝혀져 있거나, 사용자들이 추측하고 있다. 내가 현재 페북을 효과적으로 하기 위해서 지키려고 하는 원칙들은 대략 다음과 같은 것들이다.[5]

1. **정말로 강조하고 싶은 콘텐츠를 올렸으면 이후 서너 시간 정도는 다른 글을 올리지 마라.**

내가 여러 콘텐츠를 계속 올리게 되면 페이스북은 그 여러 콘텐츠 중에 어떤 것을 다른 사람의 타임라인에 노출시킬지를 고민하게 된다. 특히 페북은 정보의 신선도를 중요하게 여기므로 아무래도 더 최근에 올린 글에 가중치를 주게 된다. 만약에 내가 공들여 쓴 블로그 글을 페북에 공유하고, 연달아서 별로 중요하지 않은 글을 몇 개 썼다고 가정해보자. 그 경우에 그 중요한 블로그 링크와 중요하지 않은 글들이 페친들의 타임라인에 뜨기 위해 서로 경쟁하게 된다. 페북이 콘텐츠 간의 신선도를 판단하는 기준은 서너 시간 정도로 알려져 있다. 즉 중요한 글을 올리고 이후 서너 시간 정도는 새로운 콘텐츠를 올리지 않는 것이 좋다.

2. 다른 사람들이 좋아하는 콘텐츠일수록 페친의 타임라인의 상위에, 자주 노출된다.

페친들이 이 콘텐츠를 좋아한다고 판단하는 것은 공유하기, 댓글달기, 좋아요 누르기, 클릭하기 등이 있다. 그리고 공유 〉 댓글 〉 좋아요 〉 클릭 등의 순서로 더 적극적인 관심을 표현하는 것이다. 내가 더 널리 알리고 싶은 콘텐츠라면 많이 공유되고 댓글도 많이 달리도록 유도하면 좋다.

3. 이를 위해서는 같은 콘텐츠라도 페친들의 이목을 끌 수 있는 썸네일(사진)이나 제목을 잘 고르는 것이 좋다.

사실 같은 내용이라고 하더라도 캐치프레이즈를 어떻게 고르느냐, 사진이 얼마나 호기심을 일으키느냐 등에 따라서 반응률은 크게 달라진다. 주로 전문적인 내용을 다루고 있는 콘텐츠라면, 일단 제목과 썸네일만이라도 쉽고 흥미를 끌 수 있는 평이한 표현들을 써야 한다. 그렇다고 낚시를 해서 안 된다. 페북에는 '좋아요' 만을 유도하는 낚시성 콘텐츠를 판단하는 알고리즘도 있다고 한다.

4. 페북이 선호하는 콘텐츠는 동영상 > 사진 > 링크 > 단순 텍스트이다.

(어떤 설명을 보면 동영상과 사진의 순위가 바뀌어 있기도 하다) 동영상과 사진은 아무래도 링크나 단순히 텍스트만 쓰는 것보다는 더 공이 많이 들어가는 것이고 사람들의 관심을 쉽게 끌 수 있는 것이므로 당연히 가중치를 더 줄 수밖에 없다. 즉 단순히 텍스트를 올리는 것은 지양해야 하고 가급적 사진이나 영상을 함께 활용하는 것이 좋다.

5. 동영상의 경우에는 사용자들이 보다 적극적으로 시청했다는 것을 파악하기 위해, 동영상을 재생하는 시간, 전체 화면으로 시청하는지, 소리를 키우는지도 측정한다.

더 오래 시청하고, 더 큰 화면으로 시청하고, 더 큰 소리로 시청할수록 해당 콘텐츠를 더 선호했다는 의미이기 때문이다. 링크라면 클릭해서 해당 링크의 콘텐츠 내로 들어갔다가, 다시 페북으로 돌아오는 시간도 측정한다.

6. 내가 올린 콘텐츠에 대한 페친들의 공유, 댓글, 좋아요 등의 반응이 즉각적일수록 더 가중치를 받을 것이다.

내가 콘텐츠를 올린 이후 며칠 지나서 좋아요를 받는 것보다 콘텐츠를 올린 직후 몇 시간 동안에 더 많은 반응을 받도록 하는 것이 좋다.

7. 일반적으로 주말이나 월화 등 주초에 올리는 콘텐츠보다 목금 등 한 주의 후반으로 갈수록 반응이 좋아진다.

주초에는 상대적으로 마음의 여유가 적기 때문에 같은 콘텐츠라도 반응이 떨어지게 된다. 실제로 내 블로그를 보더라도 주중보다 주말 방문객의 수가 훨씬 적다. 개인적인 경험으로는 주중에 요일별 반응률의 차이는 크게 나는 것 같지는 않았다. 그래도 가능하면 주초보다는 목, 금 등 주중의 후반에 콘텐츠를 올리려고 한다.

8. 공유하는 시간도 하루 중에 상대적으로 사람들이 마음의 여유가 있는 점심 직후, 퇴근 한 시간 전 정도가 좋다.

퇴근 한 시간 전에 공유하면 퇴근하는 지하철이나 버스에서도 SNS를 하면서 자연스럽게 내 콘텐츠를 볼 수 있을 것이다. 공들여 쓴 글이나 콘텐츠라면 되도록 사람들이 한창 바쁘게 일할 업무시간에는 공유하지 않는 것이 좋다.

9. 페북은 개별 콘텐츠가 아닌 내 계정이나 페이지 자체의 중요성도 판단한다.

이를 위해 내가 최근에 올린 50개 정도의 콘텐츠에 대한 반응률을 본다고 한다. 즉 과거에 내가 아무리 좋은 콘텐츠를 많이 올려서 많은 공유, 댓글, 좋아요를 받았다고 할지라도 최근에 50개 정도 뻘글(?)을 써서 반응이 없었으면 내 계정 자체의 중요도가 낮아진다는 것이다. 항상 양질의 콘텐츠만 올릴 수는 없겠지만, 그래도 사람들의 반응을 이끌어내지 못하는 글이 계정의 최근 콘텐츠의 대부분을 차지해서는 안 될 것이다.

결국 중요한 것은 본질

사실 페이스북은 콘텐츠에 점수를 매기고 가중치를 부여하는 알고리즘을 지속적으로 바꾸고 업그레이드한다. 가끔 원래 타임라인에 뜨지 않던 사람들의 글이 뜨는 것도 그 때문이다. 하지만 페북이 알고리즘을 바꾼다고 그때마다 거기에 맞추기도 어려울뿐더러, 페북은 자세한 알고리즘을 속속들이 공개하지도 않는다.

하지만 근본적인 부분을 상기해보면 이 문제는 뜻밖에 쉽다. 페북이 계속 알고리즘을 바꾸는 이유는 '정말 중요한' 콘텐츠와 '사용자들이 좋아하는' 콘텐츠를 그렇지 않은 콘텐츠보다 상위에 더 자주 노출시켜 주기 위함이다. 우리는 어떻게 하면 더 많이 공유되고 좋아요를 더 많이 받을 것인지, 무슨 요일에 글을 올릴 것인가와 같은 사소한 부분도 고민해야 하지만 사실 이것은 본질이 아니다.

가장 중요한 것은 우리가 정말로 좋은, 유용한, 다른 사람들에게 도움이 되는, 사람들이 관심 있는 콘텐츠를 지속적으로 만들어서 SNS에 공유하는 것. 오직 그것뿐일지 모른다. 각종 꼼수와 팁을 쓰더라도, 콘텐츠 자체의 매력이나 경쟁력이 떨어지면 결국은 자연스럽게 외면당할 수밖에 없다. 이러한 테크닉들은 우리 자신의 역량이 충분히 뛰어나고, 우리가 만들어내는 콘텐츠가 본질적으로 훌륭한 것일 때 비로소 빛을 발한다는 것을 잊어서는 안 되겠다. 결국 중요한 것은 본질이다.

대중 강연을 잘하는 법

　1인 기업가로서 많이 받는 질문 중의 하나는 바로 수입을 어떻게 올리느냐 하는 것이다. 일반 기업들의 사업 모델이 저마다 다르듯이, 1인 기업도 마찬가지로 수입을 발생시키는 모델에는 개인차가 있을 수밖에 없다. 4장에서 더 자세히 이야기하겠지만, 나의 경우에는 1인 기업으로서 기업 자문, 출판, 각종 기고, 엔젤 투자, 방송/팟캐스트 출연 등의 다양한 활동을 하면서, 자문료, 인세, 기고료, 출연료, 투자 이익 등을 얻는다. 하지만 역시 가장 큰 수입원은 강의료이다.

　나는 강의를 많이 한다. 한 해 기업, 병원, 대학교, 산업계, 협회, 정부기관 등을 대상으로 온오프라인으로 150회 이상의 크고 작은 강의를 한다. 수백 명이 들어오는 대중 강의도 있었고, 높은 직책의 한 분을 대상으로 한 강의도 있었다. 강의 의뢰가 적지 않게 들어오기 때문에 스케줄이 겹쳐서 부득이하게 수락하지 못하는 경우도 많다. 조건이 맞지 않아서 고사하는 경우도 많으니, 나름대로 고르고 골라서 가는 것이 그 정도이다.

강의료로 살아가기

사실 여러모로 강의료는 모든 사람에게 이상적이며 질적으로 높고 안정된 수입원이라고는 볼 수 없다. 일단 강의료는 대부분 일회성 수입이므로 다른 정기적인 수입원에 비해서 불안정하다. 인기 강사라면 끊임없이 강의 의뢰가 들어오겠지만, 대다수 강사들의 경우에는 그렇지 않을 것이다. 나도 강의 의뢰가 너무 많을 때는 '좀 적게 들어왔으면' 하는 엄청나게 배부른 소리를 하다가도, 한동안 연락이 뜸하면 금세 '이러다 영영 안 들어오는 거 아닌가.' 하고 불안해진다.

강의 주제에 따라서는 경쟁도 매우 치열하고 몸값을 높이기가 어려울 수 있다. 예를 들어 '리더십'이라는 주제의 강연이라고 해보자. 초청할 수 있는 강사는 경영학과 교수에서 정치인, 아나운서, 연예인이나 성공한 운동선수까지 너무도 많다. 이렇게 경쟁이 치열한 분야는 강연 시장에서 '간택' 받기도 어렵고, 내가 원하는 수준의 강의료를 받아내기도 쉽지 않다. 그뿐만 아니라 강의 시장은 경기의 흐름에도 민감하다. 기업의 경우에 경기가 좋지 않으면 직원들에 대한 교육

UNIST 연구 방법론 특강

에 투자하기가 부담스러워지기 때문이다. 실제로 기업에서 비용을 줄일 때 가장 먼저 줄이는 항목 중의 하나가 교육 관련 외부 강사 초청 비용이다.

그런가 하면 외부 정책에 영향을 받기도 한다. 김영란법이 시행되고 나서 강연 시장이 전반적으로 위축되었다. 나는 한 대학의 교수 직책도 맡고 있기는 하지만, 전임 교수가 아니라서 이 법의 영향을 받지는 않는다. 하지만 기업들이 다들 몸을 사리는 분위기라서 전반적인 요청이 줄어든 것이 사실이다. 강의 요청이 자주 들어오는 모 대기업의 지방 연수원은 매번 왕복 차량을 지원해주었는데 (운전기사가 태우러 와서 강의 후에는 데려다준다) 김영란 법 시행 후에 그런 혜택도 없어졌다.

1인 기업에게 강의란

그럼에도 나와 같은 많은 1인 기업에게 강의료는 빼놓을 수 없는 주요 수입원임은 부인할 수 없다. 경쟁이 심하지만 일정한 궤도에 올라서면 꽤 괜찮은 수입원이 된다. 극소수이기는 하지만 강의 시장의 소위 스타 강사들은 강의 한 번에 일반 사람이 상상하기 어려울 정도의 큰 강의료를 받는 경우도 있다.

무엇보다도 강의는 그 자체로 내가 가진 전문성을 효과적으로 어필할 수 있는 좋은 기회가 된다. 이 때문에 1인 기업이 하는 다른 여러 활동과 선순환 작용을 한다. 여러 가지 다른 기회들로 꼬리에 꼬리를 물고 이어지는 연쇄 작용의 발화점의 역할을 하는 것이다.

사실 내가 가진 모든 전문성이나 지식이나 통찰력을 한두 시간의 강의에 내 모두 녹여낼 수는 없다. 주제에 맞는 소재를 고르고 시간에 따라 축약되기 때문에 내가 가진 것보다 훨씬 적게 보여줄 수밖에 없음을 상대도 알게 된다. 따라서 이는 추가적인 자문 요청, 후속 강의 요청, 혹은 내가 알고 있는 것을 체계적으로 정리해놓은 저서의 구매나 블로그의 방문으로 이어진다.

강의만 그런 것은 아니다. 원래 강의, 자문, 저서, 언론 기고, 방송 출연 등이 모두 서로 선순환 작용을 한다. 일간지에 칼럼을 정기 연재하는 저자는 저서의 판매량이 늘고, 반대로 책이 베스트셀러가 되면 방송 출연이나 기고 요청이 많이 들어오는 식이다. 또 방송에 출연하면 저서의 판매가 늘고 강의 요청도 늘어난다. 이러한 선순환 구조를 발

지난 1인 기업 행사에서 발표하는 모습

동시키기 위해서는 어딘가에서는 발화점이 있어야 한다. 그 물꼬를 트기 위해서는 강의만큼 효과적인 것은 없다.

또한 강의는 네트워킹의 기회도 된다. 보통 강의가 끝난 이후에는 질의응답이나 명함을 교환하고, 초청해주신 분들과 식사로도 이어지므로 해당 분야의 실무자들과 직접 만날 기회가 되기 때문이다. 특히 식사자리는 강의 때 못 다 한 이야기를 하면서 강의 내용에 이어서 토론을 할 수도 있고, 특히 현업에 계신 분들의 실무적인 이야기나 외부로는 잘 드러나지는 않는 내부적인 이야기를 들을 기회가 된다. 때로는 TV에서나 볼 수 있던 만나기 어려운 분들을 만날 수 있게 되기도 한다.

명강사는 타고나는가

강의를 잘한다는 것은 1인 기업가로서 아주 큰 경쟁력과 강점이다. 사실 일반 직장에서 근무하는 경우에도 발표 능력이 좋다는 것은 큰 강점이다. 하지만 반대로 1인 기업을 꿈꾸는 사람인데도 강의에 자신이 없거나 대중 앞에 서는 것에 두려움을 느낀다면 여러모로 걸림돌이 될 것이다. 주요 수입원의 역할을 기대하기가 어려울 뿐만 아니라, 다른 여러 활동 및 수익원과의 선순환 구조를 만들기도 어렵기 때문이다.

솔직해지자. 강연 실력은 타고난다. 무대 체질이라는 것은 따로 있다. 나는 다행히도 알고 보니 무대 체질이었다. 대중 앞에 섰을 때 편안함을 느낀다. 긴장하지 않는 것은 아니지만 그 긴장감을 즐기고 긍정적으로 이용할 수 있다. 사람이 많으면 많을수록 신이 나고, 오히려 청중이 너무 적으면 좀 힘이 빠지기도 한다.

사실 자신이 무대 체질인지는 실제로 무대에 올라보기 전까지는 알 수 없는 경우가 많다. 내 경우는 대학 때 축제의 사회를 보거나, 밴드 공연을 하거나, 댄스 동호회의 공연을 하면서 비로소 내가 무대 체질이라는 것을 알았다. 대중 앞에서 뜻밖에 편안해진다는 것을 스스로 파악했기 때문이다.

하지만 대부분의 사람들은 그렇지 않다. 나처럼 무대에서 편안함을 느끼고 긴장감을 긍정적으로 활용할 수 있는 사람이 있기도 하지만, 완전히 반대인 사람들이 더 많기 때문이다. 대부분의 사람들은 사람들 앞에 서는 것이 긴장되고 두려울 것이다. 당연한 일이다. 다행인 것은 무대 체질이 아니거나 타고난 대중 연설가가 아니라도 훈련과 노력으로 어느 정도까지, 특히 1인 기업으로서 충분히 수입을 올릴 수 있을 정도까지는 실력이 향상될 수 있다고 믿는다. 강의는 하면 할수록 더 늘고 철저한 준비를 통해서 꽤 괜찮은 수준까지 도달할 수 있다. 다만 그 과정이 쉽지 않을 뿐이다.

강의를 잘하려면: 내적인 역량과 외적인 역량

사설이 길었다. 이번에는 내 경험을 바탕으로 대중을 상대로 강연을 어떻게 잘할 수 있는지에 대해서 이야기해보겠다.

나도 최고의 스타 강사는 아니고 그분들만큼 강의를 잘하지도, 많이 하지도 않는다. TV에 나온 적도 많이 없다. 하지만 들어오는 강의 요청을 모두 수락하지 못하고 나름대로 골라서 강의하고 있으며 강의료를 통해서 나 혼자 벌어 먹고살 정도는 되니 속는 셈 치고 믿어봐도 나쁘지는 않을 것이다.

강의를 잘하는 데 필요한 역량은 크게 내적인 역량과 외적인 역량으로 나눌 수 있다. 내적인 역량은 그 분야와 주제에 대해서 정말로 깊게 이해하고 있으며 풍부한 경험과 지식을 가지고 있는 것을 뜻한다. 당연히 객석에 앉아 있는 청중보다는 강사가 그 주제에 대해서 잘 알고 있어야 한다. 특히 강의 자료를 바탕으로 주어진 시간 동안 이야기하는 제한된 범위 이상으로 넓고 깊게 알아야 한다.

흔히 강의를 잘한다고 하면 유려한 말솜씨와 유머감각, 부드러운 제스처, 자연스러운 아이컨택, 청중을 휘어잡는 카리스마, 울고 웃기는 애드리브 등을 떠올릴지도 모르겠다. 말 한마디에 청중을 빵빵 터지게 하고 때로는 감동의 눈물을 흘리게도 한다. 이런 부분이 바로 외적인 역량이다. 만약 당신이 그러한 드물고도 귀한 재능을 타고났다면 정말로 축하할 일이다. 당신은 정말 행운아다. 나도 그런 재능을 가지고 태어나지는 못했다.

하지만 나는 이런 외적인 실력보다 먼저 내재적인 알맹이, 즉 본질적인 전문성과 실력을 강조하고 싶다. 아무리 외적인 스킬이 좋아도 강의 내용이 충실하고, 새로운 정보가 있고, 교훈이 있고, 얻어 갈 만한 통찰력이 있지 못하면 그 강사는 결코 오래가지 못하기 때문이다.

청중은 매우 똑똑하다. 이 사람이 말주변만 뛰어난 사람이라서 한두 시간 동안 청중을 쥐락펴락할 수 있지만, 정작 끝나고 나면 별로 남는 것이 없는 사람인지를 금방 알아본다. 아니면 소위 말발은 좀 떨어지지만 근본적인 실력은 있는 사람인지, 이 분야의 전문가이고 풍부한 경험과 지식을 가지는지 알아보는데 불과 몇 분이 걸리지 않는다.

가장 근본적이면서 중요하고도 어려운 것이, 실제로 그 주제에 대한 전문가가 되는 것이다. 외적인 역량인 강의 스킬이나 테크닉은 그 다음이다. 해당 주제에 대해서 깊은 혜안을 가지고 있으면 발표 실력이 조금 부족하더라도 청중이 강의에서 중요한 메시지나 정보를 얻어 갈 수 있게 된다. 하지만 단순한 외적 스킬만 뛰어나고 알맹이는 없다면 그 강의 시간 동안 웃고 즐기면서 보낼 수는 있겠지만, 정작 얻어 가는 것은 별로 없게 된다(만약 그 강의의 목적이 오직 엔터테인먼트 자체에 있다면 그래도 무방하긴 하다. 하지만 그런 목적의 강의는 그리 많지 않다).

이렇게 전문성을 길러야 하고 근본적인 역량을 지속적으로 발전시켜야 한다는 이야기는 앞서 많이 강조했으니 더 이상 반복하지 않아도 되리라 본다. 첫째도 전문성, 둘째도 전문성, 셋째도 전문성이다.

● 연습, 연습, 연습

그럼에도 보기 좋은 떡이 먹기도 좋고, 같은 값이면 다홍치마라고 이왕이면 발표 스킬도 뛰어나면 좋을 것이다. 사실 타고난 연설가라면 좋겠지만, 그렇지 못한 경우라면 결국에 답은 연습밖에 없다. 연습은 매우 중요하기 때문에 다시 한 번 더 강조하겠다. 답은 연습밖에 없다. 강의 실력을 늘리고 싶다면 연습, 연습 또 연습해야 한다.

나는 직업적으로 강의를 본격적으로 시작하기 전부터 발표에 대해서 상당히 자신이 있는 편이었다. 그 이유는 대학원에서 발표와 관련해 좀 지나치다 싶을 정도로 혹독하게 훈련을 받았기 때문이다. 나는 학제 간 대학원에 다녔는데 소속된 연구실도 두 개였다. 신생 학과의 1기로 입학해 여러 가지로 세팅이 덜 돼 있는 상황이었다. 그래서 두 개의 연구실과 학과 수업을 들으면서 많은 발표를 했다. 랩 미팅, 팀 미팅, 아침 미팅, 저널 클럽, 수업 발표 등등.

그때는 지나치게 발표가 많아서 큰 불만이었다. 연구하고 실험해야 하는데, 발표만 자꾸 많아지니 거기에 너무 많은 시간을 썼기 때문이다. 한 번은 교수님께 그런 어려움을 이야기하기 위해서 내가 1년에 발표를 몇 번 정도 하는지를 세어본 적이 있다. 그때도 1년에 120번 정도로 1주일에 두세 번 정도 발표를 하는 것이었다. 그중에는 소규모 팀에서 하는 발표도 있었고, 강당 규모의 큰 자리에서 하는 발표도 있었다. 한글로 하는 발표가 있는 반면에 영어로 하는 발표도 있었다.

그렇게 대학원 시절에는 발표가 너무 많은 것이 불만이었지만, 결과적으로는 지금 내가 사람들 앞에 서서 조리 있게 이야기하기 위한 밑거름이 됐던 것 같다. 대학원과 박사후연구원을 하던 시절까지 합치면, 조금 과장해서 거의 1,000번에 가깝게 발표를 한 셈이니 능숙해지지 않기가 오히려 어렵지 않을까 싶을 정도다.

특히 강의에 자신이 없고 무대 체질이 아닌 사람일수록 더 많은 연습이 필요하다. 그리고 강의를 많이 하는 것 자체가 연습이 되기도 한다. 연습 중에 가장 중요한 것은 실전 연습인데 실전 경험이 계속 쌓이면 쌓일수록 더 능숙해지고 실력이 늘 수밖에 없다.

그런데 실전 경험도 잘해야 한다. 같은 실전이라고 하더라도 부담스러운 실전이 있고 상대적으로 덜 부담스럽고 리스크도 적은 실전이 있다. 강의에 자신이 없고 경험도 적은데도 수백, 수천 명 앞에서 강의해야 하는 실전이라면 오히려 트라우마가 생길 수도 있다. 일단 덜 부담스러운 작은 실전부터 차근차근 경험해볼 기회를 만들어야 한다.

무료 강연을 할 수도 있고 (일단 돈을 받지 않으면 부담감이 크게 줄어든다) 주변의 친한 사람들을 모아놓고 이야기를 시작해볼 수도 있다. 나는 덜 부담스러운 실전들을 대학원에서 했던 셈이다. 교수님 앞에서 발표할 때는 엄청나게 부담스러웠지만, 일단 내가 돈을 받고 발표하는 전문 강사가 아니었고 발표를 못 해도 그냥 교수님께 욕만 좀 먹으면 그만이었기 때문이다. 하지만 사회에 나와서 강연료를 받고 전문 강사로 발표할 때 강의를 망치면 그다음 기회가 없을 수도 있다.

초반 3분이 중요하다

연습에서 내가 특히 강조하는 것은 처음 강의를 시작한 직후 3~5분 정도 분량의 연습이다. 큰 발표를 앞두고 있거나, 발표에 자신이 없는 사람일수록, 혹은 너무 연습할 시간이 부족하다면 첫 부분을 집중적으로 연습하는 것을 권한다. 특히 영어로 발표하는 경우에도 이 조언은 매우 유효하다.

이렇게 권하는 것에는 여러 이유가 있다. 일단 사람을 만날 때 첫인상이 중요하듯이 발표에서도 강사에 대한 첫인상이 중요하기 때문이다. 청중은 처음 보는 강사가 연단에 오르면 품평을 시작한다. 정말로 유명하고 누구나 알고 있는 인사가 아닌 다음에야, 일단은 반신반의하는 경우가 대부분이다. 이렇게 청중은 강의 초반에 강사에 대한 평가를 이미 끝마치게 되며 강의 후반으로 가도 그 평가는 쉽게 바뀌지 않는다. 초반에 좋은 인상을 주고 청중에게 믿음을 주지 못하면 나머지 발표를 매끄럽게 풀어 가기가 쉽지 않게 된다.

　강사로서도 처음에 일단 시작을 잘 풀면 나머지 이야기도 그럭저럭 큰 문제 없이 풀어갈 수 있는 경우가 많다. 강의에도 어떤 흐름과 분위기가 있어서, 좋은 흐름을 타면 큰 어려움 없이 마지막까지 이야기가 잘 풀리게 되는 것이다. 반대로 처음에 이야기가 잘 풀리지 않아서, 등에 식은땀 나고 목소리가 떨리기 시작하면 뒤의 이야기도 다 꼬여버리는 경우도 있다.

　특히 큰 강의장에서 수많은 사람을 앞에 놓고 강의하는 경우라면 이것이 더욱 중요하다. 처음에 연단에 올라서 사람들의 이목이 쏠리면 머리가 백지가 돼버릴 수도 있다. 이런 긴장되는 순간에도 철저하게 준비해온 대로 처음 3분 정도만 잘 풀어내면, 나도 긴장이 좀 풀리고 편안해지면서 관객의 신뢰도 얻게 돼 나머지 이야기도 잘 풀어낼 수 있을 것이다.

　강의를 시작할 때 항상 하는, 자신만의 루틴을 만드는 것도 좋다. 운동선수들도 긴장되고 중압감이 있는 상황에서 평소 자기가 연습했던 실력을 발휘하기 위해서 이러한 루틴을 활용한다. 테니스 선수들은 평소 연습할 때, 이기고 있을 때, 지고 있을 때, 매치포인트에서 서브를 넣을 때도 땅에 공을 몇 번 튀기고 라켓을 앞뒤로 몇 번 흔드는 루틴을 항상 똑같이 활용한다. 야구에서 타석에 선 타자도 투구를 기다리며 배트를 어떤 방향으로 몇 번 움직이고 장갑을 어떻게 고쳐 끼고 소매를 몇 번 당기는 것이 항상 동일하다. 이런 것이 루틴이다.

　강의에서도 자신만의 루틴을 만들 수 있다. 나의 경우 사회자의 소

포항공대에서 열린 고등학생 대상 강연

개를 받은 후 발표를 시작하면서 처음 몇 마디는 거의 동일하다. 강의 슬라이드도 나를 소개하기 위한 처음 몇 장과 거기에 나오는 멘트는 거의 똑같다. 그 이후의 내용은 강의 주제에 따라 바뀌지만, 처음에 익숙한 슬라이드를 넘기면서 긴장감을 풀고 서서히 강의에 몰입하게 된다. 또한 나는 항상 내가 손에 익은 전용 포인터를 가지고 다닌다. 강의장에서 포인터를 따로 준비해주는 경우가 있지만, 나는 내 것을 사용한다. 낯선 환경이지만 항상 사용하던 손에 익은 포인터를 쥐면 보다 마음이 편해진다.

당신의 청중을 알라

일반적으로 기업이 사업하고 서비스나 제품을 기획할 때는 고객이 누구인지, 고객이 필요로 하는 것이 무엇인지를 파악하는 것이 중요하다. 그래야 그들이 필요로 하는 것을 제공하고 가려운 곳을 적절하게 긁어줄 수 있기 때문이다. 고객이 누구이고 무엇을 원하는지를 고려하지 않고 내가 만들고 싶은 것, 내가 팔고 싶은 것을 무작정 만들어서는 성공하기가 어려워진다.

강의도 마찬가지다. 중요한 것은 오늘 내가 이야기할 대상이 어떤 사람들이며, 이 주제에 대해 얼마만큼 배경지식과 경험을 가졌는지, 무엇을 얻어가고 싶어 하는지를 파악해야 한다. 같은 주제라고 하더라도 내가 기업에서 이야기하는지, 대학병원에서 이야기하는지, 대학교에서 이야기하는지에 따라서 내용의 범위와 수준이 달라져야 한다.

더 나아가서 기업 강의라고 하더라도 사장, 임원, 일반 직원, 신입 사원인지에 따라서도 내용이 달라져야 한다. 그들이 얼마나 전문지식을 가졌는지, 이 분야에 전문성을 가졌는지도 파악해야 한다. 예를 들어 의과대학 교수님들에게 강의할 때와 의대생 혹은 일반 대기업 직원들에게 강의할 때도 사용하는 용어나 들어야 할 사례들도 달라져야 할 것이다.

또한 청중들이 내 강의에서 무엇을 얻어가고 싶은지도 고려해야 한다. 이 분야에 대한 전반적인 소개와 개념 정립인가, 혹은 이미 개념은 정립된 상태에서 최신 동향과 새로운 소식을 얻고 싶은가, 아니면 실질적으로 사업화할 수 있는 아이템을 발굴하거나 투자처를 찾고 있는 것인가. 강의를 들으러 온 사람들의 니즈에 따라서도 강의 콘텐츠를 아예 바꾸거나, 같은 자료라도 이야기하는 방향이 세부적으로는 달라져야 한다.

나는 강의 의뢰가 들어오면, 담당자에게 강의를 들으러 들어오시는 분이 어떤 분들이며, 어느 정도의 배경 지식과 관심이 있는지 그리고 이 강의의 목적은 무엇인지에 대해서 먼저 물어본다. 이를 파악하게 되면 강의에 대한 그림을 머릿속에 그리기가 쉬워진다.

하지만 현실적으로 대부분의 강의에는 여러 수준의 사람들이 섞여 있거나(교수와 학생이 같이 있는 경우, 신입사원부터 임원까지 모두 있는 경우), 관심도에도 큰 차이가 있거나(엄청 열심히 듣는 분도 있고, 대놓고 주무시는 분도 있다), 얻어가고 싶은 것이 서로 다른 경우(사업화에 관심 있는 분과 연구하시는 분)가 많다. 이런 경우에는 사실 누구의 눈높이에 맞출지가 좀 어려워진다.

그럴 때는 중요한 부분을 언급할 때 "이 부분은 새로운 사업을 준비하시는 분들이 꼭 명심하셔야 할 부분입니다." "이 부분은 의사결정권을 가지신 분이 특히 주의 깊게 들으시면 좋겠습니다."라는 식으로 의식적으로 짚어주는 것이 좋다.

강의장에 미리 도착하라

"청중에 대해서 잘 알아야 한다"는 조언에 이어서 권하고 싶은 것은 강의장에 미리 도착하라는 것이다. 강의장에 여유롭게 도착해야 한다는 것은 여러 이유가 있다.

무엇보다 가는 길에 무슨 일이 생길지 모르므로 만에 하나 지각하지 않기 위해서라도 충분한 여유를 두는 것이 좋다. 강의장에 갈 때처럼 머피의 법칙이 잘 통하는 날이 없다. 평소에는 차가 막히지 않던 길도 강의하러 가는 날에는 꼭 차가 막히고, 평소에는 시간 맞춰 오던 버스와 지하철도 한참 동안 오지 않는 경우도 많다. 여러 번 운전해서 갔던 길인데 엉뚱한 길로 빠져서 돌아가기도 한다. (모두 내 경험에서 나온 말이다……) 그러니 충분한 여유를 두고 출발해야 한다.

강의장 시스템도 미리 점검해야 한다. 특히 나처럼 자신의 노트북을 직접 연결해서 쓰는 것을 선호하는 사람의 경우에는 시스템과 잘 호환되는지도 미리 도착해서 점검해봐야 한다. 어떤 경우에는 미리 도착해도 시스템 호환이 안 되어서 강의 직전까지 식은땀을 흘리며 슬라이드를 띄우기 위해서 고생할 때도 있다. 이유는 알 수 없으나, 경험적으로, 중요한 강의일수록 시스템에 문제가 생길 확률이 높아지는 것 같다.

그뿐만 아니라 강의장에 미리 도착하면 일찍 온 청중들과 미리 이야기해볼 수 있는 큰 장점이 있다. 어떤 사람들이 강의에 들어오는지를 강의 담당자에게 물어봤다고 하더라도, 미리 도착해서 직접 이야

기를 나눠보면 더 상세한 내용을 파악할 수 있다. 강의장에 일찍 왔다면 아무래도 내 강의와 해당 주제에 관심이 많은 사람일 것이다. 이런 분들에게 내 강의에 대해서 어떻게 알게 됐고 무엇을 얻어갈 것을 원하며 이 주제에 어느 정도의 배경 지식이 있는지를 여쭤보자.

이런 몇몇 분들과 안면을 트고 이야기를 미리 해본 상태에서 강의를 시작하게 되면 강의가 훨씬 수월해진다. 대중 연설 공포증이 있는 사람들에게도 이런 방법은 권할 만하다. 대중 강의에서 긴장감을 이기기 위해서 활용할 수 있는 팁 중의 하나는 내가 잘 아는 사람 몇 명에게 설명한다는 느낌으로 하는 것이다. 내 친구가 관중 속에 있다면 그 친구한테 이야기한다는 느낌으로 하면 된다. 그러면 관객은 100명이든 1,000명이든 크게 상관없어진다.

청중 중에 아는 사람이 한 명도 없는 경우라도 이렇게 강연장에 미리 도착해서 몇 명과 안면을 익혀 놓으면 최소한 그 사람들을 내 편이라고 생각하고 더 편안한 마음으로 이야기할 수 있다. 이는 나도 자주 사용하는 방법이다.

콘텐츠는 계속 발전해야 한다

일회적인 강연이 아니라 직업적으로 지속적인 강연을 하면서 수익을 올리고 싶은 사람이라면, 반드시 강의 내용은 새로운 뉴스, 시대의 흐름, 최신 연구 결과 등을 반영하면서 지속적으로 발전해야 한다.

내가 강사로 인기가 높아져서 여러 곳에서 강의를 많이 하게 되면 내 강의를 두세 번 듣는 사람도 생겨난다. 예를 들어 삼성 그룹에서는 신입사원 연수나 임원 승격 과정에서 내 강의를 들었던 사람이, 삼성전자와 같은 그룹사 대상의 강의에서 또 만나게 되기도 한다. 혹은 병원에서 내 강의를 들었던 의사가, 관련 학회에서 내 이야기를 또 듣는 경우가 있다.

그럴 때 내 강의 내용에 아무런 변화가 없고 똑같은 슬라이드를 사용한다면 나는 시간이 흘러도 노력하지 않고 발전이 없는 전문가라는 것을 스스로 증명하는 꼴이 된다. 반면에 "박사님 강연을 작년에 들었는데 그동안 새로운 뉴스와 연구들이 많이 있었군요." 하는 이야기를 들을 수 있다면 나는 계속 발전하는 전문가이며 내 강의도 여러 번 들을 가치가 있다는 것이 된다. 지속적인 1인 기업가와 전문가가 되는 것을 지향한다면 반드시 후자가 될 수 있도록 노력해야 한다.

지인에게 이런 이야기를 들은 적이 있다. 이름만 들으면 알 만한 유명한 교수님을 회사에서 초청해서 강의를 들었는데 그분이 대본이나 슬라이드도 없이 말씀을 너무도 청산유수로 잘 하시더라는 것이다. 강의가 어찌나 재미있는지, 적재적소의 유머와 애드립에 사람들이 너나 할 것 없이 뒤집어지고 시간이 어떻게 가는지도 모르게 강연이 끝났다고 했다.

그런데 그 지인이 우연한 기회에 그 교수님의 강연을 다른 자리에서 들을 기회가 있었다. 이번에는 얼마나 강의가 재미있을지 기대를 했는데 듣고 보니 내용이 거의 토씨 하나 다르지 않을 정도로 똑같고 유머도 똑같은 타이밍에 똑같은 애드립을 치더라는 것이다. 이야기를 처음 듣는 사람은 또 빵빵 터졌겠지만, 두 번째 듣는 자기로서는 씁쓸한 마음이 들었단다.

강의 사이에 기간이 너무 짧으면 새로운 뉴스도 없고 새로운 연구 결과도 없으니 이렇게 될 수밖에 없긴 하다. 하지만 몇 개월이 지나고, 몇 년이 지났는데도 여전히 똑같은 레퍼토리만 반복한다면 전문가로서, 프로페셔널한 강사로서 자격이 없는 것이다. 이런 사람은 한 번은 불러도 두 번, 세 번은 안 부른다.

한때 매우 유명했던 강사를 저마다 머릿속에 한두 명씩은 떠올려볼 수 있을 것이다. 이 사람 중에 대다수는 어느새 대중의 뇌리에서 지워지고 우리도 모르는 사이에 잊힌 사람이 되고 만다. 발전이 없고 여러 번 이야기를 들을 가치가 없는 강사는 시간이 흐르면 시장에서 외면

당하게 마련이다.

콘텐츠를 계속 업데이트하기 위해서 유용한 팁은 매번 강의할 때 새로운 슬라이드를 단 한 장이라도 추가하는 것이다. 최신 뉴스이든, 연구 결과이든, 자신의 경험이든 말이다. 슬라이드가 하나씩이라도 꾸준하게 쌓이게 되면 몇 개월 뒤에 내 강연 슬라이드는 예전과는 많은 부분이 달라진다. 하루 날을 잡아서 아예 새로운 강의 주제와 콘텐츠를 개발하는 것도 필요하겠지만, 평소에도 한 발자국씩 앞으로 나아가려는 노력을 지속적으로 하다 보면 어느새 또 멀리까지 갈 수 있을 것이다.

● 솔직한 피드백을 받아라

정말로 프로페셔널한 강사가 되려면 가장 필요한 것 중의 하나가 청중들의 가감 없는 피드백을 받는 것이다. 내가 스스로 나의 발표 스타일이나 콘텐츠 등에 반성하고 개선시키려는 노력도 중요하지만 청중에게서 솔직한 피드백을 얻을 수 있다면 크게 도움이 된다.

피드백을 얻을 방법은 다양하다. 청중에게 내 이메일을 알려주면서 피드백을 부탁해도 된다. 아니면 주최 측에 문의해서 혹시 피드백을 구할 수 있는지 요청해도 될 것이다. 기업 강연의 경우라면, 대부분 강의 이후에 직원들에게 강의가 어땠는지 내부적으로는 의견을 수렴하게 된다. 이 피드백을 일부라도 공유해줄 수 있는지 물어보면 된다.

많은 경우에 담당자들은 흔쾌히 이런 피드백을 공유해주신다.

이런 솔직한 피드백을 받게 되면 긍정적인 것도 있고 부정적인 것도 있다. 부정적인 피드백에 상처를 받을 수도 있다. 나도 그랬다. 사실 모든 청중을 100% 만족시키는 강의란 있을 수 없기 때문이다. 재미있게도 때로는 같은 강의에서 정반대의 피드백을 받기도 한다. 예를 들면 정보가 많아서 좋았다는 사람도 있고 정보가 너무 많아서 모두 소화하기 어려워 좋지 않았다는 사람도 있다. 그림 위주의 슬라이드가 좋았다는 사람도 있고 구체적인 정보를 받아적기 어려워서 아쉬웠다는 사람도 있다. 강의가 너무 어려웠다는 사람도 있고 너무 쉬웠다는 사람도 있다.

그러한 피드백이 정당하다고 생각하면 나의 단점을 더 개선하려고 노력하면 되고, 너무 터무니없거나 악플 수준이라면 그냥 무시해도 된다. 하지만 중요한 것은 피드백을 받아보는 것 자체는 꼭 필요하다는 것이다.

또한 내가 강의하는 것을 찍은 영상을 녹화해서 복기해보는 것도 매우 도움이 된다. 이것을 해본 사람은 알겠지만, 본인의 발표를 스스로 돌려보는 것은 엄청나게 고통스럽고 손발이 오그라들 정도로 부끄러운 일이다. 내가 머릿속에 그리고 있는 멋지고 프로페셔널한 나의 모습은 온데간데없고 다른 사람들과 하등 다를 것이 없는, 발표에 서투른 내 모습이 보일 것이기 때문이다.

하지만 이런 모습에서도 자신의 장단점을 파악하고 단점을 개선시킬 수 있어야 정말 프로가 될 수 있다. 말은 쉽지만, 사실 나도 이건 너무 쑥스러워서 잘하지는 못하고 있다. 나도 더 많이 노력해야 한다.

이런 과정을 통해서 나는 강사로서 나의 단점에 대해서 많은 부분을 파악하고 있다. 사실 단점을 아는 것과 그것을 고친다는 것은 완전히 별개의 이야기다. 쉽게 고칠 수 없기 때문에 그것이 단점이기도 하다. 나의 단점 중의 하나는 말이 빠르다는 것이다. 이 지적은 꽤 여러 번 받았다(어떤 분은 이런 특징을 '열정적으로 강의한다'고 긍정적으로 평가하기도 하는 것 같지만).

이런 특징 혹은 단점은 주어진 시간 내에 최대한 많은 내용을 전달하려다 보니 말이 빨라지게 된다. 주최 측으로부터 주제는 광범위한 것을 받았는데, 주어진 시간이 너무 짧다면 말이 빨라질 수밖에 없다. 이런 경우에는 처음 시작할 때 "오늘 제가 말씀드리고 싶은 것에 비해, 주어진 시간이 좀 짧아서 랩을 좀 하겠습니다."라고 농담 삼아 이야기하기도 한다. 사실 나도 강의 시간이 충분하면 말을 천천히 한다. 하지만 시간은 짧고 최대한 많은 내용을 전해 드리고 싶다 보니 말이 빨라지는 것이다. 결국 내용을 줄이느냐, 혹은 말을 빨리하느냐의 문제이다. 나는 여전히 대부분의 경우 후자를 택하고 있다.

✱ 슬라이드를 어떻게 만들 것인가

마지막으로 슬라이드를 어떻게 만들 것인지에 대해서 몇 가지 제언을 하려고 한다. 슬라이드를 어떻게 만들 것인지도 본인의 스타일을 찾을 수밖에 없다. 어떤 사람들은 글자가 빼곡한 장표를 만들고, 어떤 사람을 이미지 위주의 장표로 발표한다. 어떤 사람은 동영상을 활용하고, 어떤 사람은 흑백으로 여백의 미를 많이 살린 장표를 만든다. 어떤 사람은 MS 파워포인트를 선호하는 반면에 어떤 사람은 애플 키노트만 쓰고 또 프레지를 활용하기도 한다.

정답은 없다. 시행착오를 겪으면서 자신에게 맞는 슬라이드 스타일을 찾아가야 한다. 흔히 최고의 프레젠테이션으로 스티브 잡스의 키노트를 꼽는다. 나도 스티브 잡스의 스탠퍼드 졸업 연설이나, 애플의 신제품 발표하는 영상을 수없이 돌려봤다. 사실 스탠퍼드대에서 잠시 연구하던 2008년, 맥북 에어를 발표할 당시 잡스의 키노트를 현장에서 보기 위해서 샌프란시스코의 행사장에서 새벽부터 줄 서서 기다린 적도 있다(결국 본 행사장에는 못 들어가고, 행사장 옆의 다른 방에서 스크린으로 보았다).

모든 사람이 스티브 잡스가 될 수 없다. 잡스는 주로 이미지 위주의 슬라이드로 (파워포인트가 아닌) 맥북 키노트를 활용했으며 슬라이드에 글자가 거의 없었다. 잡스도 한 번의 발표를 위해서 동선과 타이밍 등을 철저하게 연습, 또 연습했다고 한다.

누구나 잡스처럼 할 수 있는 것은 아니다. 누구나 잡스의 카리스마, 통찰력을 가지고 있는 것도 아니다. 하지만 만약 당신이 잡스처럼 할 수 있다면 그렇게 하라. 그런 능력이 있는데도 굳이 또 그렇게 하지 않을 필요도 없다. 자신의 스타일대로 하면 된다.

일반적으로 청중의 집중도는 슬라이드에 글자가 많을수록 떨어지

누구나 잡스가 될 수는 없다. 하지만 잡스처럼 할 수 있다면 그렇게 하라.

고 그림이나 동영상이 많아질수록 높아진다. 동영상 〉사진 〉글자순으로 집중도가 높아지는 것이다. 글자가 적고 이미지가 많을수록 슬라이드는 멋있어 보이지만, 발표자는 더 많이 연습해야 하고 대본이나 슬라이드에 글자 없이 머릿속에 들어 있는 것들을 자연스럽게 꺼낼 수 있어야 한다.

동영상을 틀면 관객의 집중을 확 끌어낼 수 있지만, 또 너무 남발하면 금방 식상해진다. 영상에 대사가 포함돼 있을 경우, 그동안 연사는 멀뚱멀뚱 있어야 하므로 그것도 좀 어색하다. 영상만 보여주는 강의라면 굳이 강사가 있을 필요가 없다. 과유불급이다.

특히 한 가지 강조하고 싶은 것은 슬라이드에 글자가 너무 많은 것은 피해야 한다는 것이다. 일단 글자가 너무 많은 것보다는 너무 적은 것이 낫다. 보통 세 문장 이상 넘어가면 청중은 그 글자를 읽지 않고서 강사가 알기 쉽게 설명해주기를 기대한다. 강사의 말을 들으면서 동시에 언제 다음 장으로 넘어갈지도 모르는 슬라이드에 적힌 긴 문장을 일일이 읽기기 어렵기 때문이다. 즉 너무 많은 글자는 글자를 하나도 적지 않는 것과 같다. 개인적으로는 차라리 글자가 많을 바에는 (어차피 청중은 읽지 않을 테니), 내가 이야기하고자 하는 내용을 잘 나타낼 수 있는 이미지 한 장을 넣는 것을 선호하는 편이다.

슬라이드에 글자가 빼곡한 것은 좋지 않은 발표이지만 더 나아가 슬라이드에 적힌 글을 그대로 읽는 것은 더욱 나쁜 발표이다. 생각해보라. 그 강의에는 들어갈 필요가 없다. 나중에 슬라이드만 따로 구해서 내가 혼자서 읽어보면 되기 때문이다. 강사는 강의장에서 단순히 슬라이드에 담겨 있는 내용 이상을 설명할 수 있어야 한다. 다만 컨설팅 결과 보고 등의 목적으로 대면 보고 이후에 그 자료를 통해서 실무자들이 세세하게 검토해야 하는 경우라면 강사의 설명 없이도 내용을 이해할 수 있어야 한다. 하지만 그런 경우가 아니라면 글자가 빼곡한 슬라이드는 그리 권할 것이 못 된다.

쑥스럽지만, 내가 만든 슬라이드 중 몇 가지는 슬라이드 공유 사이트인 '슬라이드 쉐어SlideShare.net'에 업로드 되어있다. 나도 시행착오를 거치면서 나에게 잘 맞는 스타일의 슬라이드 형식을 열심히 찾았고 그 결과로 지금의 스타일이 생겨나게 되었다. 그 스타일은 계속 진화 중이기도 하다. 모두에게 답이 될 수는 없겠지만, 슬라이드 쉐어에서 Yoon Sup Choi를 검색하면 나오는 슬라이드를 참고해도 좋다. 또한 나의 블로그 '세미나' 섹션에도 발표 자료가 몇 가지 공유되어 있다.

좋은 강사가 되는 법

대중 강연을 잘하는 법이라는 거창한 제목으로 강의의 여러 가지 측면에 대해서 설명해보았다. 강연의 중요성부터 강의를 준비하고 연습하는 상세 방법, 슬라이드를 만드는 법, 강의 이후에 피드백을 받는 것까지 폭넓게 다뤄보았다. 사실 좋은 강사가 되는 방법에 왕도란 없다. 전문 프레젠터들을 봐도 그렇고, 우리가 알고 있는 스타 강사를 떠올려보더라도 저마다 다른 스타일과 다른 성격을 갖고 있다.

우리가 1인 기업가로서 지향해야 할 것은 분명한 전문성을 바탕으로 끊임없는 노력을 통해서 효과적으로 그 전문성을 전달하며 지속적으로 발전하는 강사가 돼야 한다는 것이다. 앞서 강조했듯이 1인 기업가로서 우리가 하는 다양한 자문, 저술, 기고, 매체 출연 등 활동의 선순환 구조를 만드는 촉매제로서 강의는 특히 중요하다. 내가 경험을 통해서 터득한 몇 가지 요령들이 1인 기업가를 포함한 다른 분들의 강의 준비에도 도움이 될 수 있으면 좋겠다.

"
나는 온전히 나로서 살고 싶었다.
나는 내 인생의 주인공이고 싶었다.
"

4장

계속 가야 할 길

지속 가능한 1인 기업 만들기

독립한 이후 일과 삶이 어느 정도 궤도에 올라선 이후부터 나에게 가장 중요한 숙제는 바로 지속 가능한 1인 기업을 만드는 것이다. 일반 기업의 경우에도 창업보다는 수성이 더 어렵다. 실제로 1955년 포천 500 기업의 경우, 50여 년이 지난 2004년까지 살아남은 기업은 32%밖에 되지 않는다. 세계적으로 큰 기업들도 그러할진대 하물며 혼자 운영하는 작은 1인 기업은 말할 것도 없을 것이다.

나는 1인 기업도 엄연히 하나의 기업인만큼 일반적인 기업의 잣대로 판단해야 한다고 생각한다. 즉 규모의 차이는 있을지언정 수행해야 하는 기능들은 크게 다르지 않다는 것이다. 대기업이 영업, 마케팅, 재무, 인사 등의 여러 부서를 통해 다양한 업무를 처리하는 것처럼 1인 기업도 제대로 사업을 영위하기 위해서는 이런 업무를 모두 수행하는 것이 필요하다. 비록 대부분의 경우, 나 혼자 이 모든 것을 해야 하지만 말이다.

지속 가능한 기업을 만들기 위해서 매우 중요함에도 단기적인 시각으로는 간과하기 쉬운 것이 바로 연구개발 혹은 수익을 재투자하는 부분이다. 일반 기업은 벌어들인 수익의 일부분을 연구개발에 투자해 당장은 돈이 되지 않더라도 미래를 위한 새로운 역량과 기술을 개발하기 위해 사용한다. 이처럼 1인 기업도 당연히 장기적인 안목으로 시간과 자원을 재투자해 역량을 지속적으로 향상시키고 새로운 수익 모델을 찾는 등의 노력을 해야 한다. 하지만 이것은 결코 말처럼 쉽지만은 않다.

성공적인 1인 기업의 함정

1인 기업이 어느 정도 궤도에 오르고 성공적으로 운영될수록 우리는 점점 더 걷잡을 수 없이 바빠진다. 이름이 알려지고 활동이 많아질수록 나를 찾는 곳이 더 많아지면서 몸이 열 개라도 부족하게 되는 것이다. 모르는 번호로 걸려오는 전화가 늘어나며, 한 번도 만나보지 않은 사람들에게서 메일이 쏟아지면서 도저히 처리하기 어려울 정도로 많은 일이 밀려 들어오게 된다.

다른 사람들처럼 팀을 이뤄서 일하거나 내가 속한 조직이 있다면 이런 상황에서 업무를 분담하고 동료에게 일을 위임할 수도 있을 것이다. 하지만 1인 기업의 경우 모든 업무를 하나부터 열까지 스스로 해결하는 수밖에 없다. 비유적으로 소속사, 매니저, 코디 없이 홀로 움직이는 연예인을 떠올려보면 쉽게 이해 가능할 것이다. 스케줄 관리를 혼자 하며, 공연 섭외 전화도 스스로 받고, 섭외에 출연료 네고도 직접 하고, 화장과 코디를 자기가 하며, 공연장까지 직접 운전해서 몰고 간다. 작사 작곡도 혼자 하며, 새로운 앨범 준비도 혼자 하고, 공연 연습도 혼자 한다. 이러한 일이 실제 1인 기업의 모습과 매우 유사하다.

이렇게 활동하는 중에 빠지기 쉬운 함정은 역시 과도하게 욕심을 부리는 것이다. 혼자 모든 것을 소화하기 때문에 내 활동에 대한 모든 수익은 내가 독차지할 수 있다. 지출하는 고정 비용이나 유지비도 별로 없다. 연예인으로 치자면 소속사와 수입을 나눌 필요도 없고 매니저, 코디에 월급을 줄 필요도 없다. 내가 발로 뛰는 만큼에 비례해서 더 큰 수입으로 연결된다면, 누구든 욕심을 부리지 않을 수가 없을 것이다.

더욱이 불확실한 미래에 대한 불안감은 이런 상황을 더욱 악화시킨다. 내가 1년 뒤, 5년 뒤, 10년 뒤에 어떻게 될지 모른다. 나를 지켜주는 최소한의 안전판도 없다. 그렇다면 나를 찾아주는 사람이 있을 때, 되도록 많은 요청에 응하며 한 푼이라도 더 벌어야 하지 않을까. 한 사람이라도 더 만나고, 글을 하나라도 더 쓰고, 강연 하나라도 더 해야 하지 않을까.

그래. 물이 들어왔을 때 노를 저어야 한다고 했던가. 오늘 이미 강의가 세 개 있지만, 밤늦게 강의를 하나만 더 하면. 잠이 부족하겠지만 자는 시간을 조금 줄이지 뭐. 이번 주말까지 기고문을 하나만 더 쓰면. 내일 점심에 한 사람이라도 더 만나면. 이미 약속이 있지만 까짓 거 점심 두 번 먹지 뭐.

이렇게 조금이라도 더 일할수록 그 자체가 수입으로 이어진다면 머릿속으로는 이미 무리이며 한계에 도달했다는 것을 알면서도 내 몸은 브레이크가 잘 듣지 않는다. 한 푼이라도 더 벌수록 미래의 불확실성을 줄일 수 있을 것 같기 때문이다. 하지만 역시나 과유불급이다.

● 나의 실수담

한 푼이라도 더 벌면 정말로 미래의 불확실성이 줄어들지도 모른다. 하지만 문제는 이런 욕심이 지나치게 될 경우이다. 미래에 대한 불안감 때문에 혹은 통장에 쌓여가는 돈 때문에 외부에서 오는 요청들을 무분별하게 받아들이다 보면 결국은 자신을 계속 소모하기만 하는 결과를 낳게 된다.

이러한 삶은 결코 지속 가능하지 않을 뿐더러, 몸과 마음도 피폐하게 만든다. 특히 강의나 자문을 주로 하는 1인 기업의 경우 활동 자체가 눈에 보이는 수입으로 즉시 나타나기 때문에 이런 실수를 하기가 더욱 쉽다. 그렇다. 모두 나의 경험에서 나오는 이야기다.

내가 처음 독립했을 무렵에는 주위에서 들어오는 강연 요청, 기고,

자문 요청을 가리지 않고 거의 모두 받아들였다. 이런 요청들이 한 번 거절하고 나면 다시는 오지 않을 중요한 기회처럼 보였기 때문이다. 불확실한 미래에 대비하기 위해서는 찾아주는 사람이 있을 때 최대한 활동해야 한다고 생각했다.

그러다 보니 어떨 때는 끼니도 거르고 하루에 서너 번 강의하면서 완전히 탈진 상태가 되기도 하고, 당연히 주말도 없이 일했다. 여름휴가를 가서도 호텔방에서 밤늦게까지 발표 자료를 만들고 비행기에서 내내 기고문을 작성하기도 했다. 생각해보면 내가 그렇게 살기 위해 독립한 것이 아니었는데도 말이다. 아무리 내가 워커홀릭이라지만 이건 좀 아니었다.

한동안 그렇게 살다 보니 자연스럽게 떠오르는 우화가 있었다. 어느 부자가 한 가난한 사람에게 오늘 해가 지기 전까지 걸어간 만큼의 땅을 모두 주겠다고 제안했다. 열심히 걸으면 걷는 만큼 땅을 가질 수 있으므로 그 사람은 해가 질 때까지 미친 듯이 걸어갔다. 밥 먹고 물 마실 시간도 아끼며 아주 먼 거리를 갔지만, 해가 지자 그 사람은 그만 지쳐 쓰러져 죽고 말았다. 결국 그가 가질 수 있었던 땅은 그가 죽어서 누운 무덤의 땅 한 평이었다.

그 시절의 나는 그 어리석은 사람과 별로 다를 게 없었다. 욕심과 불안함 때문에 몸과 마음의 여유를 잃고 너무 급하게 무리하며 달리고 있었다. 그나마 너무 늦기 전에 스스로의 어리석음을 깨달은 것이 다행이었다.

지속 가능한 모델이 필요하다

더 큰 문제는 이러한 삶의 모델이 지속 가능하지 못하다는 것이다. 내가 가진 자원을 대부분을 단기적인 수익 창출에만 집중시킨다면, 1인 기업의 장기적인 발전은 도모할 수가 없게 된다. 멀리 보고 현재의 수익을 재투자해 새로운 사업을 개발하거나 연구개발 활동을 하지 않기 때문이다.

만약 어떤 대기업이 현재 사업이 잘되는 것에만 정신이 팔린 나머지 미래 신사업 개발에 소홀하고, 연구원들을 모두 해고하고 연구개발 부서도 없애버렸다고 한 번 상상해보자. 이런 기업에 과연 미래가 있을까. 만약 시간이 흘러 현재 사업의 수명이 다하거나, 고객의 마음이 바뀌거나, 경쟁자가 나타나거나, 시장 상황이 변화한다면 생존의 갈림길에 서게 될 것이다. 즉 미래를 준비하지 않는 기업은 결코 지속 가능하다고 할 수 없다.

사실 부자가 망해도 삼 년은 간다고, 규모가 크고 여러 가지 사업을 영위하는 일반 기업의 경우라면 어떻게든 살아남을지도 모른다. 하지만 1인 기업의 경우에는 문제가 다르다. 충격을 완화할 장치가 우리에겐 별로 없다. 시장에서 외면당하기 시작하면 다시 회복하기가 쉽지 않다. 한때 잘 나가던 스타 강사들을 생각해보자. TV에도 나오면서 인기를 얻다가 어느 순간부터 보이지 않는 사람들이 있다. 그 사람들이 어떤 과정을 거쳐서 왜 사라졌는지를 곰곰이 생각해볼 필요가 있다.

특히 나처럼 빠르게 변화하고 발전하는 분야에서 전문성을 바탕으로 활동하는 사람의 경우 잠시 정신을 놓으면 최신 트렌드를 금방 따라가지 못하게 된다. 요즘 같이 정신없이 빠르게 변화하는 시대라면 조금 방심한 사이 전문가가 '그저 조금 상식 있는' 일반인이 돼버리는 일이 비일비재하다. 그리고 시장은 전문성을 잃어버린 전문가를 너무도 빠르게 알아차린다. 내가 가장 무서워하고 경계하는 시나리오가 이렇게 단기적인 이익만을 쫓다가 나도 모르게 전문성을 잃어버리는 것이다.

우리가 1~2년 사업을 하고 말 것이 아니라면 반드시 지속 가능한 기업을 만들 수 있어야 한다. 우리는 최소한 앞으로 수십 년은 더 살아야 하니 우리의 1인 기업도 그렇게 생존할 수 있도록 장기적인 안목을 갖고 미리 준비해야 할 것이다.

◆ 시간을 나에게 재투자하기

지속 가능한 1인 기업을 만들기 위해서 무엇보다 중요한 것은 내가 나 스스로에게 자원을 재투자하는 것이다. 나 스스로 더 발전하고, 새로운 역량을 개발할 기회를 의식적으로 만들어야 한다는 것이다.

바쁘게 움직이는 1인 기업으로서 내가 나 스스로에게 재투자할 수 있는 가장 귀중한 자원은 아마도 '시간'일 것이다. 시간만큼 1인 기업에게 중요한 것은 없다. 전문가에게 시간은 가장 희소한 자원이며, 그 자체로 금전적 가치를 가진다. 외국의 변호사들이나 정신과 의사들은 시간당 비용을 고객에게 청구한다. 내 전문성을 발휘해서 고객을 도와주는 시간의 가치를 계산하는 것이다.

미리 계획하거나 의도적으로 노력하지 않는다면 그렇게 소중한 시간을 나 스스로에게 배분한다는 것이 절대 쉽지 않다. 고객에게 시간을 할애했을 때 바로 금전적으로 보상이 돌아오지만, 나에게 시간을 할애한다고 하더라도 단기적으로는 보상받지 못하기 때문이다. 하지만 나 스스로에게 시간을 할애함으로써 장기적인 발전을 도모하는 것은 고객에게 시간을 할애하는 것만큼이나 중요하다.

자신에게 시간을 투자하기 위한 출발점은 자신의 시간이 가지는 가치를 정확하게 파악하는 것이다. 즉 나의 한 시간을 돈으로 환산하면 얼마인지를 계산하는 것이 필요하다. 당신은 당신의 한 시간이 몇만 원인지 대략적으로라도 알고 있는가? 아래에 다시 강조하겠지만, 이 가치를 알아야 고객에게 시간을 쓸지, 아니면 자신에게 시간을 쓸 것인지에 대한 판단을 할 수 있다.

사실 내 시간의 가치는 내가 정하는 것이 아니라 고객과 시장이 결정한다. 나의 전문성이 꼭 필요하다면 고객은 비싼 돈을 내고서라도 나의 시간을 구매한다. 내 전문성의 가치가 크지 않다면 나의 시간에 일정 금액 이상을 내지는 않게 된다. 혹은 내 시간의 가치 이상으로 비싼 금액을 불러도 고객은 그 제안을 수용하지 않을 것이다. 그러한 과정을 거치면서 전문가로서의 내 시간이 가지는 가치가 결정된다.

이제 나는 내 시간의 가치를 정확히 알고 있다. 그동안 여러 시행착오를 거치며 시장에서 내 몸값이 특정한 가격대로 형성되었기 때문이다. 절대적으로 보더라도 그렇게 형성된 내 시간의 가치는 저렴하지 않다. 나는 전문가로서 내 시간의 가치를 제대로 인정해주지 않는 사람에게는 나의 시간을 절대 할애하지 않는다.

그런 만큼 나 스스로에게 그 귀중한 시간을 배분할 때면 그 시간을 최대한 아끼고 소중하게 쓰려고 노력한다. 타인에게 전문가로서의 내 시간이 가치를 가지는 만큼, 내가 나 자신을 대상으로 하는 경우에도 그 시간은 동일하게 소중하다. 특히 당장 수익 창출을 포기하면서까지 나에게 쓰는 시간이니 허송세월하며 시간을 낭비하고 있을 겨를이 없다.

● 근본적인 역량 발전시키기

그렇게 나를 위해 마련한 시간에 나는 전문가로서 더욱 근본적이고 본질적인 역량을 발전시키기 위해 노력한다. 논문을 읽고, 최신 기사를 찾아 읽고, 책을 읽으며, 다른 전문가들의 의견과 강의를 듣는다. 때로 장기간 외국 학회에 참석하기도 한다(사실 이 글도 미국 스탠퍼드 대학에서 열린 메디슨-X라는 의료 혁신과 관련된 학회에 자비를 들여서 참석하고 한국으로 돌아가는 비행기에서 쓰고 있다).

또한 그 시간에는 나를 만나고 싶어 하는 사람이 아니라, 내가 만나서 가르침을 얻고 싶은 사람을 만난다. 그동안 궁금했지만 찾아보지 못했던 주제를 몇 시간 동안 방해받지 않고 차분히 자리에 앉아 공부한다. 이때는 보통 전화기는 비행기 모드로 설정해놓는다. 그러다 보면 꼬리에 꼬리를 물고 새로운 질문과 새로운 숙제가 생긴다. 그다음에는 이것을 또 공부한다. 그렇게 연쇄작용을 통해서 발전해나간다.

이런 시간을 보내다 보면 정말 즐겁다. 내가 본질에 집중하기 위해서 조직생활을 그만두고 독립했다는 것을 기억하는가? 나에게는 이런 시간이야말로 정말로 본질에 집중하는 시간이다. 이는 과거 조직에서 일할 때, 내가 그토록 가지기를 원했지만 충분하지 않았던 본질적인 시간이다. 스스로 발전하고 전문가로서 전문성을 더 갈고 닦는 귀중한 시간. 그러한 시간의 축적돼 나온 결과물이 내 글과 강의, 자문에 서서히 반영되면서 나는 더 앞으로 나아갈 수 있다.

● 1인 기업 패러독스

하지만 또 자신의 장기적인 역량 발전에만 지나치게 자원을 쓰는 것도 좋지 않을 것이다. 당장에 수입이 너무 없으면 먹고 살기 어려워지기 때문이다. 허생전에 나오는 허생처럼 집안이 망해가는데 언제까지고 글만 읽고 있을 수는 없는 일 아닌가. 결국 우리에게 필요한 것은 균형 있게 자원을 배분하는 것이다. 우리가 가진 한정된 자원 중에 어디까지를 고객에게 할애해 단기적으로 수익을 올리고, 또 어디까지 스스로에게 투자해 장기적인 1인 기업의 발전을 도모할 것인지의 균

1인 기업은 저글링을 하듯 여러 목표를 동시에 추구해야 한다.

형을 절묘하게 잡는 것이다.

1인 기업이 어려운 이유는 이렇게 서로 상충하는 가치를 혼자서 동시에 추구해야 하기 때문이다. 사실 이는 대기업이라면 어렵지 않게 해결 가능하다. 부서를 나눠서 서로 역할을 분담하면 된다. 예를 들어 영업부서는 당장에 수익을 창출하면 되고 연구개발부서는 당장의 돈벌이보다는 장기적인 시각으로 새로운 역량의 개발에 힘쓰면 된다. 하지만 우리 1인 기업은 몸을 두 개로 나눌 수 없으므로, 결국 혼자서 두 가지의 역설적인 목표를 저글링하듯 동시에 추구해야 한다.

이는 매우 어려운 일이다. 솔직히 말해 현재의 나도 이 저글링을 능숙하게 잘하고 있다고 자신 있게 이야기하기가 어렵다. 의식해서 노력하지 않으면 나도 모르는 사이에 그 균형을 잃어버리기 일쑤이다. 고백하자면, 이 주제로 글을 써야겠다고 생각했던 이유가 바로 사실 지금도 그 어려움을 계속해서 겪고 있기 때문이다. 하지만 그동안 많은 실수를 저지르고 시행착오를 거치면서 나름대로 요령을 몇 가지 갖게 되었다.

● 자신만의 원칙을 가지자

고객과 자신에게 자원을 균형 있게 배분해서 단기적, 장기적인 목표를 모두 추구하기 위해서는 결국 자신만의 원칙을 세우는 것이 절대적으로 중요하다. 이 원칙에 따라서 외부 강의 요청이나, 기고 요청, 자문 요청 등 내 시간에 대한 요구를 수락할지를 결정하는 것이다. 이 원칙을 지키기는 결코 쉽지 않기 때문에 원칙을 철저하게 지키려는 지속적인 노력이 필요하다.

예를 들어 강의 요청이라고 한다면 기준은 시간당 강의료가 될 수도 있고, 한 달에 내가 정해놓은 일정 강의 횟수가 기준이 될 수도 있다. 혹은 내가 한 달에 벌어들일 일정한 수익의 상한선을 정해놓고 그 이상은 벌지 않겠다고 결심할 수도 있다. 배부른 소리처럼 들릴 수도 있겠지만, 해질 때까지 전속력으로 달리다가 쓰러져 죽지 않기 위해서는 강한 결심이 필요하다.

결국 이러한 원칙을 상정하기 위해서는 앞서 강조한 자신의 시간 가치와 전문성의 가치를 정확히 파악하는 것이 필요하다. 가령 내 시간의 가격이 10만 원이라고 해보자. 그렇다면 10만 원을 주는 강의를 하나 하는 것이 1만 원을 주는 강의를 10번 하는 것보다 훨씬 낫다.

명확한 기준 없이 외부의 요청을 무분별하게 받아들이다 보면 시간은 시간대로 소비하고, 내 몸값만 낮아진다. 기준에 맞는 요청만 받아들이고, 그 이하의 제안은 거절하고 그 시간을 나 스스로의 발전에 쓰는 것이 훨씬 낫다.

조금 시행착오가 필요하겠지만 고객이 내 시간에 대해서 어느 정도까지 기꺼이 가치를 지급하는지를 살펴보아라. 이런 과정에서는 내 시간가를 지나치게 높게 불렀다가 굴러 들어왔던 기회를 놓치는 경우도 있을 것이다. 하지만 그러한 과정을 거치지 않는다면 내 몸값의 상한선을 잘 파악하기가 어려울 것이다. 나도 그러한 과정을 거쳤다.

나의 원칙

나는 개인적으로 기업, 병원, 학교 등의 조직에 따라서 최소한의 시간당 강의료와 자문료의 기준을 정해놓고 그 기준 이하의 강의, 자문, 미팅에는 응하지 않는 것을 원칙으로 하고 있다. 프로페셔널로서 내 전문성과 시간에 충분한 가치를 인정해주지 않는 분들에게까지 자원 봉사하고 싶은 마음은 없기 때문이다. 만약 강의라면 지역에 따른 이동 거리와 이동 시간 등에 대한 고려도 필요하다. 나는 보통 지방 강의에 대해서는 내가 이동 시간에 쓰는 시간의 가치도 인정해주기를 요청하고 있다(물론 강의/자문에 쓰는 한 시간과 버스에서 쓰는 한 시간의 가치는 다르다).

또한 학교, 병원, 학회 같은 비영리 기관들에 대한 기준은 영리 목적의 기업과는 당연히 달라야 한다. 예를 들어 대기업의 강의 요청과 대학생 동아리 강의 요청에 대해서 같은 잣대를 들이댈 수는 없는 것 아닌가. 이렇게 자신만의 기준을 명확하게 정해놓고 그것을 준수해야만 내 몸값이 떨어지는 것을 막을 수 있으며, 나도 '모든' 강의 요청에 응하면서 스스로를 소모하고 탈진시키는 것을 막을 수 있다.

이 원칙을 스스로 지키게 되면 협상의 칼자루는 요청하는 기업이 아닌 나에게로 넘어온다. 오늘 오전에도 내가 쓰는 총 시간에 비해 너무 낮은 가치를 제안하는 기업의 강의 요청을 정중하게 고사했다.

"송구합니다만, 저는 제가 정한 기준에 맞지 않는 강의는 수락하지 않는 것을 원칙으로 하고 있습니다. 모든 강의 요청에 응해드릴 수 없어서 부득이하게 그런 원칙을 지키고 있으니, 아무쪼록 양해해 주시면 좋겠습니다."라고 쓴다. 개인적으로 작년 한 해 동안 이런 원칙에 맞는 강의만 골라서 150회 정도를 했다.

그렇다고 해서 돈이 모든 판단에 기준이 되어서는 안 된다. 예를 들어 기업에서 요청한 강의, 자문, 미팅이라고 할지라도 모두 동일 선상에 두어서는 안 된다. 어떤 경우는 이번 강의를 기반으로 특정 조직과 좀 더 장기적인 관계를 맺을 수 있거나 관련 기업의 최신 동향을 파악할 수도 있다. 혹은 다른 강의 기회를 더 발굴할 기회가 되거나 평소에는 만나기 어려운 인사들과의 네트워크를 만들 수도 있다.

예를 들어 최근에는 한 조찬 회의에 강의를 다녀왔다. 내 기준에 훨씬 못 미치는 강의료를 제안하셨는데 참석자의 목록을 보니 국내 대

학병원의 원장님들이 다수 참석하시는 자리였다. 이런 자리면 내가 평소에 좀처럼 만나기 어려운 분들을 직접 대면하고 네트워크를 만들고 의견을 교환할 수 있는 자리가 된다. 이 강의 이후에 이분들을 통해 각 대학병원이나 학회에 대한 추가 강의 요청을 받기도 했다.

혹은 내 기준에 미치지 못함에도 한 대기업 그룹사의 인재개발원에서 강의한 적이 있다. 이 강의는 그룹사에서 초청 강사를 섭외하는 인사부서 담당자들이 모인 자리이다. 여기에서 그들의 마음에 들면 각 그룹사에서 강의 기회를 발굴할 수 있게 된다. 이런 자리라면 강의료라는 단순한 잣대를 기준으로 판단하기는 어렵다. 그 자리에서 성공적으로 강의한 이후에 더 많은 강의 기회도 얻고, 강의료도 내가 정한 기준에 맞게 받을 수 있었다.

또는 내가 강의를 함으로써 내가 투자했거나 자문하고 있는 스타트업 들에 영업, 마케팅, 협력 등의 측면에서 새로운 기회를 창출할 수도 있다. 혹은 대학생들이나 비영리단체에 도움을 드리면서 금전적으로 얻게 되는 보상보다 다음 세대의 양성이나 사회적인 가치 창출에 기여할 수도 있다(이러한 가치들을 나는 매우 중요하게 생각한다).

이처럼 동일한 주제의 강의 요청이라고 할지라도 세부적인 요소를 들여다보고 단기적인 요소(강의료)뿐만 아니라 장기적인 요소(해당 조직과의 관계, 업계 동향 파악, 네트워크 형성, 추가 강의 기회 발굴, 기존 고객들의 이익 도모, 사회적 가치 창출)에 따라서 종합적으로 고려하고 결정하는 것이 필요하다.

● 생각 주간

또 한 가지 내가 장기적인 역량의 개발을 위해 활용하려고 노력하는 것이 바로 '생각 주간think week' 제도이다. 마이크로소프트의 빌 게이츠는 아마도 세계에서 가장 바쁜 사람 중의 한 명일 것이다. 당연히 본인 스스로에게 시간을 할애할 여유도 없을 것이다. 별것 아닌 나도 이렇게 바쁜데 빌 게이츠라면 정말 오죽하겠는가. 그래서 그는 1년에 두 번씩 2주간의 '생각 주간'을 가지는 것으로 유명하다. 외딴곳에 있는 별장에 은둔해 아무에게도 방해받지 않고 온전히 사색과 독서에만 집중하는 시간을 가지는 것이다. 정말 바빠서 시간이 없고 내가 가진 것을 소모하기만 하고 있다면 이렇게 스스로 온전히 나 자신만을 위해 할애할 수 있는 시간이 절실하게 필요하다.

나도 이 생각 주간을 스스로 가져보기로 했다. 빌 게이츠 같은 분이 일 년에 두 번이라면, 나 같이 미숙한 사람은 적어도 한 달에 한 번은 해야 하지 않을까 하는 것이 내 생각이었다. 사실 한 달에 한 주의 일정을 완전히 비운다는 것이 현실적으로 어려울 때가 많다. 당장 적지 않은 돈을 벌 수 있는 요청이 급하게 들어오면 아무리 생각 주간으로 정해놓은 시기라도 그 유혹을 뿌리치기가 쉽지 않다. 그래서 이런 결심은 사실 굳게 마음을 먹더라도 번번이 깨어지게 마련이다.

이 원칙은 나도 계속 최대한 지켜가려고 지금도 여전히 노력 중이다. 이 아이디어가 떠올랐을 때는 한 달에 한 주를 가져보려 했지만, 이제는 두세 달에 한 주 정도로 약간 타협했다. 그 주에는 최대한 일정을 적게 잡으려고 노력하고 있다. 최소한 주중에 3일 정도만이라도 연속해서 외부 일정 없이 스스로에게 온전히 배분할 수 있으면 꽤 많은 양의 생각과 일을 할 수 있다.

1인 기업으로 독립해 본인의 일정을 스스로 조정할 수 있는 분들이라면 이런 생각 주간을 한 번 시도해보도록 권하고 싶다. 쉽지 않겠지만 이러한 시간을 확보할 수만 있다면, 나 스스로에게 본질적인 발전을 위해서 투자할 수 있는 시간이 비약적으로 늘어날 것이다.

✺ 창업에서 수성까지

이번에는 내가 현재 1인 기업의 운영에 대해서 가장 중요하고도 핵심적으로 삼는 목표, 즉 지속 가능한 1인 기업을 만들기 위해서 어떤 노력이 필요한지에 대해 살펴보았다. 창업보다 수성이 어렵다. 시작하는데도 큰 결심이 필요하지만, 시작한 이후에 그 삶을 지속적으로 유지하기 위해서는 더 큰 노력이 들어간다.

1인 기업은 그 구조적인 특성으로 말미암아, 혼자서 여러 역할과 가치를 동시에 추구해야 한다. 경영자도, 홍보팀도, 연구 개발팀의 역할까지도 스스로 해야 한다. 더구나 그런 역할과 가치는 때로 상반되기도 한다. 또한 단기적인 가치와 장기적인 가치를 동시에 추구해야 한다. 고객에 시간을 투자할 뿐만 아니라 자기 자신에게도 시간을 투자해야 한다.

이는 결국 여러 개의 공으로 저글링을 하는 형국이며 외줄타기를 하면서 아슬아슬하게 좌우 균형을 잡으며 앞으로 나아가는 모습과 비슷하다. 이러한 저글링과 외줄타기를 잘할 수 있을 때 우리의 1인 기업도 지속 가능할 수 있다. 어렵지만 꼭 달성해야만 하는 일이다.

1인 기업은 어떻게 돈을 버는가

돈은 역시 자극적인 주제다. 모든 사람이 더 많은 돈을 벌기를 원하지만, 또 선뜻 그 열망을 드러내기는 쉽지 않다. 우리가 돈을 벌기 위해서만 일한다고 할 수는 없지만, 또 열심히 일한 만큼 금전적인 보상을 받지 못하면 이는 부당한 일이다. 아무리 재미있는 일, 사회적인 가치를 창출하는 일이라도 생활이 가능할 만큼의 수입을 보장하지 못한다면 그 일은 지속 가능하다고 할 수 없다.

1인 기업을 준비하는 사람들이 가장 크게 관심을 두고 또 가장 많이 걱정하는 부분이 아마도 수입에 관한 것이리라 생각한다. 사실 매출을 올리고 이익을 얻는 일은 비단 1인 기업에 국한되는 것이 아니라, 모든 기업의 고민이기도 하다. 누군가 말했던 것처럼 기업의 가장 중요한 목적 중의 하나가 이윤의 추구라는 것은 부인할 수 없기 때문이다.

그뿐만 아니라 앞서 이야기한 것처럼 기존 조직에 몸담고 있던 사람이 1인 기업으로 독립할 것인지 혹은 '언제' 독립할 것인지를 결정하기 위해서도 수입에 관한 부분은 중요하다. 수입 측면에서 어느 정도 확신이 생기거나 수입 모델을 만들 수 있어야만 지나친 리스크를 짊어지지 않고 독립할 수 있기 때문이다.

그런데 이 수입에 관한 것이 참 이야기하기도 어렵고 다른 사람에게 대놓고 물어보기도 어려운 주제이기도 하다. 가장 중요한 문제인 만큼 또 민감한 요소도 있기 때문이다. 나도 선배 1인 기업가들의 이야기를 들으면서 "그래, 다 좋은데…… 그래서 돈은 얼마나 어떻게 버는 거지?" 하고 궁금했던 적이 많다. 이번에는 이 부분에 관해서 이야기를 좀 해볼까 한다.

● 나는 어떠한 활동을 하는가

1인 기업이 어떻게 돈을 버는지는 결국 비즈니스 모델과 결부되어 있다. 자신이 어떠한 사업을 어떠한 방식으로 영위하느냐에 따라서 수익 모델은 달라진다. 상품을 만들어 팔 수도 있고 서비스를 제공할 수도 있다.

강의료를 받을 수도 있고, 책을 써서 인세를 받을 수도 있다. 또는 유튜브에 영상을 업로드해 조회수에 따라 인센티브를 받을 수도 있고, 자신이 진행하는 팟캐스트에 광고를 수주해 광고료를 받을 수도 있다. 이는 실제로 내 주변의 1인 기업들이 영위하고 있는 수익모델들이다. 실로 다양한 모델들이 있다.

결국 내가 이야기할 수 있는 것은 나 자신이 어떤 수익 모델을 가지고 있는가 하는 것 정도이다. 나의 수익 모델을 이야기하려면 내가 1인 기업으로써 어떠한 활동을 하는지를 먼저 이야기해야 한다.

나는 지금도 처음 만난 분에게 "최 소장님은 구체적으로 어떤 일을 하시나요?"라는 질문을 받으면, 이를 설명하느라 매번 애를 먹곤 한다. 나는 무척 다양한 역할을 해서 간단하게 한 두 마디로 설명하기가 쉽지 않기 때문이다.

나는 크게 연구Research-전파Distribution-자문Advising의 세 가지 일을 한다. 나는 디지털 헬스케어라는 분야에서 연구하며 그 연구의 결과물을 전파하고, 또한 기업들에 자문을 제공한다. 이 활동들은 개별적으로 보이지만 사실은 서로 긴밀하게 연계되어 있으며 서로 상승 작용을 하면서 시너지를 만든다. 각 활동에 대해서 조금 더 상세히 이야기하면 아래와 같다.

연구Research: 디지털 헬스케어 분야의 최신 연구 결과, 동향, 이슈들을 파악하고 연구한다. 세부적인 분야로는 웨어러블 디바이스, 스마트폰, 의료 인공 지능, 유전 정보 분석, 암 유전체 분석, 빅 데이터 의료, 정밀 의료 등을 주로 본다. 관련 논문, 도서, 기사, 강의 등을 통해서 경계를 두지 않고 끊임없이 배우고 공부한다.

전파Distribution: 연구의 결과물을 다른 사람들에게 전파한다. 전파하는 구체적인 수단은 (온오프라인) 강의, 저서 집필, 블로그, 정기적 칼럼 기고, 비정기적 기고(학회지, 전문 잡지 등), 팟캐스트, 공중파 출연 등을 통한다. 이 중 비중은 강의, 블로그, 저서 집필이 가장 크다.

자문Advising: 기업에 자문을 제공하고 기업을 육성하기도 한다. 개인적으로 제약사, 스타트업, 벤처캐피털 및 정부 관련 부처에 자문을 제공하기도 하고, 최근 공동 설립한 헬스케어 스타트업 엑셀러레이터를 통해서 다른 전문가들과 함께 투자 및 자문을 제공하기도 한다.

● 나는 어떻게 돈을 버는가

이러한 활동 중에 나의 가장 큰 수입원은 역시 강의료와 자문료다. 나는 1년에 150회 정도의 강의를 한다. 강의 대상은 대기업, 스타트업, 투자회사, 병원, 정부 기관, 관련 학회, 대학 등 다양하다. 대상에 따라 다소 차등은 있지만, 기업을 대상으로 하는 강의에서 나는 시간당 꽤 높은 수준의 강의료를 받는다. 또한 여러 기업에 여러 형태로 계약을 맺고 정기적으로 자문을 제공하면서 자문료도 받는다. 정기적 혹은 비정기적으로 미래부, 산업부, 복지부, 식약처 등의 기관에도 전문가 자문단으로 참여하면서도 소정의 자문료를 받기도 한다.

나는 글을 써서도 수입을 올린다. 우리 분야에서 나름대로 베스트셀러이자 스테디셀러인 『헬스케어 이노베이션』을 통해서 인세를 받는다. 또한 매일경제신문 등에 정기적으로 칼럼을 기고하고, 비정기적으로 요청이 있을 때 관련 학회나 전문지 등에 기고해 원고료를 받는다. 팟캐스트나 방송에 출연해 경우에 따라 출연료를 받기도 한다.

그뿐만 아니라 나는 투자도 한다. 유망한 초기 헬스케어 스타트업에 엔젤투자를 통해 약간의 지분을 얻고, 내 전문성과 네트워크를 활용해 스타트업을 함께 키워가는 것이다. 지금까지 네 개의 스타트업에 투자하였으며 앞으로 그 수는 더 늘어날 예정이다. 아직 수익실현exit을 한 스타트업은 없지만, 장기적으로 고위험 고수익high-risk, high-return을 기대해볼 수 있다.

최근에는 발굴, 육성, 투자의 과정을 보다 체계적으로 하기 위해 다른 전문가들과 함께 스타트업 엑셀러레이터 회사를 공동 창업하기도 했다(이 회사를 무엇을 위해 왜 설립했는지는 다음 장에 자세히 이야기하겠다. 이 또한 지속 가능성에 대한 고민의 산물이다).

반면에 전혀 수입을 올리지 못하는 활동도 사실 많다. 나에게 가장 중요하고 근본적인 역할인 '연구' 활동 자체가 그러하다. 또한 이렇게 연구한 내용을 바탕으로 블로그에 글을 쓰거나, 페이스북 등에 업계의 주요 기사와 동향을 정리하고 코멘트를 달아서 재배포하는 일도 수입을 올리지는 못하는 일이다. 하지만 이는 모두 강의, 자문, 집필의 근간이 되는 활동이며 나의 브랜드 가치를 높여주는 중요한 역할을 한다. 이렇게 이 모든 활동은 개별적이라기보다는 서로 긴밀한 연관을 가지고 있다. 서로 밀접하게 상호작용하면서 상승효과를 가져다주는 것이다.

● 수입을 다변화하라

'내가 하는 일을 한 마디로 설명하기 어렵다'고 한 것이 이제는 이해가 될 것이다. 나는 내 역할을 규정하지 않고, 우리 분야에서 내가 할 수 있는 다양한 역할들을 선도적으로 수행한다고 자부하고 있다. 이렇게 많은 역할을 한다는 것은 결국 수입원이 다양하다는 뜻이다.

나는 1인 기업가가 다양한 종류의 수입원을 여러 개 가지는 것이 매우 중요하다고 생각한다. 조직에서 일할 때는 맡은 바 임무를 하면서 큰 덩어리의 월급이 매달 한 번에 들어오는 구조이다. 하지만 1인 기업을 하면 자신의 역할에 제한을 두지 말고 여러 활동을 하면서 소위 '돈 나올 구멍'을 여러 개 가지는 것이 좋다. 각각의 수입원에서 얻는 규모는 예전에 조직에서 받던 월급보다 적겠지만, 이를 합치면 더 큰 규모가 되는 구조가 이상적이라고 본다.

무엇보다 수입원이 다양할수록 더 안정적이 된다. 낚싯대를 하나만 드리우는 것보다 여러 개 드리우는 것이 유리한 것처럼 말이다. 어떤 수입원이 잘 작동하지 않거나 끊기게 되어도 다른 수입원이 여전히 건재하다면 마음의 여유를 가질 수 있다. 직장인은 월급을 주 수입원으로 하고 퇴근 후나 주말에 소위 '투잡'을 뛸 수 있다. 하지만 더 나아

1인 기업은 여러 개의 낚싯대가 필요하다.

가 1인 기업의 경우 (공대식으로 이야기하면) N개의 수입원을 가질 수 있다. 즉 'N잡'을 뛸 수 있도록 해야 한다.

그렇다고 단순히 수입원의 개수만 많아서는 안 된다. 다양한 성격의 수입원을 여러 개 가지는 것이 좋다. 수입원의 성격을 단기 수입과 장기 수입으로 구분할 수도 있고, 정기적 수입과 비정기적 수입으로 나눌 수도, 일회적 수입과 반복적 수입으로 나눌 수도 있다.

재테크에서 고위험 고수익 상품과 저위험 저수익 상품에 분산 투자하는 것과 마찬가지다. 전 재산을 적금에 두면 안정적이지만 수익률이 떨어진다. 주식에 모두 투자하면 기대 수익률은 높을 수 있지만 너무 리스크가 크다. 부동산에만 모두 두면 환금성이 떨어진다. 이렇게 재테크를 할 때도 장점과 단점을 가진 투자 포트폴리오를 구축하는 것처럼, 우리의 수입에 대해서도 다양한 성격의 수입원으로 이루어진 수익 모델의 포트폴리오를 만들어야 한다.

만약 자신의 수입원이 지나치게 단일한 종류의 수입원으로 통일된다면, 이는 결코 바람직하다고 할 수 없다. 단기-장기, 정기-비정기, 하이 리스크-로우 리스크 등의 수입원이 고루 조화를 이룬 수입원의 포트폴리오가 필요하다.

예를 들어 내가 가진 모든 수입원이 단기적으로만 작동하고 장기적인 수입을 얻는 구조를 만들지 못한다면 사업의 지속가능성에 큰 리스크가 생긴다. 혹은 비정기적 수입원만 있고 정기적인 수입원이 없다면 이 역시 바람직하지 않다.

나의 경우에 단기적인 수입은 강의료와 자문료 등이다. 통장에 바로 돈이 들어오기 때문이다. 반면 장기적인 수입원은 스타트업에 지분 투자하고 함께 회사를 키워나가는 것이다. 스타트업 엔젤 투자는 단기간에 금전적인 이익을 얻기는 어렵지만 장기적으로는 큰 이익을 기대할 수 있다.

일반적으로 엔젤 투자는 극단적으로 리스크가 높은 성격의 투자이지만, 나의 전문성과 네트워크를 활용해 스타트업에 기여함으로써 리스크를 가능한 낮춰가는 것이 목표이다. 즉 남들이 하기에는 하이 리스크-하이 리턴의 투자이지만, 나는 투자 이후에 여러 도움을 제공하여 미들 리스크-하이 리턴의 투자처로 만들기 위해서 노력한다.

최근에 내가 재미있게 읽었던 『나는 직장에 다니면서 12개의 사업을 시작했다』라는 책에서 저자가 강조한 간접적인 사업을 하는 방식과도 매우 유사하다고 볼 수도 있다(스타트업에 투자하고 육성하는 것이 금전적인 이익만을 기대하는 것은 아니지만, 지금은 수익 모델이 주제이므로 여기서는 해당 측면만을 언급하기로 한다).

정기적인 수입원의 중요성

일회적인 수입과 정기적인 수입의 조화도 중요하다. 일회적인 수입은 역시 강의료가 대표적이다. 많은 강의가 특강 형식으로 일회적으로 이뤄지기 때문이다. 하지만 정기적으로 강의하거나 자문료를 받는 곳도 있다.

나의 경우에 제약회사, 벤처캐피털, 일부 스타트업과는 연간 계약을 맺고 매달 혹은 격월로 자문료를 받는다. 이를 여러 곳에서 월급을 받는다고 생각할 수도 있다. 또한 출판한 책의 인세도 1년에 두 번 정산되어서 들어온다. 내가 현재 집필 중인 이 1인 기업 책도 출간되면 정기적인 수입처 중의 하나로 나의 수입 포트폴리오에 새롭게 추가되게 될 것이다.

특히 나는 정기적인 수입처를 가진다는 것의 중요성에 대해서 강조하고 싶다. 1인 기업이 되면 앞날이 너무도 불확실하기 때문에 불안감에 지나치게 무리를 하거나 욕심을 내는 위험이 있다는 것을 앞서 강조한 바 있다. 이러한 불안감이나 불확실성을 해결하기 위해서는 정기적인 수입처를 몇 군데 가지는 것이 크게 도움이 된다. 나도 이렇게 정기적인 자문료를 받는 곳을 여러 군데 확보한 이후로는 마음의 여유가 많이 생겼다.

예를 들어 강의료에만 의존해 수입을 올리는 사람이라면 '갑자기 내일부터 모든 강의 요청이 끊어져 버리면 나는 어떡하지?' 하는 불안감이 없을 수 없다. 하지만 연간 계약을 맺고 정기적인 수입처가 몇 군데 있다면 강의 요청이 갑자기 하나도 없게 되는 최악의 상황을 가정하더라도, 내가 예측 가능한 최소한의 수입이 남아 있게 된다. 불확실한 상황에서 확실하게 예측할 수 있는 최소한의 수입이 있는 것과 그것마저도 없는 것은 그야말로 하늘과 땅 차이다.

◎ 질적으로 높은 돈

자, 만약에 1인 기업이 어느 정도 궤도에 오른 이후라면, 그래서 최소한의 생활은 무리 없이 가능하다면 그 정도에만 머물지 말고 조금 더 나아가 보자. 우리는 단순히 돈을 벌기 위해서 독립하지 않았다. 같은 돈을 벌더라도 더 의미 있게 벌고, 내가 하고 싶은 일을 하면서, 더 나아가 장기적으로 나의 본질적인 가치를 상승시키면서 수입을 올릴 수 있다면 더욱 좋을 것이다. 다시 말해 밥을 굶지 않고, 생활이 가능하며 가족을 부양할 수 있을 정도가 됐다면 이제 더 질적으로 높은 돈을 벌어야 한다.

나는 같은 만 원을 벌더라도 질이 높은 돈이 있고 그렇지 않은 돈이 있다고 생각한다. 벌어들이는 돈의 양을 늘리는 것도 추구해야 하겠지만, 벌어들이는 돈의 질을 향상시키는 것도 그 못지않게 중요하다. 그리고 우리 1인 기업은 일반 직장인들과는 달리 수입의 양과 질 모두를 선택할 수 있는 선택권이 있다.

그렇다면 어떤 돈이 질적으로 높은 돈인가? 나를 더 성장하게 하고 나의 본질적 가치를 더 높게 만드는 과정에서 벌어들이는 돈. 내가 궁극적으로 추구하는 가치, 인생의 방향성과 일치하는 일을 하면서 벌어들이는 돈. 내 역량을 더욱 발전시키며 브랜드와 이름을 더 알리는 과정에서 벌어들이는 돈. 더 많은 사람을 만나고 네트워크를 쌓으면서 벌어들이는 돈. 사회와 다른 사람들에게 더욱 긍정적인 영향을 미치면서 그 결과 얻게 되는 돈. 그러한 것이 질적으로 높은 돈이다.

예를 들어서 나는 최근에 식품의약품안전처 첨단의료기기과의 전문가 협의체에 참여해 인공지능의 의료계 도입에 대한 가이드라인의 제정에 도움을 드리고 있다.[6] 제4차 산업혁명에 따라 인공지능이 환자의 질병 진단 및 의료 데이터 판독에도 영향을 미치고 있다. 이는 환자의 생명과 직결된 중요한 문제다. 하지만 인공지능이 의료 분야에서 현재 어디까지 발전했고, 앞으로 어떻게 활용될 것이며, 어떻게 규제할지를 정하는 것은 세계적으로도 선례가 없는 일이었다.

이를 위해서 학계, 산업계, 의료계의 여러 전문가가 모여서 의견을 교환하고 가이드라인을 만드는 일에 나도 참여했다. 다른 전문가들을 만나서 그들과 최신 의견을 교환하며 토론하고, 인공지능이 의료계에서 바람직한 방향으로 활용되는 데 기여함으로써 사회적인 가치를 창출했다. 이는 매우 의미 있고 보람 있는 일이었으며 나의 역량 발전에도 도움을 주었다. 학계, 산업계, 의료계의 여러 전문가분들과 새롭게 친분도 쌓았다. 사실 이 과정에서 얻은 자문료는 큰돈은 아니었다. 내가 기업에서 시간당 얻는 자문료의 규모와 비교하면 턱없이 낮다. 하지만 그럼에도 이는 질적으로 높은 돈이었고, 앞으로도 비슷한 회의에 나는 기꺼이 참석할 예정이다.

하지만 질적으로 낮은 돈도 있다. 내가 열정을 가지고 있지 않으며 나의 가치에 어긋나는 일을 하면서 벌어들이는 돈. 내 의지와 상관없이 남이 시켜서 하는 일을 하고 벌어들이는 돈. 혹은 단순히 '돈을 많이 주기 때문'이라는 오직 그 이유 하나만으로 수락한 일. 사회적으로 별다른 가치를 창출하지 않거나 오히려 위해를 주는 일. 본질보다 비본질이 너무 큰 일. 이러한 일을 통해서 벌어들이는 돈은 결코 질적으로 좋다고 할 수 없다. 비록 그 규모가 크다고 할지라도 말이다. 나는 이제 이런 일은 되도록 맡지 않으려고 한다. 그런 일을 하지 않아도 되는 자유를 얻기 위해 나는 독립한 것이 아니던가.

● 수입의 극대화 그 이상의 가치

어쩌면 수입원의 질적인 측면과 양적인 측면에도 균형이 필요할지도 모르겠다. 규모도 크고 질적으로도 높은 수입원이라면 두말할 나위 없이 좋을 것이다. 하지만 현실에서는 항상 그런 완벽하고 이상적인 제안만 있는 것은 아니다. 질적으로 매우 높지만, 보상의 규모가 너무 낮거나 심지어는 무보수인 경우도 있다. 반대로 꽤 큰 규모의 수익이 보장되지만, 질적으로는 너무 낮은 경우도 있다. 그것 또한 현실임은 부인할 수 없다.

특히 많은 경우에 궁극적으로 질적으로 높은 돈을 벌기 위해서, 아이러니하게도 단기적으로는 질적으로 만족스럽지 못한 돈을 벌어야 할 수도 있다. 최소한 내가 생활은 가능해야 하고, 나와 내 가족부터 먹고살 정도는 돼야 하지 않겠는가. 목구멍이 포도청이라면 수입원의 질이니 뭐니 따질 여유가 어디 있겠는가. 다 배부른 소리로 치부해버릴 수도 있다.

하지만 그럼에도 우리가 처음에 1인 기업으로 독립했던 이유를 잘 되새겨보자. 우리는 단순히 돈을 더 많이 벌기 위해 독립하지 않았다. 우리가 1인 기업으로 독립해 추구하는 삶은 단순히 재무적인 수익을 극대화하는 것에 그치는 것은 아니라고 믿는다. 우리는 단순히 돈보다는 그 이상의 가치를 추구하기 위해 위험을 무릅쓰고 용기를 내어 홀로 광야에 나왔다. 그것이 행복이든, 사회적인 가치든, 정의 실현이든, 더 자유로운 삶이든 말이다.

결국 돈을 버는 데 있어 우리 1인 기업이 궁극적으로 지향하는 바는 전체 수입에서 질적으로 높은 수입이 차지하는 비중을 조금씩이라도 늘려가며 그러한 과정에서 우리 삶의 중요한 가치를 추구하는 것에 있는 것이 아닐까.

1인 기업의 종착지

　1인 기업의 끝은 어디인가. 우리 1인 기업가들은 어디를 향해서 가고 있는가. 아니, 어디를 향해서 가야만 하는가. 내가 1인 기업가로 독립한 지도 이제 3년 차. 이렇게 살아가는 삶의 방식에 대해서 글로 옮기기 시작한 지도 1년이 넘었다. 짧다면 짧은 시간이고 길다면 긴 시간이다.

　적어도 아직은 매우 좋다. 독립성을 가지며 간섭을 받지 않고, 내가 하고 싶은 곳에서 하고 싶은 일을 한다. 경제적으로도 조직에 있을 때보다 더 여유롭다. 그런데 10년 뒤에는, 20년 뒤에는 과연 어떠할까. 지속가능성이 가장 큰 고민이라고 나는 여러 번 언급했다. 그런데 지속 가능한 것에서 한 걸음 더 나아가면 '나'라는 1인 기업의 결말은 대체 어떻게 되는 것일까. 우리의 종착지는 어디인가.

우리는 어디를 향해 가는가

대기업을 포함해 일반적인 기업이 그렇듯이 지속하는 것 그 자체가 결말일 수도 있다. 기업은 그 자체로 독립적인 생명체라는 말이 있다. 창업주가 은퇴하거나 세상을 떠난 다음에도 기업은 계속 생명을 유지하는 것이다. 그 자체로 역동적으로 살아 움직이기 때문에 기업은 만들기보다 없애기가 오히려 더 어렵다고도 이야기한다.

아니면 많은 스타트업 기업처럼 출구 전략exit strategy을 구체적으로 추구할 수도 있다. 일반적으로 출구 전략에는 주식 시장에 상장하거나 다른 기업에 인수합병M&A당하는 것 두 가지가 있다. 이런 과정을 통하면 지분을 가진 창업주는 그 기업에 남아서 계속 일하거나, 지분을 팔고 나와서 삶의 그다음 단계로 넘어갈 수도 있다. 또다시 창업하는 연쇄 창업가serial entrepreneur도 있고 번 돈으로 유유자적하며 인생을 즐기는 분들도 있다.

그렇다면 1인 기업은 어떠할까. 이는 결국 '나'라는 한 개인과 내가 운영하는 1인 기업을 얼마나 동일시할 것인지에 대한 문제이기도 하다. 1인 기업을 나의 인생과 완전히 동일시할 수도 있고, 그렇지 않을 수도 있다. 그런데 따지고 보면 우리의 삶 자체에는 출구 전략이 있을 수가 없다. 생을 마감하지 않는 이상 계속해서 지속되어 하는 것이 우리네 삶이다. 하지만 1인 기업은 어쩌면 모종의 결말과 이를 위한 출구 전략을 미리 마련해야 할지도 모른다. 아마도 1인 기업의 마지막은 다음처럼 크게 세 가지로 분류할 수 있을 것 같다.

첫째, 은퇴할 때까지 1인 기업을 계속 유지하는 것
둘째, 1인 기업을 그만두고 조직으로 복귀하는 것
셋째, 직원을 채용해서 일반 조직으로 변모하는 것

주변을 보더라도 1인 기업으로 독립해 몇 년간이나 유지하다가도 다시 회사로 복귀한 분들이 적지 않다. 혹은 본인이 스타트업을 창업하거나 직원을 채용해 1인 기업이 아닌, 일반 기업으로 규모를 키워나가는 경우도 있다. 이러한 변화에는 여러 이유가 있을 수 있을 것이다. 1인 기업의 어려움과 한계를 절감했기 때문일 수도 있고, 혼자서는 도저히 잡기 어렵지만 놓치기는 아까운 큰 기회를 발견했기 때문일 수도 있다.

아무리 철저하게 준비하고 시작했다고 할지라도 1인 기업을 실제로 시작해보면 여러 측면에서 상상했던 것과는 많은 부분이 다르다. 생각보다 일이 잘 풀릴 수도 있고 그렇지 않을 수도 있다. 그전까지 조직에서 다른 사람들과 함께 일해온 것에 익숙한 사람이라면 좋은 점도 있지만 미처 생각하지 못했던 한계도 분명히 느끼게 될 것이다. 아마도 사람마다 느끼는 부분 또한 다소 다를 것으로 생각한다.

그러면 나는 어떠한가. 아무래도 내가 기존의 조직으로 다시 돌아갈 일은 없을 것 같다. 사람 일이 어떻게 될지는 모르는 일이니 단언하기는 어려울 수도 있다. 하지만 내가 기존의 회사, 학교, 병원에서 풀타임으로 근무하는 모습을 스스로 상상하기란 좀 어렵다.

매일 아침 정해진 시간까지 정해진 장소로 출근하고 같은 장소에서 근무하다가 저녁 6시가 되면 퇴근하고 한 달에 한 번 들어오는 월급을 받는 일. 어떤 사람들에게는 너무도 당연하고 일상적인 모습이겠지만, 내게는 이제 아주 먼 옛날의 일처럼 낯설고도 작위적으로 느껴진다.

사실 나는 독립한 이후로도 기존의 조직에 있는 분들로부터 합류하라는 권유를 적지 않게 받았다. 일반적인 관점에서 볼 때에 그중에는 꽤 솔깃한 제안도 있었다. 중견 제약사 등 이름만 들어도 알만한 몇몇 기업에서 이사직을 제의받기도 했다.

하지만 모두 거절했다. 좀 더 정확하게는 "월급은 적게 주셔도 되지만, 제가 출근하고 싶을 때는 출근하고 출근하기 싫을 때는 안 해도 되는 조건이면 생각해보겠다"고 했더니 다들 알아서 제안을 철회하셨다. 기존의 기업에서 그런 조건은 당연히 받아들이기 어려울 것이다. 출퇴근이 자유롭고 일하고 싶을 때만 자유롭게 일한다는 것은 조직 체계의 근간을 흔드는 일이니까.

하지만 나는 지금 그렇게 생활하고 있다. 내게는 이렇게 일하는 것이 더 자유로울 뿐만 아니라 누군가 만들어놓은 경직된 시스템 속에서 일하는 것보다 더 인간적으로 느껴진다. 1년에 사용할 수 있는 휴가 날짜가 미리 정해져 있으며, 내 인생을 쩔쩔매며 그 시스템에 끼워

맞추는 것은 이제 이해하기도 어렵고 받아들이기도 어렵다. 그리고 솔직히 이야기하면 이 바닥에서 그 회사들이 가지는 네임 밸류보다 나라는 1인 기업의 브랜드 가치가 더 높다고 생각한다. 그들이 내 이름을 빌리면 몰라도 내가 그들의 이름 아래로 들어가야 할 이유는 없다.

● 정답은 없다

그렇다면 나는 죽을 때까지 이렇게 1인 기업을 지속해야 하는가? 그렇게 할 수는 있는가? 지금은 젊고 혈기 왕성하며 365일 일을 해도 별로 지치지는 않는다. 체력적으로도 정신적으로도 나는 아직 왕성한 나이다. 하지만 세월이 흘러 나이가 들고 몸이 노쇠해지고 부양할 가족이 생긴 이후에도 이런 생활을 지속할 수 있을까. 그것이 또한 현재 나의 큰 고민이기도 하다.

누누이 강조하지만 1인 기업이라고 하는 것은 모든 사람에게 맞는 삶은 아니다. 하나의 삶의 방식이지, 유일한 대안이나 모든 사람에게 정답은 결코 아니다. 역량이나 브랜드가 부족하여 1인 기업이 되기에는 아직 적절하지 않은 사람도 있겠지만, 이렇게 일하는 방식 자체가 어떤 사람에게는 맞지 않을 수 있다.

1인 기업으로 일하려면 내가 조직에 속하지 않음에도 불구하고 시장에서 나를 필요로 할 만큼의 전문성, 브랜드, 네트워크를 가지고 있어야 한다. 즉 내가 어느 병원, 어느 로펌, 어느 회계사무소, 어느 컨설팅 회사에 속해 있기 때문에 찾는 것이 아니라 '나'이기 때문에 사람들이 찾아야 한다는 것이다. 고객들이 나를 찾지 않는다면 그 이유에는 여러 가지가 있을 수 있다. 마케팅이나 브랜드가 아직 충분하지 않아서 그럴 수도 있다. 이럴 경우라면 여러 방법을 통해 해결할 수 있다. 하지만 역량이 부족하다면 이는 보다 근본적인 문제이다.

더 나아가서 그 역량의 수준을 경쟁력 있게 유지하기 위해서는 스스로를 계속해서 발전시켜 나가야 한다. 평생, 끊임없이, 죽을 때까지. 매우 피곤하고 고단한 삶이다. 하지만 이렇게 프로메테우스적인 삶을 지속할 수 있어야만 1인 기업으로서의 내가 지속 가능하다. 요즘 같은 시대에 전문성을 가진 1인 기업으로 살아남는다는 것은 급류를 거슬러서 헤엄치는 것과 비슷하다. 발버둥을 쳐야 겨우 그 자리에서 머물러 있을 수 있고, 잠깐 방심하면 휩쓸려서 떠내려가는 것은 순식간이다.

평생 이렇게 할 수 있다는 확신이 없으면 그냥 남들처럼 조직 속으로 돌아가는 것이 몸과 마음의 건강을 위해 좋은 것일 수 있다. 회사에서는 매일 정해진 시간에 출퇴근하고, 매일 상사가 시키는 일을 하고, 자리를 지키고 있으며, 정해진 연차를 쓰면서 살면 기본적으로 월급은 나올 테니까. 남들만큼 일하고 남들만큼 받고 남들처럼 살 수 있다.

오해하지 말자. 이러한 삶이 나쁘다고 이야기하는 것이 결코 아니다. 모두에게 해당하는 정답이란 없다. 누군가는 조직 속의 삶에서 행복을 느낄 수도 있고, 또 다른 누군가는 조직 밖의 삶에서 행복을 느낄 수도 있다. 모든 사람이 회사원의 생활을 하는 것이 맞지는 않는 것처럼, 또 모든 사람이 1인 기업으로서의 삶을 영위하는 것이 결코 이상적인 것은 아니다. 각자 자신에게 맞는 삶이 있다. 누구도 그것을 평가하거나 비난할 수는 없는 일이다.

1인 기업의 한계, 조직의 한계

하지만 1인 기업 3년 차에 접어든 지금 나는 여러 한계점을 느끼고 있다. 이전에 언급한 적이 있는 외로움도 큰 문제다. 이는 나처럼 혼자 사는 사람에게 사람 자체를 만나기가 어렵다는 의미이기도 하고, 굳이 약속을 잡고 자리를 따로 만들지 않는다면 업계에서 함께 활동하는 동료(대부분은 기존의 회사, 연구소, 병원에 있는)를 만나기가 어렵다는 의미이기도 하다. 이메일, 페이스북, 카톡 등의 각종 온라인 매체를 활용해 그들과 항상 연결돼 있기는 하다. 그래도 옆에서 숨을 쉬고 살아 움직이며 따뜻한 피가 도는 사람이 있는 것과는 분명한 차이점이 있다.

외로움의 또 다른 측면은 소속감이나 타이틀이 없다는 것일 수도 있다. 내가 남들과 같이 어떤 조직에 함께 속해 있지 않다는 느낌은 마치 외톨이나 부적응자, 이방인이 된 것만 같은 느낌이 들 수도 있다. 함께 으샤 으샤 하며 사생활 일부까지도 함께 공유하는 한국적인 조직에서 평생 생활해온 사람일수록 이 어려움은 더욱 클 수 있다.

조직과 직급에 대한 타이틀을 떼어버리는 것도 그렇다. 길지는 않은 인생이지만 나도 평생을, 남들이 들으면 익히 알만한 조직에서 그럴듯한 직급을 가지고 살아왔다. 사회에 나온 이후 그 타이틀이 없었던 적은 이전에 한 번도 없었다. ○○학교 ○○학과 최윤섭, ○○병원 교수 최윤섭, ○○기업 팀장 최윤섭으로서 평생을 지내온 내가 독립을 하면서 그런 타이틀과 직급을 스스로 떼어버리고 내 이름 석 자로 홀로 선다는 것이 무척 두려웠다.

내가 느끼는 또 다른 문제 중의 하나는 바로 1인 기업의 역량이 내가 가진 역량에 제한당한다는 것이다. 내가 곧 기업이므로 이 기업은 내가 가진 모든 리소스와 역량을 가질 수 있다. 하지만 이는 곧 내 1인 기업이 나의 능력을 넘어서는 전문성과 리소스를 가질 수는 없다는 뜻이기도 하다. 내 몸은 하나뿐이므로 두 자리에 동시에 있을 수도 없다. 내가 아무리 열심히 일해도 하루에 24시간 이상을 사용할 수는 없다(앞서 언급한 블로그, 페이스북, 유튜브 영상 등이 내 분신 역할을 하기도 한다. 하지만 그래도 나를 완전히 대신할 수는 없다).

또한 내 전문성에도 명백한 한계가 있다. 당연한 이야기지만 내가 모든 분야에 전문성을 가지고 있는 것이 아니기 때문이다. 예를 들어 의사들 사이에서도 세부적으로 전공한 진료과는 다양하다. 내과 전문의, 외과 전문의, 정신과 전문의가 가지는 전문성은 다르다. 더 열심히 공부하고 연구해서 내가 가지지 못한 전문성을 새롭게 획득할 수도 있다. 하지만 많은 경우 다른 전문가와 협업히는 깃이 너 현명할 것이다. 병원에서는 이를 다학제 진료 등의 방식으로 여러 과의 의사들이 모여서 함께 해결한다.

원래 조직이라는 것은 한 사람이 할 수 없는 일을 해내기 위해서 만들어졌다고 생각한다. 한 사람이 짊어질 수 있는 무게보다, 두 사람, 세 사람이 짊어질 수 있는 무게는 더욱 무겁다. 더 나아가 1+1 〉 2가 되는 효과를 낼 수도 있는 것이 조직이다. 우리 사회의 많은 조직은 원래의 목적과는 달리 비효율적이고 비본질적이며 유연하지 못한 측면을 많이 가지고 있다. 이런 폐해가 우리로 하여금 독립하게 하는 주요한 원인이 되었다. 하지만 조직이라는 것이 근본적으로 가질 수 있는 본질적 순기능까지 부인할 수는 없을 것이다.

요컨대 1인 기업은 자유로움, 유연함, 전문성, 기동성, 브랜드 등의 장점이 있다. 반면 여러 사람이 모인 조직은 (본질적인 목적대로라면) 전문성의 시너지, 더 큰 기회의 포착, 연대감, 규모의 경제, 안정성이라는 장점을 가지고 있다. 그렇다면 1인 기업으로서의 장점을 보존하면서도, 조직으로서 가질 수 있는 순기능까지 추구할 수는 없을까? 그것은 정말로 불가능한 일인가?

디지털 헬스케어 파트너스

이러한 이유에서 최근 다른 전문가들과 함께 나는 '디지털 헬스케어 파트너스DHP, Digital Healthcare Partners'라는 주식회사를 시작했다.[7, 8] 앞서 나의 활동을 연구Research-전파Distribution-자문Advising의 세 가지로 설명한 바 있다. 이 중에서 DHP는 자문 활동 중의 하나에 해당하는 부분이다.

DHP는 의료 및 헬스케어 스타트업 전문 엑셀러레이터다. 엑셀러레이터란 초기 단계의 유망한 스타트업을 발굴하고 우리의 전문성을 기반으로 자문, 네트워크, 투자 등의 전방위적인 지원을 통해서 육성해 성공 가능성을 높여주는 회사를 말한다. 이러한 엑셀러레이터는 일반적으로 해당 스타트업에 지분을 투자해 장기적인 수익을 추구한다. 발굴한 기업에 여러 방면으로 도움을 주는 만큼 적절한 지분을 확보해, 그 기업의 가치를 더욱 성장시켜 장기적으로 윈-윈 하는 것이다.

전 세계 엑셀러레이터 중에 실리콘밸리의 Y-콤비네이터Y-Combinator라는 회사가 가장 유명하다. 드롭박스, 에어비앤비 등의 쟁쟁한 글로벌 기업이 이 엑셀러레이터를 통해서 나왔다. 국내에서는 스파크랩, 프라이머, 퓨처플레이, 매쉬업 엔젤스 등이 (세부적으로 운영되는 방식에는 조금씩 차이가 있지만) 엑셀러레이터로 분류된다. DHP는 후발주자이지만, 이들과는 명백하게 다른 점이 한 가지가 있다. 우리는 의료와 헬스케어 분야만 보는 전문 엑셀러레이터라는 것이다. 앞서 언급한 다른 회사들은 분야를 가리지 않고 스타트업을 육성하고 투자한다.

우리는 좁지만 더 깊은 전문성을 가지고 있다. 일반적인 창업과 관련된 경영, 재무, 마케팅 쪽에서 줄 수 있는 전문성은 부족하지만, 의료와 헬스케어 분야에 대한 전문성은 우리를 따라올 수 없다. 무척이나 차별화된 가치를 제공하며, 따라서 다른 엑셀러레이터와 협력할 가능성도 열려 있다. 사실 우리와 같은 의료 분야에 특화된 스타트업 엑셀러레이터는 세계적으로도 손에 꼽을 정도다.

여기까지 설명하면, 독자들은 "여태껏 1인 기업 이야기를 하더니 인제 와서 창업한 이야기를 하는 것은 또 뭐지?" 하고 생각할 수도 있다. 하지만 조금 더 들어가 보면 DHP가 생겨난 배경뿐만 아니라 조직의 운영 자체가 상당히 특이하다는 것을 알 수 있을 것이다.

전문가들의 느슨한 연대

나는 경희사이버대학 정지훈 교수님, 서울와이즈요양병원 김치원 원장님이라는 두 분의 의료/헬스케어 전문가 분들과 함께 DHP를 공동 창업했다. 두 분은 모두 의사이시지만 IT 분야, 미래학, 경영학과 같은 의료 외의 분야에도 전문성을 갖추고 계신 분들이다. 대학에 계시고, 병원을 운영하시지만 전통적인 대학 교수, 병원 원장의 역할이나 활동 범위를 넘어서는 일을 하고 계신다.

본업이 따로 있으시기는 하지만 활발한 강의, 출판, 저술 등과 함께 헬스케어 스타트업 업계에서 자신만의 독립적인 브랜드를 가지고 있으며 다수의 기업에 공동 창업, 자문, 투자를 하고 있다. 사실 우리 분야에서 이분들은 이름만 대면 누구나 아는 분들이다(이러한 점들을 볼 때 본인들께서도 동의할지는 모르겠지만 나는 넓은 의미에서는 이분들이 1인 기업의 범주에 들어간다고 생각한다).

즉 나를 포함해서 우리 세 명은 헬스케어 스타트업 분야에서 세부적으로는 차이가 있으나 큰 줄기에서는 비슷한 역할과 포지셔닝을 가지고 있다. 우리 이외에는 이렇게 조직 외부에서 독립적으로 활동하는 전문가가 많지 않다. 서로 전문가로서 존중하고 협력하며 선의의 경쟁자이기도 하다. 만약 우리가 계속 독립성과 자율성을 유지하면서도, 필요에 따라서 힘을 합칠 수 있다면 시너지를 만들 수 있지 않을까.

지금은 소녀시대, 트와이스, 슈퍼주니어와 같은 아이돌 가수 그룹의 멤버가 "따로 또 같이" 방식으로 활동하는 것이 무척이나 흔한 일이다. 완전체로 모든 멤버가 함께 무대에 오를 때도 있지만, 일부 그룹만 프로젝트 앨범을 내기도 하고 개별 멤버가 예능 프로에 진행자나 게스트로 출연하기도 한다. 젝스키스와 HOT 등 아이돌 1세대가 활동하던 과거에는 이런 모델을 찾아보기 어려웠지만, 지금은 활동하는 모델 자체가 바뀐 것이다.

우리 전문가들도 이렇게 느슨한 조직으로 연대를 이루면서 "따로 또 같이" 활동할 수는 없을까. 평소에는 본업에 충실하면서 각자의 역할을 하면서도, 필요할 때는 또 모여서 공동의 목표를 위해 함께 할 수 있다면 좋지 않을까.

따로 또 같이

DHP는 매우 느슨한 형태의 조직이다. 일종의 전문가 네트워크라고 볼 수도 있겠다. 회사의 이름에도 들어가듯이 여러 '파트너'들이 수평적으로 모인 일종의 연합체이다. 이 파트너들은 평소에는 자신의 본업에 충실하면서 서로의 자율성을 침해하지 않고 각자 움직인다. 대표 파트너인 나도 평소에는 본업인 '최윤섭 디지털 헬스케어 연구소'를 운영한다. 각자가 전문가들로서 기본적인 책임의식을 가지고 기회를 발굴하고 서로 돕는다.

하지만 필요할 때는 온오프라인으로 만나서 함께 일을 처리한다. 이를 통해 DHP라는 큰 범주로 함께 묶임으로써 개별 전문가들이 가진 것보다 더 큰 브랜드를 가지며 더 큰 기회를 창출한다. 스타트업에 함께 투자하고 (자신들의 지분이 들어간 만큼) 스타트업을 함께 육성한다.

직원도 없다. 더 정확히는 풀타임 직원이 아무도 없다. 그나마 대표 파트너인 내가 풀타임에 가장 가까운 사람이지만 나조차도 내 전체 리소스의 '일부'만 여기에 쓴다. 어떨 때는 며칠씩 연속으로 DHP 일을 하기도 하지만, 다른 일로 바쁠 때는 또 며칠씩 잊고 지내기도 한다. 말 그대로 내가 1인 기업으로서 내 리소스를 n분의 1해 투입하는 여러 곳 중의 하나라고 볼 수도 있다.

사무실도 없다. 서류상으로 코워킹 스페이스에 등록돼 있어서 스타트업에게 자문 회의를 하거나 신규 투자 건을 검토할 때는 그곳의 회의실을 예약해서 모인다. 하지만 누구도 매일 출퇴근하지 않는다. 나도 매일 출퇴근하지 않는다. 사무실을 공짜로 주겠다는 곳이 있지만 굳이 들어가지 않았다. 우리가 스타트업을 발굴하고 육성하는 활동이 사무실에 앉아서 하는 일은 아니기 때문이다. 대신 필요하면 그 기업으로 직접 찾아가는 것을 선호한다. 사무실이 없으니 매월 지출해야 할 월세도 없어서 고정비도 절감된다.

우리는 내부적인 자금만을 운용한다. 외부의 투자자를 받게 되면 투자 철학, 기간, 조건 등의 제약이 생긴다. 이는 회사의 자율성, 더 나아가 나와 다른 파트너들의 자율성에 침해를 받을 수 있다. 나를 비롯한 파트너들의 네임 밸류를 보고 돈을 맡기겠다는 요청들이 있었지만, 아직은 모두 거절했다. 크지는 않으나 우리가 보유한 자체 재원으로 자유롭게 더 장기적인 시각으로 스타트업을 육성하고 싶다는 것이 지금의 내 생각이다.

아직은 파트너가 세 명밖에 없다. 하지만 우리의 방향성과 방식에 동감하며, 독립적인 전문성을 가지고 있는 분들을 조금씩 더 모시면서 규모와 활동폭을 차츰 넓혀갈 계획이다.

나의 새로운 실험

1인 기업만으로는 할 수 없는 일들. 아무리 전문가라고 하더라도 혼자서는 하기 어려운 일들을 여러 전문가가 "따로 또 같이" "느슨한 연대"를 구축함으로써 함께 추구하는 것. 이렇게 조직의 본질적 순기능은 유지하면서도 전통적인 조직에서 필연적으로 나타나는 비효율성, 비본질성, 경직성은 피하려고 하는 것. 이것이 내가 개인적으로 DHP를 시작한 동기이자 궁극적으로 지향하고 싶은 것들이다.

DHP를 시작하고 내 시간과 노력 일부를 약간씩 투입하기 시작하면서 내가 1인 기업으로만 활동할 때보다 자유로움과 효율성은 덜해

4장 계속 가야 할 길 259

질 수밖에 없음을 느끼고 있다. 하지만 이를 통해서 더 많은 기회에 노출되고 나 혼자 일하는 것보다 더 큰 세상으로 진입하고 있다는 것 역시 느끼고 있다. 이 부분 역시 균형이 중요하다고 생각한다.

『내리막 세상에서 일하는 노마드를 위한 안내서』의 저자 제현주는 외국계 컨설팅사, 투자은행 등 쟁쟁한 기업에서 일하다가 결국 독립해 롤링다이스라는 협동조합을 만들었다. 일하는 사람들 스스로 회사의 주인이 된다는 콘셉트로 10인의 조합원들이 공동 출자, 공동 경영하면서 전자책을 출판하고 연구와 컨설팅을 수행하는 자유도가 높은 공동체라고 할 수 있다.

추측건대 그녀가 이렇게 느슨한 연대를 만든 것도 혼자서는 하기 어려운 일들을 할 기회를 만들되, 여럿이 모이면 발생하는 조직의 비본질성은 최대한 방지하고 싶었기 때문이 아닌가 한다. 제현주 작가의 이러한 결정은 내가 1인 기업으로 살아가는 삶에도, 그리고 전문가들이 모여 느슨한 연대를 조직하기 위한 결정에도 많은 영향을 미쳤다.

나의 선택이 옳았는지는 아직 잘 모르겠다. 나는 앞으로도 내 대부분의 시간과 노력을 1인 기업으로써 할애할 것이며 내 리소스의 일부를 DHP의 대표로서도 할당하려 한다. 시간이 지나면 새롭게 직원을 뽑을 수도 있고 사무실을 마련할 수도 있다. 하지만 최대한 가볍고 효율적으로 따로 또 같이 우리 분야를 대표하는 전문가들의 느슨한 조직으로 독립성을 유지하겠다는 철학은 지켜나가려고 한다.

앞서 1인 연구소를 운영하는 것 자체가 나에게는 내 인생을 건 하나의 실험이라고 언급한 바 있다. 이와 비슷하게 DHP는 내가 최근에 시작한 또 다른 실험이다.

> 나는 온전히 나로서 살고 싶었다.
> 나는 내 인생의 주인공이고 싶었다.

5장

1인 기업을 위한 추천도서

1인 기업가에게 독서의 중요성은 아무리 강조해도 지나치지 않다. 하나의 기업을 경영하는 경영자로서, 자신의 삶을 이끄는 리더로서, 그리고 한 사람의 인간으로서 끊임없이 배우고 학습해야 한다. 나는 의식적으로 또 무의식적으로 1인 기업을 준비하기 위해 적지 않은 독서를 했다. 특히 우리 사회에서 1인 기업으로 살아간다는 것은 그리 일반적인 선택이 아니기 때문에 다방면으로 많은 준비가 필요하다.

조직 내에서 독립을 꿈꾸며 준비하고 있는 사람이든, 이미 독립해서 스스로의 길을 걸어가고 있는 분들이든 끊임없이 우리는 고민하고 질문을 던지며 답을 구해야 한다. 이렇게 자신에게 질문하고 본인만의 답을 찾기 위한 좋은 방법의 하나는 역시 선배들의 발자취를 따라가는 것이다. 앞서 간 사람들도 우리와 같이 고민하고 답을 구하면서 시행착오를 겪는 과정을 거쳤기 때문이다. 이를 참고하지 않는다면 오히려 스스로에게 무책임한 일이 될지도 모르겠다.

이번에는 내가 1인 기업을 준비하면서, 혹은 운영하면서 많은 도움을 받았던 책들을 몇 권 추천해볼까 한다. 이 중에는 1인 기업을 주제로 다룬 책도 있고, 일반적인 경영, 창업이나 경력 관리에 관한 책이지만 특히 1인 기업에 도움이 될만한 책들도 있다. 잘 알려진 책도 있고, 대중에게 별로 알려지지 않았지만 개인적으로 아주 인상 깊게 읽었던 책들도 있다.

홀로서기 위한 마음가짐을 위해

　첫 번째로 1인 기업가의 마인드셋, 즉 마음가짐에 도움이 될 수 있는 책들을 몇 권 소개해보려 한다. 여러 번 강조했지만 1인 기업가로 일한다는 것은 단순히 일하는 방식을 결정하는 것이 아니라, 어떠한 방식으로 삶을 살아갈 것인지에 관한 총체적이고 철학적인 문제이기도 하다. 또한 일과 직업의 가치에 대해서 남들과는 다른 자신만의 시각을 재정립할 필요도 있다.

　사고방식이나 인생관을 바꾸지 않고 단순히 기능적인 부분에 치중해서는 오랜 기간 지속 가능한 1인 기업으로 남기 어렵다는 것이 내 생각이다. 아래의 책들이 1인 기업으로서의 마음가짐이 어떤 것인지를 알기 위해 도움이 될 것이다.

그대, 스스로를 고용하라

한국에서 1인 기업가를 꿈꾸는 사람에게 구본형이라는 이름을 모르는 사람은 없을 것이다. 안타깝게도 젊은 나이에 암으로 투병하다가 몇 년 전 작고하셨지만, 구본형 소장은 1인 기업이라는 생소한 개념을 국내에 소개한 장본인이자, 본인 스스로 '구본형 변화경영연구소'라는 1인 연구소의 소장으로서 그 모범을 보인 분이기도 하다.

그는 IBM이라는 굴지의 외국계 대기업에서 20년간 평범한 직장인으로 근무하다가 1인 기업으로 독립한 뒤 『익숙한 것과의 결별』『낯선 곳에서의 아침』 등의 저서로 일대 베스트셀러 작가에 올랐다. 그리고 2001년에 출판한 『그대 스스로를 고용하라』에서 제목에서도 알 수 있듯이 1인 기업이라는 개념을 본격적으로 제시한다.

앞서 언급한 바 있지만, 내가 1인 기업이라는 개념을 처음 알게 된 것도 대학생 때 읽었던 이 책 『그대 스스로를 고용하라』 덕분이다. 이 책을 읽고서 언제일지는 모르지만 미래에 나도 1인 기업이 되어서 독립적이고 자유롭게 살고 싶다는 꿈을 간직하게 되었다. 15년이 지나서 그 소망을 실행에 옮기게 됐고 말이다.

이 책에서는 대량 실업의 시대에 (출판됐을 당시 IMF의 여파가 여전히 남아 있던 상황이었다) 개인이 자신의 브랜드를 갖춘 전문가로 우뚝 서야 함을 역설하고 있다. 그 제안으로 구본형 소장 본인이 그러했던 것처럼 하루의 2시간을 따로 때 내어 준비를 할 것을 권한다. 특히 그는 반드시 물리적으로 조직을 나오지 않더라도 기존의 조직 내에서도 스스로 하나의 기업이라는 마음가짐을 가지고 일해야 함을 강조하고 있다.

지금 다시 읽어보면 이 책에서 이야기하는 주장과 개념은 일견 뻔한 것으로 보일지 모른다. 하지만 이 책이 나온 것이 1인 기업이라는 단어 자체가 없던 15여 년 전이었다는 것을 생각해보면 놀랍기도 하다. 사실 2000년대 초반과 지금 우리가 처한 사회적인 상황은 많은 부분 다르다. 당시에는 스마트폰, 블로그, SNS 같은 것도 없었기에 1인 기업으로서 실무에 활용할 수 있는 구체적인 조언도 부족하다. 그럼에도 1인 기업을 주창한 시초와 같은 책으로 초보 1인 기업가라면 한 번은 읽어볼 가치가 있는 책이다.

"이제 노동 시장의 주도권은 인력을 구하는 기업에게 있지 않다. 오히려 직업을 구하려는 '나'에게 있다. 가치 있는 자원을 소유하고 있는 것은 고용주가 아니다. 바로 '나' 다."

"어디서 무엇을 하든, 그대는 1인 기업을 경영하는 경영자라는 사실을 잊어서는 안 된다. 실질적인 자영업을 하든, 그렇지 않고 특정 기업을 위해 일을 하고 있든, 1년을 단위로 재계약한다는 마음가짐이 중요하다. 최고의 서비스를 제공하면 좋은 조건으로 재계약을 할 수 있을 것이다. 필요하다면 비 배타적 계약, 즉 직장을 여럿 가질 수도 있음을 요구할 수 있어야 한다."

"이런 사람은 자신을 1인 기업을 경영하는 경영자로 승화시킨다. 자신을 총무부에 고용된 직원이라고 생각하지 않는다. 1년 간 회사와 계약을 맺고 총무 서비스를 담당하게 된 1인 기업의 사장이라고 생각한다. 더 이상 영업 사원은 없다. 한 회사와 판매 대행 서비스를 계약한 1인 기업의 경영자가 있을 뿐이다. ……이들은 자신의 사업을 경영하고 있는 것이다. 다른 사람에게 고용된 것이 아니라 스스로를 고용했다. 다른 사람을 믿는 대신 자신을 믿게 된 것이다."

● 마흔세 살에 다시 시작하다

　두번째도 역시 구본형 소장의 책이다. 이 책은 경영서나 실용서라 기보다는 오히려 수필에 가깝다. 구본형 소장 본인이 어떠한 삶을 살 아가고 있는지를 소소한 일상들과 함께 자신의 개인사, 그리고 자신 의 철학을 기록한 책이다. 그래서 그만큼 1인 기업가라는 사람이 실 제로는 어떠한 마음가짐으로 어떻게 하루하루를 살아가는지에 대해 서 알 수 있는 책이다. 지금 내가 가지고 있는 1인 기업가에 대한 이 미지나 세부적인 마음가짐들은 이 책의 영향을 직접적으로 받은 것이 많다.

　나는 지금도 가끔 머리가 복잡하거나 미래가 불안할 때면 서재에서

이 책을 꺼내어서 다시금 읽곤 한다. 구본형 소장님은 이미 작고하셔서 더 새로운 이야기를 들을 수 없기 때문에 이렇게 남아 있는 저작들이 더욱 소중하게 느껴진다.

2009년 영화 「터미네이터: 미래 전쟁의 시작」에 보면 인간 저항군의 리더 존 코너(크리스찬 베일)가 자신의 어머니 사라 코너가 생전에 남긴 육성 테이프를 들으면서 마음을 가다듬는 장면이 나온다. 나는 이 책을 볼 때면 그 장면이 떠오른다.

기존의 직장이라는 정해진 시스템 하에서 매일 출퇴근을 반복하고 다른 사람이 시키는 일, 자신에게 주어진 일만을 완수해왔던 사람에게 1인 기업이라는 시스템은 두렵고도 막연하다. 자신도 그렇게 일할 수 있을지, 그렇게 해서 수입을 얻고 생활을 유지할 수 있을지에 대한 자신이 없을 수 있다. 이런 사람들에게는 실제로 다른 1인 기업들이 매일 일상을 누구와 어떻게, 어떤 생각을 하면서 보내고 있는지 일기장을 엿볼 수 있다면 큰 도움이 될 것이다. 본인의 생각을 그대로 적은 만큼 다른 곳에서는 보기 어려운, 실무적으로 참고할 수 있는 조언들도 많이 있다.

사실 지금 이 글을 쓰기 위해서 오랜만에 다시 이 책을 펼쳐 들고서 한동안 문장들을 읽어 내려갔다. 나는 과연 나의 초심을 지키고 있으며, 구본형 소장처럼 자유로운 영혼으로 매 순간 춤을 추면서 살아가고 있는지에 대해서 다시 한번 반성했다. 좋은 책은 읽을 때마다 행간에서 새로운 의미를 발견하게 마련이다. 참고로 이 책은 이른 새벽이나 깊은 밤 고요한 시간에 홀로 앉아 읽으면 더욱 좋다.

"나는 마음껏 나를 위해 쓸 수 있는 시간을 최우선으로 생각한다. 그것은 내가 회사를 그만두고 나올 때 자신과 한 약속 가운데 하나였다. 나는 아이들과 더 많은 시간을 보낼 수 있다면 일하는 시간은 얼마든지 뒤로 배정한다. 일은 언제고 하면 된다. 가족과 시간을 보내고 나서 남은 시간에 하면 된다. 이것이 내가 1인 기업을 만들 때의 기본적인 구상이었다."

"나는 아무 곳에서나 어느 때 일할 수 있다. 내가 있는 곳은 어디고 이내 훌륭한 사무실이 될 수 있다. 온통 일할 수 있는 시간이기 때문에 일에 연연하지 않는다. 오히려 신나게 노는 일에 주력한다. 노는 것은 내게 힘을 주었다. 적어도 내가 내 인생을 마음대로 즐기고 있다는 자부심을 주었다."

"인생은 이루는 것이라고 생각했다. 그리고 성공하고 싶었다. 내가 계획한 어딘가에 반드시 도착하고 싶었다. 도착하는 것이 곧 성공이었다. 아마 그럴 것이다. 그러나 나는 도착하지 않아도 성공할 수 있다는 것을 알게 되었다. 여정 자체로 훌륭한 여행이 될 수 있다는 것을 알게 되었다. 길 위에서 끝나는 여행도 위대한 여행이 될 수 있다는 것을 깨닫게 되었다. 이것이 10년 동안 내 길을 가려는 노력의 결과로 알게 된 평범한 깨달음이었다. 길 위에서 죽은 여행자처럼 완벽한 여행자가 어디 있겠는가!"

"나는 많은 강연을 한다. 일주일에 세 번 정도의 강연 일정은 아주 매력적이다. 그 이상 되면 하기 싫어진다. 강연은 쏟아내는 작업이다. 쏟아내는 것이 들어오는 것보다 많으면 이내 밑천이 딸리게 마련이다. 이것은 치명적 결함이다. 지적 영역에서 일하는 사람들은 그래서 너무 바쁘면 안 된다. ……늘 새로운 이야기, 새로운 텍스트를 창조할 수 없다면 강연자는 스스로를 교살하는 셈이다. ……일 년이 되지 못해 그의 지식은 낡은 것이 된다."

● 내리막 세상에서 일하는 노마드를 위한 안내서

내가 이 책을 처음 집어 들게 된 것은 '노마드'라는 한 단어에 꽂혔기 때문이다. 유목민이라는 의미의 노마드는 최근 1인 기업가들 사이에서 시간과 장소에 구애받지 않고 노트북만 있으면 자유롭게 일할 수 있는 사람이라는 의미로 쓰이기도 한다. 서울이든, 제주도에서든 발리에서든 말이다.

하지만 이 책에서의 노마드는 평생 자신의 일을 찾아서 표류하는 현대인을 지칭하는 단어로 사용되고 있다. 아버지 세대에는 당연했던 평생 고용의 시대는 끝난 지 오래인 오늘날과 같은 저성장 시대 ('내리막 세상')에는 내 인생의 일을 찾아서 끝없이 떠도는 개인들을 노마드로 지칭한 것이다.

이 책에서는 우리 시대에 일의 의미와 직장, 직업, 놀이의 가치에

대해서 보다 근본적인 질문을 던지고 있다. 일과 우리의 정체성에 대해서 성찰하고 한국사회에서 당연한 듯 받아들여지는 일과 관련된 요구와 욕망을 비판적으로 돌아보며, 그 모순을 어떻게 해결할 수 있을지에 대해서 고민한다. 사실 이 모든 질문과 회의에 대한 답을 책에서 얻을 수 있는 것은 아니다. 또한 저자 스스로 내린 결론이 1인 기업가가 돼야 한다는 것도 아니다.

하지만 이 책의 부제와 같이 '어떻게 누구와 무엇을 위해 일할 것인가'라는 고민은 모든 1인 기업가들이 근본적으로 가지는 고민과 결코 다르지 않다. 여러 번 강조했듯 1인 기업은 단순히 일하는 방식의 문제라기보다는, 일종의 철학이며 삶을 살아가는 방식 자체에 관한 것이다. 새로운 삶의 방식을 택하기 위해서는 본인 스스로의 근본적인 고민과 통찰의 과정이 반드시 필요하다. 이 책은 스스로 그러한 고민을 할 수 있게끔 많은 질문을 던져주는 책이다.

나는 직장 생활의 막바지에 이 책을 처음 읽었다. 책을 읽으면서 내가 그 순간 가지고 있는 고민, 질문들과 너무도 맞닿아 있는 문장들이 많아서 속으로 감탄했던 적이 한두 번이 아니다. 책의 후반부에서 저자는 '롤링다이스'라고 하는 지인들과 공동으로 출자한 협동조합을 통해서 새로운 일의 방식을 실험하고 있음을 이야기한다. 책이 던지는 근본적이고 의미심장한 질문들에 비해서 구체적인 해답이 부족하다는 아쉬움이 있지만, 사실 그 질문에 대한 정답은 없을 뿐더러 각자가 알아서 찾아야 하는 것이 아닐까.

"꽤 괜찮은 일자리에 있는 친구들조차 다음 자리를 고민한다. 대우가 좋아 선택한 직장은 일이 단조로워 괴롭다. 흥미로운 일에 끌려 옮긴 직장은 월급이 쥐꼬리다. 간판이 번듯한 직장에서는 위계질서가 나를 짓누른다. 더 나은 일자리를 찾는 이들의 마음은 모순된 욕망에 끊임없이 시달린다. 모든 걸 갖춘 일자리는 없으며, 혹여 운이 좋아 그럭저럭 만족할지라도 평생 고용을 기대할 곳은 없다."

"일을 좋아하지만 일만 하면서 살고 싶지는 않았다. 돈을 잘 벌고 싶었지만 돈이 아니라면 의미 없을 일을 하고 싶지는 않았다. 배울 것이 있는 일에 구미가 당겼지만 너무 어려워 실패가 뻔한 일은 싫었다. 모두에게 열심을 다그치는 세상에 화가 나지만 더 잘하고 싶어 자신을 다그치기도 한다. 모순 투성이 마음인 걸 안다."

"일이 없음에도 정해진 시간 동안 정해진 장소에 내 몸을 가져다 둬야 한다는 사실이 불합리하다는 생각을 떨칠 수가 없었다. 그 순간 나는 내 일의 대가를 받는 사람이 아니었다. 내 시간을 판 대가, 즉 내 자유의 일정 부분을 포기한 대가를 받는 사람이었다. 그 둘은 스스로 내 일상을 통제할 수 있느냐 없느냐의 차이였다. … 결국 내가 받는 월급은 9시부터 6시까지는 반드시, 그 외에도 필요하다면 언제나 내 존재를 전선에 가져다 놓겠다는 약속의 대가였던 셈이다. … 내 다음 24시간조차 통제할 수도 예측할 수도 없다면 무슨 재주로 내가 '내 인생의 주인'이라는 생각을 할 수 있을까?"

● 승려와 수수께끼

국내에서는 잘 알려지지 않은 책이지만, 실리콘밸리의 창업가 중에서 아마 이 책을 모르는 사람은 별로 없을 것 같다. 저자인 랜디 코미사는 지금도 실리콘밸리에서 활발하게 활동하고 있는 기업가이자 벤처투자가이다. 변호사 출신으로 스티브 잡스 시대의 애플에서도 일했으며, 실리콘밸리의 다양한 기업에서 대표, 특히 "가상의 CEOVirtual CEO"라는 독특한 직책으로 여러 기업을 성공적으로 이끌었다. 사실 1인 기업의 정의를 어디까지 봐야 할지 모르겠지만, 랜디 코미사도 넓은 의미에서는 그 범주에 충분히 들어가는 분이 아닌가 한다.

　책에서는 자신에게 투자를 받기 위해서 찾아온 가상의 초보 기업가에게 조언을 해주면서 자신이 거쳐온 인생을 돌아보고 창업에 관한 자신의 철학을 이야기한다. 구체적인 경영 지침을 알려주는 책이라기보다는 일종의 경영 철학서라고 해야 할 것 같다. 1인 기업도 기업이므로 창업가에게 주는 조언들은 항상 귀담아들을 필요가 있다.

　내가 특히 이 책에서 정말 충격적으로 받아들였던 개념은 '미뤄 놓은 인생계획deferred life plan'이라는 개념이다. 많은 사람이 흔히 '일단 일에서 성공적인 커리어를 쌓고 돈도 벌고 생활이 안정된 다음에 내가 진짜로 하고 싶은 일을 해야지.' 하면서 살아간다. 하지만 이 책에서는 진정으로 내가 하고 싶은 일을 먼저 추구하면서 살아야 한다고 강조한다. 미래의 행복을 위안으로 삼으면서 원치 않은 일에 인생의 상당 부분을 혹은 평생을 낭비하는 것이야말로 개인에게는 가장 큰 리스크라는 것이다.

1인 기업으로 독립하고 싶은 사람들도 현재의 조직에서 만족하지 못하고 진정으로 자신이 하고 싶은 일을 찾아서 나오는 사람들이 많을 것이다. 혹은 1인 기업을 시작하기로 한 사람들도 '일단 돈을 벌고 나중에 정말 내가 원하는 것을 해야지.' 하고 계획하는 사람이 있을지도 모른다. 이런 분들은 꼭 읽어봐야 할 책이다.

"가장 큰 위험부담은 미래의 행복을 위안으로 삼으며 원치 않은 일에 평생을 낭비하게 되는 것이다."

"가장 소중한 재산인 시간을 가장 의미 있는 일에 써라. 남은 인생 동안 무엇을 하고 싶은가? … 생각건대 내일 갑자기 삶이 끝나도 지금껏 진짜 하고 싶은 일을 하고 살았다며 자신 있게 말할 수 있는지를 묻고 싶던 건 아닐까? 당신은 앞으로 평생 어떤 일을 하고 싶은가? 지금 당장 그 일을 시작하려면 어떻게 해야 할까?"

"다른 사람이 그린 지도, 다른 사람이 밟던 길을 따라가는 게 내게 무슨 의미가 있을까? 이건 내 여행이고 내 인생이었고, 내 인생이었다. 나만의 여정이 필요했다. 그래서 일정 따위는 던져두기로 하고, 이런 결정이 나를 어디로 이끄는지 보기로 했다."

독립을 위한 구체적이고 실용적인 조언들

　스스로 독립할 수 있는 마음가짐을 가졌다면, 이제는 구체적으로 독립을 계획하고 실행에 옮길 때이다. 이번에는 1인 기업가로 독립하기 위한 구체적인 조언과 전략, 실용적인 팁을 가득 담고 있는 책 세 권을 소개할까 한다. 이 책들은 실제로 내가 독립을 구체적으로 계획하고 실행하는 데 큰 도움을 주었으며 지금도 가끔 꺼내어보는 책들이다.

● 4시간

하루에 딱 4시간만 일 할 수 있다면 얼마나 좋을까. 그런데 이 책 『4시간』에서 말하는 4시간은 심지어 하루에 4시간이 아니라 일주일에 4시간이다. 즉 일주일에 단 4시간만 일하면 되는 삶을 살아가는 법을 알려주는 것이 이 책의 목적이다.

이 책의 저자인 티모시 페리스는 (좋은 의미로) 매우 특이한 경력을 지닌 사람으로, 이 책으로 일약 전 세계적인 스타덤에 올랐다. 책의 첫 초반에 나오는 자기 스스로를 소개한 목록을 보면 이 사람이 어떤 유형의 사람인지 금방 감이 올 것이다.

- ◆ 4명의 세계 챔피언과 싸워 이긴 무제한 이종격투기 선수
- ◆ 탱고 기네스 세계 기록을 갖고 있는 역사상 최초의 미국인
- ◆ 프린스턴 대학교 기업가 과정 초빙 강사
- ◆ 일본어, 중국어, 독일어, 스페인어 응용 언어학자
- ◆ 혈당 지수 연구원
- ◆ 전국 산슈 (중국 무술) 챔피언
- ◆ 타이온 MTV 브레이크 댄서
- ◆ 30명 이상의 세계 기록 보유자의 운동 경기 고문
- ◆ 태국과 중국의 TV 진행자
- ◆ 상어 떼 사이의 다이버
- ◆ 오토바이 경주 선수

  등등.

(또한 이 책을 출판한 이후의 일이지만 티모시 페리스는 페이스북, 트위터, 우버, 에버노트 등의 이름만 들어도 쟁쟁한 기업들의 엔젤 투자자이기도 하다)

이 책에서 티모시 페리스는 기존의 일하는 방식이나 커리어를 바라보는 관점을 완전히 바꾸고 더 적게 일하면서 자유롭게 하고 싶은 일을 하고 살면서 더욱 풍족하고 보람된 삶을 살 수 있게 해주는 방법을 알려주고 있다. 이 책에서 말하는 '뉴리치 new rich'는 사실 우리가 최근에 이야기하는 디지털 노마드와 상당히 유사하다. 내가 알기로는 이 책 자체가 디지털 노마드 붐을 일으키는 데 상당한 역할을 한 것으로

알고 있다.

『4시간』은 전형적인 자기계발서의 유형에서 완전히 벗어난다. 본인의 경험에 기반을 둔 실용적인 팁들로 가득하며, 더 정확하게 말하자면 온갖 꼼수들을 알려주고 있기도 하다. 자신이 바라는 이상적인 삶을 그리는 방법부터 삶에서 불필요한 본질적이지 않은 것들을 제거하는 방법, 업무의 많은 부분을 (혹은 거의 전부를) 아웃소싱하는 방법, 자신이 없어도 잘 돌아가는 사업체를 만드는 '자동화' 방법, 출퇴근하던 직장에서 점차 원격 근무로 전환하는 방법, 미니 은퇴를 하는 방법, 완전히 자유를 얻은 이후에 공허함을 해결하는 법까지 상상하지 못했던 주제들과 기상천외한 조언들로 가득하다. 이런 과정에서 이메일, 인터넷, 온라인 플랫폼 등에 디지털 툴에 대한 강조가 많다. 책이 처음 출판된 후 10년 가까이 지난 지금은 훨씬 많은 해결책이 우리 손에 있다.

이 책에서 이상적인 삶을 지칭하는 '뉴 리치'가 1인 기업과 같은 개념이라고 보기는 어렵다. 하지만 1인 기업으로 독립하는 많은 사람이 이러한 뉴 리치의 삶을 살고 싶어 한다. 사실 내 인생은 이 『4시간』을 읽기 전과 후로 나뉜다고 해도 과언이 아니다. 이 책에서 나오는 새로운 방식의 인생과 자유롭고 풍족한 인생을 보면서 나도 이런 인생을 구체적으로 그리게 됐기 때문이다. 이미 1인 기업으로 독립한 분들보다는 기존의 조직에서 1인 기업을 꿈꾸는 사람들이 읽어보면 실질적인 팁들을 얻을 수 있을 것이다.

한국에서 이 책은 절판된 것으로 보인다. 중고 서적을 구해서라도 꼭 읽어보시라. 이 책은 몇몇 문장만 발췌하기에는 중요한 부분이 너무 많다. 문장을 발췌하는 대신 책 초반에 나오는 '뉴 리치'에 대한 설명의 일부를 옮김으로써 대신하고자 한다. 사실 우리가 살고 싶은 삶이 바로 이런 삶 아니던가?

- ◆ 다른 사람들이 당신을 위해 일하게 한다.
- ◆ 일을 위한 일이 되지 않도록 하며 최대의 효과를 얻기 위해 필요한 최소의 일만 한다.
- ◆ (단순히 젊어서 은퇴하는 대신) 회복기와 모험기(미니 은퇴기)를 인생 전반에 걸쳐 고르게 배치한다. 활동을 그만두는 게 목표가 아니란 걸, 당신을 흥분시키는 일을 하는 게 목표란 걸 알고 있기 때문이다.
- ◆ 하고 싶은 모든 것을 하고 되고 싶은 모든 것이 된다.
- ◆ 관리자도 직원도 아닌 소유자가 된다. 기차를 소유해 다른 사람이 정시에 운행하도록 한다.
- ◆ 일정표와 각 실행 단계를 포함해 정해진 꿈을 추구한다는 구체적 이유를 갖고 엄청나게 많은 돈을 번다.
- ◆ 생각은 크게 하되 돈은 매일매일 들어오도록 한다.
- ◆ 하기 싫은 일을 하지 않을 자유를 갖되, 일을 위한 일로 돌아가지 않고 꿈을 추구할 자유와 결단력을 가진다.

● 나는 직장에 다니면서 12개의 사업을 시작했다

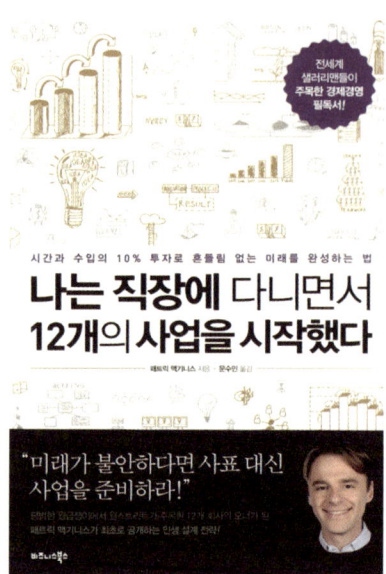

　이 책은 제목 그대로 조직 내에서의 기존 직업을 유지한 채 새로운 사업을 시작하는 법에 대해서 알려주고 있다. 저자 패트릭 맥기니스는 '10% 사업가10% Entrepreneur'라는 개념을 강조한다. 자신이 가진 전문성이나 자본 등의 10% 정도만을 투자해 안정적인 커리어를 유지하면서도 새로운 사업을 할 수 있다는 것이다.

　실제로 저자는 월스트리트의 금융사에 다니는 평범한 직장인으로 한 회사만 바라보고 일하다가 금융위기를 겪은 이후로, 수입도 다각화하고, 리스크도 분산시키며, 더 다양한 삶의 열정을 좇기 위해서 총 12개의 스타트업에 투자하고 자문하면서 자신의 인생이 바뀌었다고 이야기한다.

이 책에서는 10% 사업가를 다섯 가지 유형으로 나눈다. 엔젤형, 고문형, 창업자형, 마니아형, 110% 사업가형이다.

- ◆ 엔젤형이나 고문형은 말 그대로 자금이나 노하우를 활용해서 다른 사람의 기업을 성장시키는 데 기여하는 것이다.
- ◆ 창업자형은 (본업을 유지하면서도) 자신이 주도해 직접 회사를 세우고 관리하는 형태다.
- ◆ 마니아형은 자신이 단순히 취미 이상으로 열정을 지닌 분야를 사업으로 만드는 것이며,
- ◆ 110% 사업가 형은 전업 사업가로서 사업을 다각화하기 위해서 투잡을 뛰는 것을 말한다.

비록 책에서는 안정적인 수입을 얻을 수 있는 원래 직장을 그만두지 않는 것이 좋다고 권유하고 있기는 하지만, 저자가 이야기하는 10% 사업가의 개념 중에 엔젤형, 고문형이 현재 내가 활동하는 1인 기업가로서의 수익 모델이나 스타트업과 일하는 방식과 유사해서 참고할 점들이 많았다. 나도 현재 6개 정도의 스타트업 기업에 내 자원의 일부를 투자해 지분을 가지거나 자문료를 받고 있기 때문이다.

사실 이러한 10% 사업가 모델이 모든 사람에게 적합한 것은 아니며, 책에서 나오는 많은 조언이 한국의 실정과는 맞지 않는 부분들이 있다. 예를 들어 10% 사업가 활동을 하는 것을 원래 직장에도 숨기지

말아야 하고 외부 활동에서 익힌 역량이 본래의 직업 수행에도 도움이 될 것이므로 기존 직장에서도 싫어하지 않을 것이다, 기업들은 직원들에게 기업가정신을 가질 것을 무작정 강조할 것이 아니라, 10% 기업가가 되도록 오히려 장려해야 한다…… 등등의 부분이 그러하다. 그럼에도 이 책이 주장하는 방향성은 우리에게 충분히 참고가 된다.

무엇보다 이 책은 1인 기업을 준비하는 직장인들에게 도움이 될 수 있다. '10% 사업가'를 직장인이 완전히 독립한 1인 기업가가 되는 과정에서 거치는 중간 단계 정도로 활용할 수 있을 것이기 때문이다. 나는 항상 1인 기업을 준비하는 분들이 자신이 가진 가설들을 충분히 검증한 후에 독립해야 한다고 주장하고 있다. 그렇게 가설을 검증하고 자신이 독립된 1인 기업으로 살아갈 준비와 자세가 충분히 됐는지를 알기 위해서 이렇게 자원 일부를 미리 활용해보는 방법은 매우 유효할 것으로 생각한다.

"나는 남들이 으레 밟는 안전한 길을 걷는 대기업의 직원이자 '직장인'이라는 틀에 맞는 사람이었다. 누군가에게는 사업이 가슴 뛰는 선택이겠지만 나는 사업이라는 말 자체가 두려웠다. 그러나 금융 위기가 모든 것을 바꿔놓았다. 전에는 하지 못했던 '전업 사업가가 되는 대신, 직장 생활을 하면서도 사업을 할 수 있지 않을까?'라는 생각이 떠오른 것이다. 내가 가진 자원과 에너지의 10% 정도만 투자한다면 가능해 보였다. 그 생각을 시작으로 어느새 5년, 나는 12개의 사업을 하는 10% 사업가가 되었다."

"발로는 전업 사업가라는 롤러코스터에서 내려왔지만 10% 사업가로 거듭났다. 자신의 장점을 활용할만한 기회를 포착하고 지식과 인맥을 이용해 아이디어를 현실화해서 로펌의 파트너를 유지하는 동시에 성공적인 기업의 엔젤 투자자, 고문, 파트너가 된 것이다. 발로는 돈 잘 버는 성공한 변호사로서 로펌에 몸담고 안정감을 만끽하는 동시에 무한한 미래를 향한 가능성을 열었다."

"사업이 성공하려면 모든 활동이 하나로 연동해서 통합돼야 한다. 똑똑한 기업은 전략에 주의를 기울여서 자신을 강화해 나가고 선순환을 만들어 낸다. 전체를 아우르는 전략이 있기 때문에 사업의 각 부분도 더 나은 성과를 올린다. … 지적 자본이 업무 관심사, 열정, 인맥, 그리고 '10%'와 더 긴밀하게 연결될수록 하나하나 행동해 나갈 때마다 더 많은 것을 성취할 수 있다. 10%와 나머지 90%가 긴밀한 관계를 유지하고 있다면 삶 전체, 즉 100%에서도 성공하고 보람을 느낄 확률이 높아진다."

어떻게 나를 최고로 만드는가

이 책은 경력 관리, 즉 자신의 커리어를 어떻게 쌓아 나갈지에 대한 전략을 알려준다. 사실 국내 번역본 제목보다는 'The Startup of You (=당신이라는 기업)'라는 원제가 이 책이 주는 핵심 메시지를 더 잘 설

명한다고 하겠다. 원제에서 알 수 있듯 이 책이 근간으로 하는 명제는 우리의 커리어를 발전시키기 위해서 나 자신을 하나의 스타트업으로 간주해야 한다는 것이다.

실제로 스타트업, 즉 작은 신생 기업이 부족한 자원과 불확실한 상황 속에서 여러 전략을 세우고 리스크를 감내하면서 계획적으로 때로는 우연히 기회를 잡고 성장해나가는 과정과 한 개인이 커리어를 쌓아 나가는 과정에는 여러모로 공통점이 많다. 이렇게 이 책에서는 스타트업이 성장하는 전략을 개인 커리어 발전에도 적용할 수 있다는 것을 알려준다. 그리고 스스로를 하나의 기업으로 간주한다는 그 자체가 1인 기업가들의 철학과 일맥상통하는 바가 있다.

이 책의 저자는 리드 호프먼으로 실리콘밸리를 주름 잡는 페이팔 마피아 중의 한 사람이자 링크드인의 창업자이다. 실리콘밸리에서 스타트업들의 흥망성쇠에 깊이 관여하면서 다양한 기업가와 전문가들의 성장을 지켜봤던 그는 셰릴 샌드버그와 같은 인사들의 실제 경력 계발 사례들을 들어가면서 커리어 발전에 대한 전략을 제시해준다.

특히 나는 이 책에 나오는 '영구적 베타 단계'라는 개념을 좋아한다. 베타 버전은 소프트웨어 상품을 시장에 출시한 이후에도 여전히 미완성이며 지속적으로 다음 단계의 개선 작업이 이루어진다는 것을 강조한다. 나는 전문가로서 개인의 커리어에 완성이나 끝은 없으며 평생에 걸쳐서 지속적으로 완성을 향해가는 과정이라고 생각한다. 즉 우리는 영구적 베타 단계에 있어야 하는 것이다.

특히 전 세계적인 휴먼 네트워크 플랫폼인 링크드인의 창업자답게, 저자는 인맥을 쌓는 것의 중요성과 그 방법에 대해서도 강조하며 책의 상당 부분을 할애하고 있다. 그중에는 전통적인 방법을 활용하거나, 이메일이나 블로그 같은 문명의 이기를 활용하는 방법에서 자신만의 페이팔 마피아를 만드는 방법까지 다양하다.

커리어를 웬만큼 쌓은 사람들은 이 책에서 설명하는 노하우를 경험적으로 체득하고 있는 것들이거나, 부지불식간에 활용하고 있는 것들이 많이 보인다. 이런 면에서 사회생활이나 커리어를 지금 시작하는 이들에게도 도움이 많이 되는 책일 것이다.

1인 기업가도 한 명의 전문가로서, 또한 하나의 기업으로서 지속적으로 커리어를 발전시키고 네트워크를 확장시켜 나가야 한다. 불확실성 속에서도 전략적으로 많은 기회를 만들고, 리스크를 적절한 수준에서 관리하며, 좋은 인연을 만들어야 하며, 다른 사람들과 함께 발전해야 한다. 나도 이 책에서 경력 관리, 인맥 관리, 그리고 나 스스로가 하나의 스타트업으로서 살아가는 삶에 대해서 많은 힌트를 얻었으며, 몇몇 조언들은 지금도 매우 유용하게 활용하고 있다.

"오늘날 직업 세계에서 직면하는 수많은 도전에 적절하게 대응하려면, 우리는 이 기업가 본성을 재발견하고 이를 활용해 새로운 형태의 진로를 만들어내야 한다. 당신이 변호사나 의사이건, 또는 교사나 기술자이건, 심지어 기업주이건 간에, 적어도 자신이 하나의 성장하는 스타트업을 경영하는 기업가라는 점을 인식해야 한다. 그리고 그 스타트업이 바로 당신의 진로다."

"기업가에게 '완료했다'라는 말은 결코 입에 담아선 안 될 욕설과도 같다. 그들은 위대한 기업은 지속적으로 변화하는 기업이라는 사실을 알고 있다. … 즉, 우리 모두는 지속적으로 변화해야만 하는 과정에 놓여있다. 날마다 돌아오는 매일은 우리의 삶과 직업에서 더 많이 배우고, 더 많이 일하며, 더 성장하고, 더 나아지는 기회다. 그리고 자신의 진로를 영구적 베타 단계에 머물게 한다는 건 아직도 자신에게 버그가 존재하고, 자신을 더욱 개선해야 하며, 향후에도 적응하면서 변화해야 한다는 사실을 스스로 인정하는 것이다."

"기업가들이 늘 뛰어난 인재를 영입하고 훌륭한 팀을 구성하는 데 시간을 보내는 것처럼, 당신 또한 스스로의 진로를 창업하고 성장시키려면 직업적 네트워크를 구축하는 데 늘 투자해야 한다. 만약 당신이 빠른 속도로 커리어를 쌓길 원한다면 다른 사람의 도움과 후원이 필요하다. 기업의 창업자처럼 직속 부하직원을 고용하거나 이사회에 보고해야 할 의무 같은 것은 없다. 당신이 해야 할 일은 시간이 가면서 함께 성장할 수 있는 다양한 지지자들과 조언가로 구성된 팀을 구성하는 것이다."

"오히려 우리는 중요한 사람이나 아이디어를 의도치 않은 상황에서 우연히 접하게 되는 경우가 더 많다. 좋은 진로 기회의 핵심은 결국 나에게 도움이 되는 사람이나 아이디어를 우연히 접할 수 있는 가능성을 높이는 데 있다. 다시 말해 좋은 우연을 더 많이 만들고, 그 과정에서 기회가 저절로 모습이 드러낼 수 있게 하는 것이다.

… 만약 당신이 꼼짝 않고 침대에만 누워 있다면 행운도, 당신의 진로를 크게 변화시킬 좋은 진로 기회도 찾아오지 않을 것이다. 오로지 뭔가를 할 때에만, 다시 말해 냄비 속을 저어야만 우연한 아이디어와 인맥, 장소 등이 하나로 섞이면서 새로운 형태의 기회가 생겨나는 것이다. 즉 끊임없이 움직임으로써 자신을 향해 다가오는 흥미로운 기회들을 모두 잡아낼 만한 커다란 기회 포착의 거미줄을 만들어낼 수 있다."

네트워킹과 인간관계 경영을 위해

　1인 기업가에게 네트워킹과 사람을 상대하는 일은 매우 중요하면서도 어려운 일이다. 1인 기업가는 혼자서 일하지만 또 항상 함께 일한다. 협업하기 위해서, 고객에게 물건을 팔기 위해서, 혹은 자기 자신을 팔기 위해서 우리는 많은 사람을 만나고 또 사귀어야 한다. 결국 기회는 사람에게서 나오기 때문이다.

　특히 혼자서 일을 하기 때문에 폭넓은 네트워크가 1인 기업에는 필수적이다. 인터넷과 스마트폰, SNS 등의 발전으로 인간관계가 맺어지는 양상은 예전과는 많이 변했지만, 어떻게 사람을 사귀고 네트워크를 넓혀갈 것인가에 대한 중요성과 근본적인 원칙은 크게 변하지 않은 것 같다.

사람을 대한다는 것은 참으로 어렵다. 가장 큰 기쁨이나 보람도 사람에게서 오지만, 가장 큰 고민과 어려움도 역시 사람 사이의 관계에서 온다. 마음이 맞는 사람들과 함께하는 것은 서로가 즐거운 일이다. 하지만 혼자서 모든 것을 책임져야 하는 1인 기업이라면 항상 자신이 어울리고 싶은 사람과만 어울릴 수 있는 것은 아니다. 때로는 사람에게 상처를 받기도 하고 더 나아가 감정적이거나 금전적인 손실을 보기도 한다.

그렇기 때문에 인간관계를 어떻게 경영해야 하며 네트워크를 넓혀야 할지는 1인 기업가에게 아주 중요하다. 책을 읽는 것만으로 이런 것들을 모두 배울 수 있는 것은 아닐 것이다. 하지만 적어도 하지 않아도 될 실수는 조금이나마 줄여줄 수 있을 것이며, 보다 효율적으로 노력하기 위해서도 도움이 될 것이다.

카네기 인간관계론

인간관계 경영에 있어 이 책은 사실 설명이 별로 필요 없는 책이다. 네트워킹과 인간관계 경영을 위해서는 단연 가장 먼저 읽어야 할 책이다. 1936년에 출간된 책이지만 아직도 널리 읽히는 고전이자 베스트셀러이다.

이 책에서 데일 카네기가 주는 메시지는 간단하고 명확하다. 비난하지 말고, 상대에게 진정한 관심을 가지며, 상대의 입장에서 생각하

고, 많이 이야기하기보다는 많이 들어야 하며, 스스로 답을 찾게 해줘야 한다는 것이다. 이런 원칙들이 다양한 사례들을 기반으로 쉽게 설명되어있다. 인간의 현실적인 본성과 인간관계의 근본적인 원칙에 관해서 이야기하며 현실적인 팁도 많다.

이런 원칙들은 별로 새로운 이야기가 아니라고 느낄 수도 있다. 주변에서도 이 책은 '뻔한 이야기만 써놨다'고 하시는 분도 보았다. 하지만 이를 머리로 아는 것과 직접 실천하는 일은 명백히 별개이며 실천에는 엄청난 노력이 필요하다. 이 글을 쓰기 위해 나도 다시 한번 통독을 했는데 읽을 때마다 나 스스로를 돌아보게 하는 책이다.

"비판이란 쓸데없는 짓이다. 비판은 인간을 방어적 입장에 서게 하고 대개 그 사람으로 하여금 자신을 정당화하도록 안간힘을 쓰게 만들기 때문이다. 비판이란 위험한 것이다. 왜냐하면 그것은 한 인간의 소중한 자존심에 상처를 입히고 원한을 불러일으키기 때문이다."

"죽을 때까지 남에게 원망을 받고 싶은 사람은 남을 신랄하게 비판하라. 그 비판이 확실하면 할수록 효과는 더 커진다. 대개 사람들을 다루는 경우 상대를 논리의 동물이라고 생각하면 안 된다. 상대는 감정의 동물이고 심지어 편견에 가득 차 있으며 자존심과 허영심에 의해 행동한다는 것을 명심하지 않으면 안 된다."

"우리에게 멋진 생각이 떠오를 때 다른 사람들에게 그 생각이 우리 것이라는 생각이 들게 하지 말고, 오히려 그들이 멋진 생각을 한 것으로 하고, 그 생각을 마치 자기 자신의 것처럼 여기게 하라. 그러면 그들은 그것을 좋아하게 되고, 아마 그것을 실행하게 될 것이다. 먼저 다른 사람의 마음에 열렬한 욕구를 불러일으켜라. 이것을 할 수 있는 사람은 전 세계를 자기편으로 만들 수 있고 그렇지 못한 사람은 외로운 길을 걷게 될 것이다."

"2년 동안 다른 사람으로 하여금 내게 관심을 두게 하는 것보다 내가 다른 사람에게 관심을 두면 2개월 안에 더 많은 친구를 사귈 수 있다. 그러나 평생을 다른 사람이 자신에게 관심을 두도록 하려고 노력하면서 사는 사람들이 더 많다. 물론 아무 소용없는 일이다. 친구를 사귀고 싶으면 자기 자신을 버리고 다른 사람을 위해 무언가를 해주어라."

"말주변이 있는 사람이 되기를 원한다면 우선 주의 깊은 경청자가 돼야 할 것이다. 자신에게 흥미를 느끼게 하려면 먼저 남에 대한 흥미를 느껴야 한다. 다른 사람들이 대답하기 좋아하는 질문을 던져야 한다. 그들 자신과 그들 업적에 관해 이야기하도록 그들을 격려해주어야 한다. 당신이 이야기하고 있는 사람은 당신이나 당신의 문제들보다 몇백 배 더 그들 자신의 소망과 문제에 관해 관심을 두고 있다는 사실을 명심해야 한다."

"논쟁에서 최선의 결과를 얻을 수 있는 유일한 방법은 그것을 피하는 것이다."

"사람들과 이야기할 때 그들과 다른 의견을 가진 문제에 대해 먼저 논의하지 마라. 동의하는 안건으로 말을 시작하고 계속 그것을 강조하라. 가능하다면 나와 상대방이 같은 목표를 향해 가고 있으며 단지 다른 점이 있다면 그것은 목적이 아니라 방법이라는 점을 계속 강조하라."

"타인에 의해 강요된 의견보다 스스로 생각해낸 의견을 우리는 더 신뢰한다. 따라서 제안을 해서 상대방이 스스로 생각하고 결론을 내리게 하는 것이 더 현명한 방법이다. 다른 사람에게 그 아이디어가 자신의 것이라고 느끼게 하는 일은 비즈니스와 정치뿐만 아니라 가정생활에서도 도움이 된다."

혼자 밥 먹지 마라

내가 읽었던 모든 책 중에 네트워킹에 대해서는 이 책은 최고다. 대학생 때 우연히 이 책을 읽은 후 내 인생이 크게 바뀌었다. 더욱 많은 사람과 네트워크를 형성하면서 폭넓은 삶을 살아가고 싶었기 때문이다. 나도 슈퍼 커넥터super connector가 되고 싶었고 그런 과정은 지금도 진행 중이다. 깊고 넓은 인간관계를 맺는 것의 중요성, 기쁨, 그리고 그렇게 할 수 있는 구체적인 방법에 대해서 이 책은 다루고 있다.

저자인 키이스 페라지는 경영자, 마케팅 전문가, 그리고 네트워킹의 달인이다. 가난한 집안에서 태어났지만, 폭넓은 인간관계와 네트워크의 힘을 통해서 성장했고 사회적으로도 성공했다. 그가 네트워크를 형성하는 과정에서 얻은 경험과 노하우가 책 속에 가득하다.

사실 인맥이라고 하면 한국에서는 혈연, 지연, 학연으로 얽힌 부정적인 뉘앙스가 강하다. 자신을 알리기 위해서 무작정 명함을 뿌리고 다니며 자신의 이익을 위해서 서로 이용하고 권모술수가 난무하는 그런 계산적인 관계들 말이다. 하지만 이 책에서는 얄팍한 술수나 테크닉보다는 좀 더 근본적인 인간관계에 대한 통찰을 다룬다. 많은 원칙이 『카네기 인간관계론』과 유사해서 같이 읽으면 좋을 책이다. 하지만 네트워킹에 대해서는 이 책이 더 구체적이다.

특히 1인 기업들에게 중요한 팁들도 많다. 내가 곧 브랜드가 돼야 하며 매력적인 사람이 돼야 하고 자기 PR에 능해야 하기 때문이다. 1인 기업을 대상으로 이 책을 쓴 것은 결코 아니겠지만, 신기하게도 놀랄 만큼 1인 기업에게 필요한 조언들이 많이 들어 있다. 참고로 이 책의 후속작인 『혼자 일하지 마라』는 이 책만큼 흥미롭지는 않았다.

"내가 생각하는 네트워킹은 차갑고 비인간적인 것이 아니다. 내가 가지고 있는 지식과 자원, 시간과 에너지, 친구와 아는 사람들과 우러나오는 감정까지 함께 나누며 타인에게 가치를 더하기 위한 지속적인 노력이다. 이렇게 하면 저절로 좋은 일들이 생긴다. 비즈니스라는 것이 그렇듯이 커넥터(connector, 연결해주는 사람)는 거래를 원만히 처리하는 차원에서 그치는 것이 아니라 인간과 인간의 관계를 경영할 줄 알아야 한다."

"진정한 네트워킹은 다른 사람들이 더 잘될 수 있도록 돕는 방법을 찾아내는 일이다. 받는 것보다 더 많이 주려고 열심히 노력해야 한다."

"인맥으로 연결되어있다는 것은 도움을 청하고 도움을 주는, 지속적으로 주고받는 과정이다. 사람과 사람은 서로 연결돼 자신의 시간과 전문 지식과 정보를 나누면 나눌수록 모든 이가 누릴 수 있는 파이는 점점 더 커진다. … 그렇게 되기 위해서는 계산적인 마음을 버려야 한다. 도와줄 수 있는 영역이 넓어지면 도움을 받을 수 있는 영역도 넓어지고 남을 도우려 할 때 도움을 주는 사람도 더 많아진다."

"끊임없이 기여해야 한다. 이는 관계를 키우는 영양제와 같다. 커뮤니티를 넓혀가며 당신의 시간과 돈과 전문지식을 주어라"

"이들이 바로 슈퍼커넥터, 즉 마당발들이다. 수천 명의 사람과 관계를 이어나가는 나 같은 사람들 말이다. 그런데 이런 사람들은 수천 명을 아는 것만이 아니라, 다양한 세계에 분포되어 있는 수천 명을 알고 있으며 그들과 전화를 하고 지내는 사이라는 게 중요하다."

"사람을 움직이게 하는 유일한 방법은 그 사람의 중요성을 인정하고 그로 인해 그들이 자신의 중요성을 느낄 수 있게 해주는 것이다. 인간은 누구나 중요한 존재로 인정받고 싶은 소망을 지니고 산다. … 상대의 깊은 소망을 성취할 수 있도록 도와준다면, 그 사람과의 유대감 형성은 물론이고 시간이 갈수록 돈독해지는 유대관계를 이어나갈 수 있다."

"30년 전에는 정보를 독점해 (그로 인해 성난 사람들을 수두룩하게 남기며) 파워를 쟁취할 수 있었다고 하더라도, 오늘날의 체제에서는 사회적인 중재인이 되지 않으면 안 된다. 지속적이고 개방적으로 호의와 정보를 교환해야 한다는 말이다."

● 낯선 사람 효과

1인 기업으로서 네트워크를 확장하고, 특히 슈퍼커넥터가 되고 싶은 사람은 약한 연결weak link의 위력과 휴먼 네트워크 구조와 원리에 대해서 이해하는 것이 핵심이라고 본다. 직업적, 사업적인 기회는 가족, 친구, 친지와 같은 강한 연결보다는 어쩌다 가끔 만나면서 알고 지내는 약한 연결에서 대부분 나오게 된다. 또한 네트워크에서 우리

는 다양한 허브에 속해 있으며 허브를 이동하거나 스스로 만들어내면서도 새로운 기회를 창출할 수 있다.

　이 책 『낯선 사람 효과』는 『80/20 법칙』의 저자인 리처드 코치가 쓴 책이다. 사회생활과 경력 관리 등의 인간관계라는 네트워크가 어떻게 형성되며 작동하는지에 대해서 다양한 사례와 인터뷰를 통해서 설명하고 있다. 특히 비즈니스나 커리어 측면에서 약한 연결의 중요성을 다각도에서 분석한다. 더 나아가 슈퍼커넥터란 어떠한 특징을 가진 사람이고 우리가 어떻게 이런 사람이 될 수 있는지도 실제 사례들을 통해 설명한다.

　현재 우리는 페이스북, 링크드인, 트위터 등의 SNS 및 인터넷의 발전에 따라서 과거와는 달리 개인의 연결성connectivity이 극대화된 시대를 살고 있다. 누구나 노력만 하면 수많은 약한 연결을 만들고 관리할 수 있으며 슈퍼커넥터가 돼 과거에는 상상하지 못한 영향력을 개인이 발휘하기가 쉬워졌다. 이는 결국 1인 기업의 활동폭과 위력이 더욱 커질 수 있음을 의미한다. 최근에 일어나는 1인 기업이나 1인 미디어의 붐은 이러한 변화와 밀접하게 관련되어있다고 본다.

SNS를 활용해본 사람들은 네트워크와 약한 연결의 위력을 무의식 중에 느끼고 있을 것이다. 하지만 그 근본적인 원리를 이해하고 의식적으로 노력할 수 있다면 효과는 더욱 배가되리라고 생각한다. 나 개인적으로도 이 책을 통해서 그러한 원리를 이해하는 것이 SNS와 블로그 등을 통한 영향력 발휘, 네트워킹, 슈퍼 커넥터가 되기 위한 과정에 큰 도움이 되었다.

"새로운 정보나 아이디어를 얻으려면 강한 연결로 얽혀 있는 원을 뛰어넘어 네트워크상에서 멀리 떨어진 다양한 원들과 연결을 유지해야 한다. 그리고 이를 가능하게 해주는 것이 바로 약한 연결이다."

"설문조사 결과 전체 채용 건수 6개 중 겨우 한 건만이 가족이나 친구를 통해 일자리 소개가 성사되었다. 즉 나머지 다섯 건은 예전에 인사를 나누었지만 현재는 별로 교류가 없는 먼 지인들을 통해서 성사된 것들이다. 또한 모든 채용 건수 중에 1/4 이상이 거의 알지 못하는 사람의 소개를 통해 이루어졌다."

"마지막으로 슈퍼커넥터가 되기 위한 가장 중요한 요소는 자신에게 이익이 없을 때도 순수한 마음으로 나서서 사람들을 연결하려는 의지와 실천이다. … 우리가 먼저 한 사람을 다른 사람에게 연결시켜 준다면 비록 곧바로는 아니라고 하더라도 때로는 아주 복잡하고 비대칭적인 형태로 우리 자신도 다른 사람과 연결되는 기회를 얻게 된다. 사회적인 연결을 이런 식으로 확장되다가 추적이 불가능한 어느 지점에 이르러 도움을 필요로 하는 바로 그 순간에 내게 혜택을 가져다준다."

"슈퍼커넥터들은 네트워크 속에서 활동하는 구성원들을 연결하는 것 이상의 역할을 한다. 그들이 하는 가장 창조적인 기여는 새로운 아이디어를 중심으로 사람들을 끌어모으는 일이다. … 슈퍼커넥터들은 분명 열정이 넘치는 사람임에는 틀림없지만 우리의 기대와는 달리 평범하고 현실적인 존재이기도 하다."

"많은 시간을 함께 보내지 않는 사람들에게서 기회의 순간이 찾아온다는 사실을 믿습니다. 왜냐하면 그들이 우리와는 다른 세상에서 살고 있기 때문이죠. 같은 세상에 사는 사람들은 모두 비슷비슷한 생각을 합니다. 그래서 새로운 아이디어를 창조하기 위해서는 반드시 다른 세상에서 사는 사람과의 연결이 필요한 것입니다."

"약한 연결을 만들어내는 과정에서는 개방적인 자세를 취하되 약한 연결을 강한 연결로 전환하는 과정에서는 선택적인 태도를 지녀야 한다. 그리고 새롭게 시간을 투자할 수 있는 잠재적인 허브에는 항상 마음을 열어 놓고 허브를 선택하는 과정에서는 적극적인 자세를 잃어버리지 말아야 한다."

"하나의 허브에서 많은 사람을 무조건 열심히 만나는 게 전부가 아니다. 몇 년마다 한 번씩 새로운 허브로 옮기고, 그 속에서 창조적으로 움직이려는 노력이 우리의 삶을 풍성하게 만들어준다는 사실을 나는 경험으로 깨달았다."

"적정 근무연수에 대해 4~5년 정도가 제일 적당하다고 말하는 사람도 있는 반면, "2년 정도가 자유를 가장 많이 누릴 수 있는 기간입니다. 5년이 넘어가면 빠져나오기가 힘들죠."라고 말하는 이도 있었다."

기브 앤 테이크

이 책은 『오리지널스』의 저자 애덤 그랜트의 저작이다. 나는 사실 세계적 베스트셀러인 『오리지널스』에서는 개인적으로 큰 감흥을 얻지 못했던 반면, 『기브 앤 테이크』에는 1인 기업으로서 여러 가지 참고할 만한 부분이 있다. 특히 여러 관계에서 상대적으로 약자일 수밖에 없는 1인 기업의 입장에서는 어떻게 기브 앤 테이크를 균형적으로

할 수 있으며, 소위 '호구'가 되어서 일방적으로 이득을 주기만 하는 상황을 피할 수 있을지 힌트를 얻을 수 있다.

이 책에서는 사람의 유형을 테이커taker, 매처matcher, 기버giver의 세 가지로 나눈다. 테이커는 준 것보다 더 많이 얻으려고 하는 사람. 매처는 주고받는 것의 균형을 원하는 사람, 기버는 더 많이 주려고 하는 사람이다. 기버는 테이커나 매처와 일하게 되면 항상 호구가 되어 손해를 보는 사람이 될 수도 있지만, 연구에 따르면 재미있게도 성과의 최상단도 기버, 최하단도 기버로 양극화된다.

이 책은 통념과는 달리 왜 기버가 테이커나 매처보다 더 나은 성과를 내고 사회적으로도 더 성공하는지를 사례들과 함께 분석한다. 그리고 최하단의 기버(소위 말하는, '호구')가 되지 않고 최상단의 기버가 되려면 어떠한 요소가 필요한지, 이들은 어떻게 다른지를 알려준다. 사실 나도 전형적인 '기버'로서의 원칙을 가지고 있다 보니 그 때문에 결과적으로는 큰 그림에서 득을 본 경우도 많았지만, 그냥 호구가 되어 시간과 노력을 낭비한 경우도 많았다. 지금도 주변에는 테이커와 매처들이 적지 않고, 특히 테이커들은 너무도 당당하게 다른 사람들의 시간과 노력을 앗아간다.

나의 원칙을 지키면서 이들에게 어떻게 대처해야 할지, 어떻게 하면 나의 원칙은 지키면서 호구는 되지 않을지가 나에게는 큰 숙제였다. 이 책은 그러한 고민에 대해서 많은 힌트를 주었다. 나와 같은 고민을 하는 사람에게 추천한다.

"테이커는 자신에게 중점을 두고 다른 사람이 자기에게 무엇을 줄 수 있는지 가늠하는 성향이 있는 반면, 기버는 타인에게 중점을 두고 자기가 상대를 위해 해줄 수 있는 것이 무엇인지 주의 깊게 살핀다. … 기버와 테이커는 행동에서 차이가 드러난다. 테이커는 노력 이상의 이익이 돌아올 경우에만 전략적으로 남을 돕는다. 기버의 손익 개념은 그 방식이 전혀 다르다. 기버는 자신이 들이는 노력이나 비용보다 타인의 이익이 더 클 때 남을 돕는다."

"생산성이 가장 낮은 기술자는 기버일 가능성이 크다. 그런데 생산성이 가장 뛰어난 기술자를 찾아보면 그 또한 기버임이 드러난다. … 최고의 기술자와 최악의 기술자는 모두 기버다. 테이커와 매처는 성공 사다리의 중간쯤에 자리할 가능성이 크다."

"성공을 거둔 기버는 단순히 동료보다 더 이타적이기만 한 것이 아니었다. 그들은 자신의 이익을 도모하는 데도 적극적이었다. 성공한 기버는 테이커나 매처 못지않게 야심이 컸던 것으로 드러났다.

"기버는 타인의 이익에 관한 내용에서는 항상 높은 점수를 기록하지만, 자신의 이익에 대한 점수는 다양하게 나타난다. 기버에는 두 유형이 있으며 이들의 성공 가능성은 각각 극적인 차이를 보인다."

"자신의 이익과 타인의 이익은 서로 독립적인 동기로 나타났다. 이 결과는 우리가 두 가지를 모두 가질 수 있음을 의미한다. … 성공한 기버는 타인과 더불어 자신의 이익도 챙길 줄 안다. 그들은 남을 이롭게 하는 데 관심이 있지만, 또한 자신의 이익을 위한 야심 찬 목표도 세운다."

"처음에는 기버로 시작하는 것이 현명하다. 그렇지만 상대가 테이커라는 것이 분명해지면 기버는 행동양식을 매처의 전략으로 바꿔야 한다. … 그것은 '너그러운 팃포탯it for tat, 받은 대로 갚기 혹은 맞대응'으로 이 규칙은 선행은 절대 잊지 않되 악행은 더러 용서하는 것이다. 그리고 협력으로 시작해 상대가 배신할 때까지 그 자세를 유지한다."

"너그러운 팃포탯은 성공한 기버의 전략이다. 실패한 기버가 늘 타인을 믿는 실수를 저지르는 데 반해, 성공한 기버는 기본적으로 상대를 신뢰하는 것으로 시작하지만, 상대의 행동이나 평판이 테이커로 드러나면 언제든 행동양식을 조정한다. 타인과 자신을 모두 돕는다는 것은 기버가 상대를 신뢰하면서도 실제로 믿을 만한 사람인지 확인함으로써 자신의 이익을 보호한다는 뜻이다."

"가장 좋은 협상가는 테이커도, 이기심이 전혀 없는 기버도 아니라는 결론을 내렸다. 테이커는 협상을 승자와 패자로 갈리는 제로섬 게임으로 바라보며 자신이 이익을 취하는 데 초점을 맞춘다."

"이기심 없는 기버는 지나치게 양보함으로써 상대를 이롭게 하지만 자신은 손해를 본다. 가장 효율적인 협상가는 스스로를 돕는 기버다. 그들은 자신의 이익에 큰 관심을 기울이는 '동시에' 상대방의 이익에도 큰 관심을 기울인다. 성공한 기버는 자신과 타인을 모두 이롭게 할 기회를 찾는다."

"그들은 실패한 기버처럼 단순히 가치를 포기하는 대신 먼저 가치를 창출한다. 덕분에 파이를 나눌 때는 전체 크기가 충분히 커져 상대에게 나눠주고도 자기 몫이 많이 남는다. 이처럼 스스로를 돕는 기버는 더 많이 주는 '동시에' 더 많이 가진다."

에필로그

삶이라는 여정을 위해

대학병원의 높은 자리에 계신 한 교수는 신임 계약직 교수를 뽑는 면접에서 내게 이야기했다. 30대에는 고생을 좀 하면서 낮은 자리에서 배워야 한다고. 그래야 인생의 꽃을 40대 이후에 피울 수 있다고. 그 이야기를 서른 초반인 내게 아주 당연한 듯이 말했다. 당장은 돈을 적게 받고 고생을 하더라도, 그런 희생의 보답을 언젠가는 받을 수 있을 테니 열정으로 버티라는 말이었다. 그리고 계약직 교수는 언제든지 떠날 수 있으니 자유로워서 좋지 않으냐고도 덧붙였다. 그래서 몇 개월 뒤 결국 나는 후련한 마음으로 그 자리를 떠나기로 마음먹었다. 내가 마지막으로 조직에 속했던 순간이었다.

나는 삼십 대에 자신이 스스로 인생의 주인공이 되면 왜 안 되는지 이해할 수 없었다. 나는 지금 내 삶의 주인이 되고 싶었다. 나는 지금 행복하고 싶었다. 자신의 길을 걸어갈 기회를 나중으로 미루고 언젠가 올지 모르는 희망을 위해서 현재를 저당잡힌 채 시스템 속에서 부속품의 역할을 해야 한다는 것을 나는 갈수록 받아들이기 어려워졌다. 과거 그들에게는 희망이 있었다. 조직에서 자리를 지키면, 열심히 줄을 서고 기다리면, 에스컬레이터를 타듯이 차례로 승진의 사다리를 거쳐서 임원이 되고 정교수가 되었다. 일자리는 얼마든지 있었고, 열심히 하는 만큼 보답받을 수 있었다. 운이 좋으면 열심히 하지 않아도 위로 올라갈 수 있었다.

하지만 불운하게도 그런 시대는 이제 끝났다. 저성장 시대, 내리막 시대, 청년 실업 시대에 젊은 세대들은 스스로를 'N포 세대'라며 자조한다. 이렇게 많은 것들을 포기하고 희생을 감내하고서도 별다른 희망을 품지 못하고 살아간다. 지금의 직장인들은 과거의 직장인들의 처지와 너무도 다르다. 그야말로 세상이 달라진 것이다.

나는 온전히 나로서 살고 싶었다.
나는 내 인생의 주인공이 되고 싶었다.
나는 10년 뒤가 아닌, 바로 오늘 행복하고 싶었다.
그래서 조직을 나와서 마침내 스스로 기업이 되었다.

내가 독립한 이후 많은 사람이 "요즘 일은 좀 어때?" 하고 물었다. 추측건대 걱정 반 호기심 반의 질문이었던 것 같다. 남들이 부러워하는 번듯한 직장을 때려치우고 광야로 나와 새로운 방식으로 혼자 일하는 만큼 그 경과가 궁금하기도 했을 것이다. 또 한편으로는 내가 밥은 잘 먹고 사는지, 일이 끊기지는 않는지 걱정해주는 것일 테다. 이런 질문을 받을 때면 내 답은 항상 비슷하다.

"아직은 좋아요. 하지만 장기적으로 지속 가능할지가 걱정이죠."

그래. 지금까지는 썩 괜찮았다. 하지만 앞으로 계속 잘 되리라는 보장은 없다. 그래서 불안하다. 나는 그저 항상 최선을 다할 뿐이다. 열린 자세로 끊임없이 기회를 찾을 것이며, 경계를 두지 않고 항상 배우고, 배운 것을 공유하고, 많은 사람을 만나며, 순간순간을 움켜쥐고 노력하고 계속 발버둥을 치며 살아갈 것이다. 내가 할 수 있는 일은 그것밖에는 없으니까.

이는 1인 기업으로서 내가 일을 하는 자세이기도 하지만, 나라는 인간이 삶을 살아가는 방식 그 자체이기도 하다. 나는 지금까지 그렇게 아등바등 발버둥치면서 살아왔고 앞으로도 그렇게 살아갈 것이다. 조직에 있을 때도 그러했고, 조직을 나온 후에도 그러했다. 다만 차이점이라면 무엇을 위해서 어떻게 노력할지를 누가 결정하는가. 그리고 그렇게 노력한 결과물이 조직 속에 매몰되느냐, 아니면 나에게로 돌아오느냐 하는 것이다.

내가 스스로 기업이 되기로 한 이후 나는 내가 원하는 방식으로, 원하는 방향으로, 원하는 만큼 노력할 수 있게 되었다. 주말에도 밤을 새워 일하는가 하면 평일 아침 실컷 늦잠을 자기도 한다. 밥 먹을 시간이 아까워 김밥을 먹으며 일하기도 하지만, 한 달을 통째로 뚝 떼어내어 학창시절부터 꿈꿔오던 인도 히말라야를 여행하기도 했다. 직원 복지가 좋은 어떤 기업은 10년을 근속하면 한 달간의 휴가를 준다고 한다. 하지만 나는 한 달의 휴가를 위해 굳이 10년을 기다릴 필요가 없었다. 히말라야의 오지에 있으면서도 일 때문에 틈틈이 인터넷 카페에 들러 메일을 확인해야 했던 것은 비밀이지만.

이 책은 나의 두 번째 책이다. 이 책이 많은 사람에게 읽힐지, 사랑받을 수 있을지는 사실 잘 모르겠다. 나의 첫 번째 책은 내 예상을 완전히 빗나갔다. 몇 년 전 출판사로부터 내 블로그 글을 출판하자는 제안을 받았을 때 "이런 내용을 책으로 낸다고 누가 읽기나 하겠어?"라는 것이 내 솔직한 심정이었다. 하지만 결과적으로 그 책은 내 인생을 바꾸었다. 내 예상과 달리 많은 분이 내 책을 읽어주셨고 내 생각보다 훨씬 많은 분야에 영향을 주었다. 그 책이 국내 관련 기업의 사업 방향, 의료계 연구 방향, 의과대학의 교육 방향, 심지어는 정부 기관의 정책 방향에도 크고 작은 영향을 미쳤다는 이야기를 들었다. 무척 뿌듯하기는 했지만, 내가 원래 기대했던 바를 너무 넘어섰기 때문에 한편으로는 좀 무섭고도 무거운 책임감을 느끼기도 했다.

두 번째 책의 출간을 앞두고 이 책은 나의 인생과 다른 사람의 삶에 어떤 영향을 미치게 될지 궁금하다. 어쩌면 다른 많은 책과 마찬가지로 이 책도 출간 이후에 소리소문없이 그냥 사라져버릴 수도 있다. 하지만 가능하다면 이 책이 천편일률적이고 여전히 과거의 패러다임에 얽매여 있는 한국 직장인들의 삶과 조직 논리에 조금이라도 영향을 줄 수 있으면 한다. 하루하루를 어렵게 살아가는 우리네 평범한 직장인들에게 현재의 방식과는 다른 대안도 있다는 것을 제시하고 싶다.

그리고 조금 더 나아가자면, 거창하지만 한 사람이 일을 한다는 숭고한 행위와 직업이라는 것을 가진다는 개념 자체를 다시금 생각해볼 수 있는 계기가 되고 싶다. 어쩌면 지나친 바람일지도 모르겠지만 말이다.

조직 밖에서도 훌륭한 기회와 행복한 삶이 있을 수 있다. 자신의 능력을 더 잘 살리면서도 풍족하고 자유롭게 일하는 삶이. 다른 사람의 일방적인 지시나 비합리적인 조직 논리에 자신의 시간과 노력을 희생하지 않고서도 더욱 인간적으로 일하는 삶이다.

결코 답은 한 가지가 아니다. 우리는 새로운 답을 스스로 만들어갈 수 있다. 다만 많은 고민, 노력, 용기, 결단력이 필요할 뿐이다. 나는 이 책을 통해 모든 사람이 1인 기업이 되어야 한다고 주장하고 싶지는 않다. 무분별하게 앞뒤 가리지 않고 직장을 그만두는 사람들을 양산하고 싶지는 않다. 본문에서도 누차 강조했듯이 1인 기업은 결코 모든 사람에게 적합한 삶의 방식은 아니다.

하지만 조직 내에서 도저히 채워지지 않았던, 내 삶을 나의 것으로 만들겠다는 강한 열망. 다른 사람이 만들어놓은 시스템의 테두리 속에 나를 가둬놓고, 다른 사람이 부여한 직책과 역할로 나의 잠재력을 제한하지 않겠다는 다짐. 새로운 시대에 새로운 역할을 하고 싶다는 포부. 그러한 것들이 나를 조직 밖으로 이끌었다.

나는 지금도 매일 아침 눈을 뜰 때 설렌다. 새로운 하루가 시작되는 것이 기다려진다. 어서 빨리 아침이 왔으면 하고 기다렸다가, 마침내 아침이 오면 이불을 박차고 나와 곧바로 서재에 앉아 일을 시작한다. 조직에 있을 때와는 너무도 다르다. 그때는 그저 아침이 오는 것이, 월요일이 오는 것이, 침대에서 눈을 뜨는 것이 싫었으니까. 지금으로서는 상상하기 어려운 일이다.

아침 창문 틈으로 들어오는 햇살이 눈 부시다. 나이 서른 중반에 새삼스러운 소리일 수도 있겠지만, 나는 지금도 스무 살을 갓 넘기던 시절처럼 매일 가슴이 뛴다. 여전히 내 안에 아직 발현되지 못한 큰 잠재력과 가능성이 살아 숨 쉬고 있음을 느낀다. 그 잠재력을 발현시키는 것은 이제 다른 누구도 아닌 내 손에 달려 있다. 그리고 무엇보다 내게는 그 가능성을 원하는 대로 만들어갈 수 있는 자유가 있다.

그래서 나는 또다시 설렌다. 이 설렘이 사라지는 순간, 나의 인생도 생기를 잃고 죽어갈 것만 같다. 언제까지고 이런 설렘과 희망을 안고 살아가고 싶다. 어제보다 오늘 더 큰 가능성이 있는 삶. 내일이 오늘보다는 더 나을 것이라는 믿음. 미지의 내일을 향해 내 인생의 방향키를 스스로 움켜쥐고 탐험한다는 기쁨. 그 과정을 통해 세상을 조금이나마 더 나은 곳으로 만들어 간다는 자부심. 그러한 것들이 매 순간 나의 가슴을 뛰게 한다. 바로 지금 이 순간에도.

나는 과학자. 서문에서 나는 1인 기업으로 살아가는 과정을 실험에 비유했다. 내 인생을 건 실험. 그 실험은 여전히 진행 중이다. 이 책은 지금도 한창 진행 중인 그 실험의 초기에 일어난 일과 소회를 기록한 연구 노트다. 이렇게 첫 번째 노트를 마무리하려니, 내가 처음 독립한 그날 이후부터 지금까지의 여정이 머리를 스쳐 지난다. 삶은 또한 되어가는 과정이며, 끝없는 여정이다.

내 첫 번째 연구 노트는 이렇게 마무리되지만, 내 인생이 지속되는 한 나의 실험은 앞으로도 계속될 것이다. 이 글을 읽는 당신도 머지않아 당신만의 길을 찾아 당신의 실험을 시작할 수 있기를.

2017년 6월 어느 밤

용산의 서재에서.

참고 문헌

1. 정규직에 '투잡' 허용한다…"부업·겸업 쉽게 취업규칙 개정", 연합뉴스, 2016년 12월 26일

2. "[디지털 헬스케어 혁명] 100달러 지놈 시대", 최윤섭, 매일경제, 2017년 1월 18일

3. 일본 리크루팅 회사의 광고 https://www.youtube.com/watch?v=6SI0RSu7k8w

4. '혼밥'을 위한 완벽한 1인 고깃집 등장, 중앙일보, 2017년 2월 20일

5. 팁들 중에 많은 부분은 페이스북의 '카드 뉴스 만드는 여자' 페이지에서 참고했다.

6. 빅데이터 및 인공지능 기술이 적용된 의료기기의 허가심사 가이드라인(안)", 2016년 12월 28일, 식약처

7. "헬스케어 스타트업 전문 육성 엑셀러레이터 출범", 조선비즈, 2016년 6월 14일

8. "의사 출신 전문가 모여 스타트업 육성 나선다", 머니투데이, 2016년 6월 14일

그렇게 나는 스스로 기업이 되었다

초판 1쇄 인쇄 2021년 1월 25일
초판 1쇄 발행 2021년 1월 29일

지은이 최윤섭
펴낸이 안현주

기획 류재운 **편집** 이상실 안선영 **마케팅** 안현영
디자인 표지 최승협 본문 장덕종

펴낸 곳 클라우드나인 **출판등록** 2013년 12월 12일(제2013-101호)
주소 우) 03993 서울시 마포구 월드컵북로 4길 82(동교동) 신흥빌딩 3층
전화 02-332-8939 **팩스** 02-6008-8938
이메일 c9book@naver.com

값 16,000원
ISBN 979-11-91334-07-4 03320

* 잘못 만들어진 책은 구입하신 곳에서 교환해드립니다.
* 이 책의 전부 또는 일부 내용을 재사용하려면 사전에 저작권자와 클라우드나인의 동의를 받아야 합니다.
* 클라우드나인에서는 독자여러분의 원고를 기다리고 있습니다.
   출간을 원하는 분은 원고를 bookmuseum@naver.com으로 보내주세요.
* 클라우드나인은 구름 중 가장 높은 구름인 9번 구름을 뜻합니다. 새들이 깃털로 하늘을 나는 것처럼 인간은 깃펜으로 쓴 글자에 의해 천상에 오를 것입니다.